JEANIENE FROST
Verführerisches Zwielicht

Buch

Cat und Bones wollen einen ganz normalen Urlaub verbringen – oder was eben »normal« bedeutet für ein höllisch heißes Vampirpärchen. Doch da taucht ein Fremder auf und enthüllt ein altes Familiengeheimnis, das den beiden nicht nur die Ferienfreude nimmt. Es könnte sie auch ihr Leben kosten!

Außerdem verrät Jeaniene Frost in diesem Buch mehr darüber, was der Vampir Bones getrieben hat, bevor er die Vampirjägerin Cat kennenlernte. Und als Bonus ist noch eine Story aus der beliebten Welt des wahrscheinlich erotischsten Vampirpaars der Welt enthalten.

Bei Blanvalet von Jeaniene Frost lieferbar:

1. Blutrote Küsse (26605)
2. Kuss der Nacht (26623)
3. Gefährtin der Dämmerung (37381)
4. Der sanfte Hauch der Finsternis (37554)
5. Dunkle Sehnsucht (37745)
6. Verlockung der Nacht (37916)

Verführerisches Zwielicht – Drei Cat-&-Bones-Romane (38080)

Beim Penhaligon Verlag von Jeaniene Frost lieferbar:

Die Geschichte von Spade und Denise: Nachtjägerin (3067)
Die Geschichte von Mencheres und Kira: Rubinroter Schatten (3087)
Die Geschichte von Vlad und Leila: Dunkle Flammen der Leidenschaft (3101; erscheint 01/13)

Jeaniene Frost

Verführerisches Zwielicht

Roman

Aus dem Englischen
von Andreas Kasprzak

blanvalet

Die amerikanischen Originalausgaben erschienen unter den Titeln:
»Home for the Holidays« in »The Bite before Christmas«
bei William Morrow, an Imprint of HarperCollins Publishers,
New York (Betörender Dämon)
»Reckoning« in »Unbound« bei Harper Voyager, an Imprint of HarperCollins
Publishers, New York (Rache ist bitter)
»Devil to Pay« in »Four Dukes and a Devil« bei Avon, an Imprint of
HarperCollins Publishers, New York (Teufel im Leib)

MIX
Papier aus verantwor-
tungsvollen Quellen
FSC® C014496

Verlagsgruppe Random House FSC-DEU-0100
Das FSC®-zertifizierte Papier *Holmen Book Cream* für dieses Buch
liefert Holmen Paper, Hallstavik, Schweden.

1. Auflage
Deutsche Erstausgabe Dezember 2012
Home for the Holidays: Copyright © der Originalausgabe 2011
by Jeaniene Frost
Reckoning: Copyright © der Originalausgabe 2009 by Jeaniene Frost
Devil to Pay: Copyright © der Originalausgabe 2009 by Jeaniene Frost
Published by arrangement with HarperCollins Publishers.
Copyright © der deutschsprachigen Ausgabe 2012
by Blanvalet in der Verlagsgruppe
Random House GmbH, München
Umschlagmotiv: bürosüd°, München
Redaktion: Rainer Michael Rahn
HK · Herstellung: sam
Satz: omnisatz GmbH, Berlin
Druck und Bindung: GGP Media GmbH, Pößneck
Printed in Germany
ISBN: 978-3-442-38080-0

www.blanvalet.de

Inhalt

Betörender Dämon

I _____

Ich schaute auf meine Uhr. Zehn Minuten bis Mitternacht. Der Vampir würde bald zurück sein, und ungeachtet der Stunden gewissenhafter Vorbereitung war ich nicht für ihn gewappnet.

Der Kopf eines Geistes drang aus der Wand; der Rest seines Leibes blieb hinter der Holzbarriere verborgen. Er schaute sich einmal im Zimmer um, und auf seiner durchscheinenden Visage erschien ein Stirnrunzeln.

»Du wirst es nicht schaffen.«

Ich zog den Draht durch das Loch, das ich in die Deckensparren gebohrt hatte, sorgsam darauf bedacht, mein Gewicht nicht zu weit zu verlagern, da ich andernfalls von der Leiter fallen würde, auf der ich balancierte. Fabian hatte recht, aber ich war noch nicht bereit, meine Niederlage einzugestehen.

»Wenn er auftaucht, halte ihn hin.«

»Und wie soll ich das anstellen?«, wollte er wissen.

Gute Frage. Im Gegensatz zu Menschen konnten Vampire Geister sehen, neigten jedoch im Allgemeinen dazu, sie zu ignorieren. Obgleich dieser Vampir den Körperlosen mehr Respekt entgegenbrachte, würde er dennoch nicht innehalten, um ein längeres Schwätzchen mit einem zu halten, bevor er sein Heim betrat.

»Kannst du nicht improvisieren? Du weißt schon, irgendwelche lauten hämmernden Geräusche machen oder die Außenwände bluten lassen?«

Der Geist warf mir einen Blick zu, der verriet, dass meine humorvolle Bemerkung nicht sonderlich gut ankam. »Du guckst zu viele Filme, Cat.«

Dann verschwand Fabian, nachdem ich ihn etwas über »unfaire Stereotype« hatte murmeln hören.

Ich drehte die letzten Drähte entlang der Decke zusammen. Wenn alles gut ging, würde ich, sobald der Vampir durch diese Tür kam, meine Fernbedienung benutzen, um eine Überraschung auf seinen Kopf niedergehen zu lassen. Jetzt konnte ich mich daranmachen, die letzte der Fallen aufzustellen, die ich geplant hatte.

Das unverkennbare Geräusch eines näher kommenden Wagens erschreckte mich so sehr, dass ich beinahe von der Leiter stürzte. Verdammt noch mal, der Vampir war zurück! Keine Zeit mehr, noch irgendwelche anderen Vorrichtungen klarzumachen. Mir blieb kaum genügend Zeit, um mich zu verstecken.

Ich sprang von der Leiter und trug sie so lautlos, wie ich konnte, zum Schrank. Das Letzte, was ich brauchte, war Metallgeschepper, das verriet, dass im Haus irgendetwas Ungewöhnliches vorging. Dann schnappte ich mir die Silbermesser, die ich auf dem Boden hatte liegen lassen. Es wäre nicht von Vorteil, wenn der Vampir sie schon beim Reinkommen entdeckte.

Ich hatte mich gerade hinter einen der Wohnzimmersessel gekauert, als ich hörte, wie eine Wagentür zugeschlagen wurde, und dann ertönte Fabians Stimme.

»Du wirst nicht glauben, was ich gleich um die Ecke deines Hauses gefunden habe«, verkündete der Geist. »Eine Höhle mit prähistorischen Wandmalereien!«

Ich verdrehte die Augen. *Das* war die beste Hinhaltetaktik, die Fabian einfiel? Er versuchte hier, einen Vampir hinzuhalten. Keinen Paläontologen.

»Schön für dich«, erwiderte eine englische Stimme, die vollkommen desinteressiert klang. Die Schritte von Stiefeln kamen zur Tür, hielten dann jedoch inne. In der Einfahrt standen keine Wagen, aber spürte der Vampir vielleicht, dass außer Sicht mehrere Leute lauerten, die nur darauf warteten, sich auf ihn zu stürzen, sobald er über diese Schwelle kam?

»Fabian«, sagte diese kultivierte Stimme als Nächstes. »Bist du sicher, dass du mir nicht noch etwas *anderes* erzählen willst?«

Dem Tonfall des Vampirs haftete der Anflug einer Drohung an. Ich konnte beinahe vor mir sehen, wie mein Freund vor Angst zitterte, aber seine Antwort kam unverzüglich.

»Nein. Nichts anderes.«

»In Ordnung«, sagte der Vampir nach einer Pause. Der Knauf drehte sich. »Wenn du lügst, bist *du* derjenige, auf den ein Exorzismus wartet.«

Ich blieb hinter dem Sessel versteckt, mit einer Hand ein Silbermesser und mit der anderen die Fernbedienung umklammernd. Als die Schritte den Holzboden im Innern des Hauses erreichten, drückte ich den Knopf und sprang gleichzeitig auf.

»Überraschung!«

Von der Decke ergoss sich Konfetti über den Kopf des Vampirs. Mit einer raschen Bewegung warf ich mein Messer und durchtrennte die Schleife, mit der der Sack voller Luftballons über ihm zugebunden war, die nun langsam herabschwebten, und als der erste Ballon auf dem Boden landete, kamen auch die Vampire herbei, die sich in den anderen Zimmern versteckt hatten.

»Happy Birthday!«, riefen sie einmütig.

»Es kommt nicht jeden Tag vor, dass jemand zweihundertfünfundvierzig wird«, fügte ich hinzu und kickte Luftballons beiseite, als ich mir meinen Weg zu dem Vampir im Türrahmen bahnte.

Langsam breitete sich ein Lächeln über seine Züge aus, das dafür sorgte, dass sie sich von hinreißend zu atemberaubend verwandelten. Natürlich hatte ich vor über einem Jahr aufgehört zu atmen – zumindest größtenteils –, sodass das mein natürlicher Zustand war.

»Also darum hast du in letzter Zeit so ein Geheimnis gemacht?«, murmelte Bones und zog mich in seine Arme, sobald ich näher kam.

Ich strich ihm eine dunkle Haarlocke hinters Ohr. »Sie sind nicht bloß hier, um mit uns deinen Geburtstag zu feiern; sie bleiben auch über die Ferien. Ausnahmsweise einmal werden wir ein normales altmodisches Weihnachtsfest begehen. Oh, und exorzier Fabian nicht; ich habe ihn darum gebeten zu versuchen, dich hinzuhalten. Wärst du zehn Minuten später gekommen, hätte ich auch noch Luftschlangen aufhängen können.«

Seinem Glucksen folgte die Berührung seiner Lippen, die über meine Wange strichen; eine kühle neckische Geste, die dafür sorgte, dass ich mich mit Lust auf mehr instinktiv dichter zu ihm beugte.

»Alles bestens. Ich bin sicher, ich finde eine Verwendungsmöglichkeit dafür.«

So, wie ich meinen Mann kannte, würde er mehrere Verwendungsmöglichkeiten dafür finden, und wenigstens eine davon würde mich erröten lassen.

Ich ging hinein, um Bones den Glückwünschen unserer Gäste zu überlassen. Abgesehen von Fabian und seiner gleichermaßen transparenten Freundin, die unter der Decke schwebte, war auch Bones' bester Freund Spade hier. Ebenso Ian, der Vampir, der Bones erschaffen hatte; und Mencheres, die jung wirkende Vampirversion eines Großvaters; dessen Freundin Kira und meine beste Freundin Denise. Sie war die Einzige im Raum, die einen Herzschlag besaß, was sie in den Augen aller, die es nicht besser wussten, menschlich wirken ließ. Unsere Gästeliste war klein, da ich schon ein Football-Stadion hätte anmieten müssen, um alle, die Bones kannte, zu einer verlängerten Geburtstagsfeier einzuladen. Aus diesem Grund waren bloß Bones' engste Vertraute anwesend.

Nun, abgesehen von einer.

»Hat irgendjemand was von Annette gehört?«, flüsterte ich Denise zu, als sie Bones' Seite verließ und an meine zurückkehrte.

Sie schüttelte den Kopf. »Spade hat vor zwanzig Minuten versucht, sie zu erreichen, aber sie geht nicht an ihr Handy.«

»Ich frage mich, was sie aufhält.«

Annette war vielleicht nicht mein liebstes Geschöpf auf Erden, wenn man ihre einstige jahrhundertelange »Fickfreundschaft« mit Bones bedachte, aber sie war die Letzte auf der Liste derer, von denen ich erwartet hätte, dass sie seine Geburtstagsfeier versäumen würde. Ihre Verbindung mit Bones reichte weit zurück, als sie beide noch Menschen gewesen waren, und der Fairness halber musste ich sagen, Annette schien akzeptiert zu haben, dass ihr Platz in seinem Leben jetzt nur noch der einer guten Freundin war.

»Sie ist von London hergeflogen, um dabei zu sein«, merkte Denise an. »Da ist es doch seltsam, dass ihr eine dreißigminütige Autofahrt zu viel gewesen sein soll.«

»Was ist los?«, fragte Bones, der zu uns rüberkam.

Ich winkte ab, da ich die festliche Stimmung nicht verderben wollte. »Nichts. Annette hat sich ein wenig verspätet.«

»Irgendein Kerl rief sie an, unmittelbar bevor wir das Hotel verließen. Sie sagte, sie würde später zu uns stoßen«, sagte Spade, der hinter Denise stehen blieb. Angesichts seiner stattlichen Größe reichte ihr Kopf kaum bis zu seinen Schultern, doch das schien keinen der beiden zu stören. Schwarzes Haar fiel ihm ins Gesicht, als er sich runterbeugte, um ihren Nacken zu küssen.

»Warum bin ich hier der Einzige, der niemanden zum Knutschen hat?«, murmelte Ian und warf mir einen anklagenden Blick zu. »Ich wusste, ich hätte jemanden mitbringen sollen.«

»Du hast nur deshalb niemanden mitgebracht, weil die Art von Mädels, die du bevorzugst, die Party mit einer Gruppensexorgie in Schwung bringen wollen würden, bevor die Torte angeschnitten ist«, stellte ich fest.

Sein Lächeln war schamlos. »Ganz genau.«

Ich rollte mit den Augen. »Finde dich damit ab, ausnahmsweise einmal nicht das Zentrum nuttiger Aufmerksamkeit zu sein, Ian. Das wird dir guttun.«

»Nein, wird es nicht«, sagte er und erschauderte wie vor Entsetzen. »Ich denke, ich fahre zum Hotel und schaue mal, was Annette so lange aufhält.«

Denise schnaubte. »Du gibst dich ja wirklich mit jedem Notnagel zufrieden.«

Ich hatte Mühe, mir ein Lachen zu verkneifen. Denise hatte von Ian – und von Annette – sogar eine noch schlimmere Meinung als ich, aber damit lag sie nicht zwangsläufig falsch. Dennoch unterdrückte ich mein Kichern aus Respekt davor, dass die beiden Bones' Freunde waren.

Ian, der weit davon entfernt war, beleidigt zu sein, hob schelmisch die Augenbrauen. »Ich beherzige lediglich das amerikanische Sprichwort, das Beste aus jeder Situation zu machen.«

Mencheres, stets der Taktvolle, wählte diesen Moment, um zu uns herüberzugleiten. »Vielleicht sollten wir unsere Aufmerksamkeit lieber den Geschenken zuwenden.«

Bones klopfte Ian auf den Rücken. »Beeil dich ein bisschen, Kumpel.«

»Ich werde versuchen, innerhalb von einer Stunde fertig zu werden«, entgegnete Ian mit ernster Miene.

»Ferkel«, konnte ich nicht umhin zu murmeln. Hey, ich hatte ja versucht, mich zurückzuhalten! Hätten sich Vampire nach wie vor Krankheiten einfangen können, hätte ich ihm einen eitrigen Fall von Herpes gewünscht, aber ich nehme an, es war eine gute Sache, dass Ians Möglichkeiten, Geschlechtskrankheiten zu haben oder zu übertragen, zusammen mit seiner Menschlichkeit gestorben waren.

Ian ging, während er die ganze Zeit über vor sich hin gluckste.

Bones' Arm glitt über meine Schultern, derweil seine Finger über mein Fleisch strichen. Ich trug ein rückenfreies Neckholder-Kleid, weil ich wusste, dass er nicht in der Lage sein würde, dieser Fläche nackter Haut zu widerstehen, und ich hatte recht. Wärme spülte einer eigentümlichen Liebkosung gleich über meine Nervenenden hinweg, als Bones seine Schilde sinken ließ, sodass ich seine Gefühle gewahrte. Das Band, das zwischen uns existierte, basierte nicht bloß auf Liebe. Außerdem war es nämlich die tief im Blut verwurzelte ewige Verbindung zwischen einem Vampir und seinem Schöpfer. Bones hatte mich von einer Halbvampirin in eine fast vollständige verwandelt, und seitdem konnte ich in seine Emotionen eintauchen, als wären sie eine Erweiterung meiner eigenen. Meine Verwandlung hatte zwar einige ernste Schattenseiten mit sich gebracht, aber ich würde es wieder tun, bloß um dieses Maß an Intimität zu erleben.

Natürlich war das nicht der einzige Vorteil daran, untot zu sein. Die Fähigkeiten, sofort zu heilen, zu fliegen und Leute hypnotisieren zu können, waren ebenfalls nicht übel.

»Weißt du eigentlich, wie entzückend du aussiehst?«, fragte er; seine Stimme wurde ein wenig tiefer. In seinen dunkelbraunen Augen funkelten Spuren von Grün, ein sichtbarer Hinweis für seine Wertschätzung.

Ich beugte mich zu ihm, um ihm meine Antwort zuzuflüstern: »Sag's mir nachher, wenn alle weg sind.«

Sein Lachen war tief und verheißungsvoll. »Das mache ich, Kätzchen.«

Wir gingen nach nebenan, wo ein Haufen Geschenke wartete. Vampire wurden schon mit vielen Adjektiven bedacht, aber für gewöhnlich war »knauserig« nicht darunter. Bones hatte kaum damit begonnen, seine Geschenke zu öffnen, als sein Handy klingelte. Mit einem amüsierten Glucksen warf er einen Blick auf die Nummer.

»Ian, sag mir nicht, dass Annette und du zu beschäftigt seid, um wieder herzukommen«, sagte er anstatt einer Begrüßung.

Mein übernatürliches Gehör sorgte dafür, dass ich jedes Wort von Ians abgehackter Erwiderung verstand.

»Ihr müsst herkommen. Sofort.«

2

Bones und ich waren die Einzigen, die die Hotelanlage betraten. Der Rest unserer Gruppe blieb auf dem Parkplatz, um die Augen offen zu halten und dafür zu sorgen, dass sich die Situation durch einen Hinterhalt nicht noch weiter verschlechterte. Zu dieser Nachtzeit schliefen die meisten Besucher des Hotels, wofür ich dankbar war. Dank meiner ungewollten Fähigkeit, die Gedanken von Menschen mitzuhören, blieb mir somit das aufdringliche Geplapper fremder Gehirne erspart, das meinen Verstand malträtierte. Da war bloß das leisere Brummen von Träumen, das sich genauso leicht ausblenden ließ wie jedes normale Hintergrundgeräusch.

Gleichwohl, als ich Bones in die Appalachen-Suite folgte, die Annette gebucht hatte, war die friedliche Atmosphäre beim Teufel. Purpurfarbenes Blut bedeckte die Wände, die Holzböden und – in größeren Mengen – die Matratze. Dem

Geruch nach zu urteilen war es Annettes Blut, nicht das von jemand anderem. Ich rechnete damit, dass in dem Zimmer Anzeichen für einen heftigen Kampf zu sehen sein würden, doch kein einziges Möbelstück schien verrückt worden zu sein.

Ian stand in der hinteren Ecke des Raums, seine für gewöhnlich spöttische Miene von schroffen Linien der Wut durchfurcht.

»Da drin«, sagte er und wies mit dem Kopf ruckartig auf die geschlossene Badezimmertür.

Bones war mit drei großen Schritten da, aber ich zögerte. Ian hatte uns nicht gesagt, ob Annette noch am Leben war oder nicht, sondern bloß erklärt, wir sollten unverzüglich herkommen. Falls Annettes Leiche auf der anderen Seite dieser Tür wartete, sollte ich Bones vielleicht erst einmal einen Moment allein mit ihr geben. Sie war der erste Vampir, den er je geschaffen hatte; ihr Tod würde ihn schwer treffen. Doch noch während ich mich dafür wappnete, ihn zu trösten, vernahm ich eine tadelnde Frauenstimme.

»Also, wirklich, Crispin, du hättest nicht herkommen sollen. Du verpasst ja deine eigene Party.«

Meine Augenbrauen schossen in die Höhe. Abgesehen davon, dass Bones bei seinem Vornamen genannt wurde, was lediglich eine Handvoll Leute tat, identifizierte dieser schrecklich vornehme britische Tonfall die Sprecherin als Annette. So viel dazu, dass sie tot war. Teufel noch mal, sie klang nicht einmal beunruhigt, als würde nicht genug von ihrem Blut den Raum dekorieren, der aussah wie das Innere eines Schlachthauses.

»Ich verpasse meine Party? Hast du den Verstand ver-

loren?«, fragte Bones sie, um damit meine eigenen Gedanken wiederzugeben.

Die Tür ging auf, und Annette erschien. Sie trug bloß
einen Morgenrock; ihr rotblondes Haar war feucht von einer, wie ich annahm, kürzlichen Dusche. Dies war eine der
seltenen Gelegenheiten, bei denen ich sie sah, ohne dass ihr
Gesicht perfekt zurechtgemacht oder ihr Haar so gestylt
war, dass sie wie aus dem Ei gepellt aussah, und irgendwie
ließ sie das verletzlicher wirken. Weniger wie die untote
Sexbombe, die versucht hatte, mich zu verschrecken, als
wir einander das erste Mal begegnet waren, sondern mehr
wie eine Frau, die ungeachtet ihres unbeirrten Lächelns den
Tränen nahe zu sein schien.

»Wie sieht es bloß in diesem Zimmer aus?«, sagte sie und
stieß ein verlegenes kleines Lachen aus.

»Annette.« Bones packte sie an den Schultern und zwang
sie dazu, ihn anzusehen. »Wer hat dich verletzt?«

Ihre Hände flatterten zu seinen Armen, als wollte sie ihn
wegschubsen, traute sich jedoch nicht. »Ich weiß es nicht.
Ich habe ihn noch niemals zuvor gesehen.«

Bones studierte den Raum und nahm dabei zweifellos
Feinheiten auf, die selbst meinem kampferprobten Blick
entgingen. Zweihundert Jahre als untoter Auftragskiller
hatten dafür gesorgt, dass er überragend war, wenn es darum ging, belastende Details zu entdecken. Annette blieb
stumm; ihr Stirnrunzeln vertiefte die schwachen Falten auf
ihrem Gesicht.

»Du lügst«, sagte Bones schließlich. »Niemand hat sich
durch die Tür gewaltsam Zutritt verschafft; keine Brechei-
senspuren, was bedeutet, dass du ihn selbst reingelassen

hast. Dann hast du dich nicht gewehrt, als er dich geschnitten hat, hast die anderen Gäste nicht mit Hilfeschreien geweckt, und du hast mich nicht angerufen, obgleich deine blutigen Fingerabdrücke auf deinem Handy sind. Ian, hast du gesehen, wer es war?«

»Nein, aber ich glaube, ich habe den Mistkerl verscheucht«, erwiderte Ian. »Das Fenster stand offen, und ich habe etwas gehört, das zu schnell für einen Menschen war, der vom Balkon wegläuft, aber ich blieb bei ihr, anstatt die Verfolgung aufzunehmen.«

Das überraschte mich. Ian liebte nur wenige Dinge mehr als ein übles Handgemenge. Annette musste eine der wenigen sein, die ihm am Herzen lagen, wenn er so vernünftig war, sie zu beschützen und Verstärkung zu rufen, anstatt sich auf ein mörderisches Versteckspiel einzulassen.

Obgleich ihre untoten Heilfähigkeiten bedeuteten, dass sie inzwischen keinen Kratzer mehr hatte, war irgendwann, nachdem die anderen aufgebrochen waren, um sich für die Geburtstagsparty zu uns nach Hause zu begeben, mindestens ein Vampir aufgetaucht und hatte Annette nach allen Regeln der Kunst gefoltert. Was daran keinen Sinn ergab, war der Umstand, dass sie uns nicht sagen wollte, wer es gewesen war, falls Bones recht hatte und sie ihren Peiniger kannte. Abgesehen von dem Blutgeruch hing noch ein anderes strenges Aroma im Raum, eine penetrante Mischung von Chemikalien, die meine Nase verätzte, wenn ich einen Atemzug nahm. Es hatte keinen Sinn zu versuchen, ihren Angreifer durch seinen Geruch zu identifizieren.

Annette blieb stumm. Bones' Tonfall wurde härter.

»Ein Angriff auf eine Angehörige meiner Ahnenlinie ist

das Gleiche wie ein Angriff auf mich selbst, deshalb frage ich dich nicht länger als dein Freund. Ich befehle dir als dein Meister, mir zu sagen, *wer dies getan hat*.«

Mit diesen vier Worten ließ Bones jede Zurückhaltung fallen, und das Gewicht seiner Macht erfüllte den Raum. Das hier waren nicht die kribbelnden Liebkosungen von Empfindungen, die ich aus der Vergangenheit von ihm kannte, sondern Kälte verbreitende Wogen zunehmenden Drucks und knisternder Luftströme, als befände man sich im Zentrum eines Eissturms. Jeder Untote im Umkreis von hundert Metern musste die Energie von Bones' Aura spüren, vor allem aber jene, die durch Blutsbande mit ihm verbunden waren, so wie Annette und ich. Sie zuckte zusammen, als habe er sie geschlagen; der Blick ihrer champagnerfarbenen Augen huschte zwischen Bones und dem Boden hin und her.

»Crispin, ich … ich kann nicht«, sagte sie schließlich und neigte ihr Haupt. »Ich sagte dir doch, ich weiß es nicht.«

Pulsierender Zorn ging in fast greifbaren Wellen von Bones aus, der zeigte, dass er ihr nicht glaubte. Ich war hin- und hergerissen. Abgesehen von diesem einen Zwischenfall, als wir einander erstmals begegnet waren, war Annette Bones gegenüber so loyal, wie man nur sein konnte. Außerdem war sie nach wie vor in ihn verliebt und würde es vermutlich immer sein. Also, warum sollte sie sich ihm widersetzen wegen jemandem, der sie gefoltert hatte? Das ging über meinen Verstand.

Es sei denn, sie glaubte, Bones durch ihr Handeln zu schützen? Genau aus diesem Grund hatte ich mich selbst schon vor einige metaphorische Züge geworfen. Falls Bones recht hatte und Annette ihren Angreifer kannte, dachte sie vielleicht, dass derjenige, der sie malträtiert hatte, zu stark war, als dass Bones imstande sein könnte, dafür Vergeltung zu üben.

»Bringen wir sie zu uns nach Hause«, sagte ich und legte ihm meine Hand auf den Arm, um ihm einiges von dieser wütenden Energie zu nehmen. »Dort können wir uns dann unseren nächsten Schritt überlegen.«

Bones warf Annette einen Blick zu, der versprach, dass diese Unterhaltung noch nicht zu Ende war, doch er wies mit der Hand schwungvoll auf die Tür.

»In Ordnung, Kätzchen. Nach dir.«

3

Um uns ein wenig Privatsphäre zu verschaffen, zogen sich Spade, Denise, Mencheres und Kira ins Gästehaus zurück, anstatt uns Gesellschaft zu leisten. Wir brauchten nicht jedermann darüber auf den neuesten Stand zu bringen, was passiert war. Dank ihres Gehörs hatten sie die ganze Geschichte mitbekommen, während sie den Außenbereich des Gasthofs gesichert hatten. Annette, Ian, Bones und ich kehrten ins Haus zurück, wo die Luftballons, Konfetti und Girlanden mit einem Mal fehl am Platz wirkten.

»Nun sieh dir all diese hübschen Geschenke an«, bemerkte Annette.

»Alles, was ich von dir hören möchte, ist ein Name«, fuhr Bones ihr über den Mund. »Hör auf, so zu tun, als wäre nichts passiert, und sag mir, was ich wissen will.«

Annette fläzte sich ohne ihre übliche Anmut aufs Sofa.

»Ich sagte dir doch schon: Ich habe ihn noch nie zuvor gesehen.«

Bones setzte sich auf die Couch ihr gegenüber und streckte seine Beine aus, als würde er sich bereit machen für ein ausgedehntes Nickerchen. »Wäre das die Wahrheit, hättest du ihn mir sofort beschrieben, anstatt zu versuchen, mich davon zu überzeugen, dass du nicht weißt, wer er ist.«

»Ganz zu schweigen davon, dass du ihn nicht reingelassen hättest, wenn du ihn nicht kennen würdest, und du dich gewehrt hättest, anstatt reglos dazuliegen, während er an dir rumgesäbelt hat«, fügte Ian hinzu, ohne auf den bösen Blick zu achten, den Annette ihm zuwarf.

Beide Männer brachten sehr gute Argumente vor.

»Du vergeudest deine Zeit, wenn du darauf hoffst, dass Bones die Sache auf sich beruhen lassen wird«, klinkte ich mich ein. »Kein Meister, der etwas auf sich hält, würde zulassen, dass das Foltern eines seiner Sippenangehörigen ungestraft bleibt. *Du* selbst hast das vor langer Zeit zu mir gesagt.«

Eigentlich hätte Annette unter diesen Ermahnungen klein beigeben sollen. Alles, was wir gesagt hatten, war die Wahrheit, und sie wusste es. Doch als ich sah, wie sie die Lippen zusammenpresste, wurde mir klar, dass sie nicht nachgeben würde, auch wenn das keinerlei Sinn ergab.

Fabian materialisierte sich in der Mitte des Raums. »Da ist ein Vampir im Wald!«

Ich sprang sofort auf die Füße und ging zu unserem nächsten Waffenlager. Ian schien nicht daran interessiert zu sein, sich erst mal zu bewaffnen. Er setzte sich in Richtung Tür in Bewegung.

»Stopp.«

Das einzelne Wort kam von Bones. Er hatte sich nicht von seiner Position auf der Couch wegbewegt; sein schlanker Körper lag noch immer ausgestreckt da, als wäre er vollkommen entspannt. Doch ich wusste es besser. Die Anspannung, die von seiner Aura ausging, sorgte dafür, dass einem die Luft dichter vorkam.

»Ich hatte gehofft, dass er uns hierher folgt«, fuhr Bones im selben ruhigen, unnachgiebigen Tonfall fort. »Jetzt muss Annette uns nicht mehr sagen, wer ihr Angreifer war. Das finden wir schon selbst raus.«

»Crispin, warte«, begann Annette; Sorge trat in ihre Züge.

»Du hattest deine Chance«, sagte er knapp. Dann warf er Ian einen raschen Blick zu und nickte in Annettes Richtung. Was auch immer sie sonst noch sagen wollte, ging unter, als Ian ihr eine Hand auf den Mund legte. Nur noch schwache gedämpfte Grunzer entrangen sich ihr, als Ian sich hinter Annette aufs Sofa setzte und sie dicht an sich zog.

»Keine Sorge. Sie wird sich ruhig verhalten wie ein braves Mädchen, nicht wahr, Schätzchen?«, raunte Ian ihr gedehnt ins Ohr.

Jetzt klang Annettes Grunzen aufgebracht, doch dass sie Ian überwältigen könnte war vollkommen ausgeschlossen. Das war auch der Grund dafür, weshalb ich mir wegen unseres ungebetenen Gastes nicht allzu viele Sorgen machte. Entweder war er selbstmordgefährdet, oder er hatte keine Ahnung, dass er sich einen Hügel hochschlich, auf dem sich mehrere Meistervampire aufhielten, von denen ihm einer allein kraft seiner Gedanken den Kopf abreißen konnte.

»Fabian, hast du bloß einen Vampir gesehen?«

Der Geist nickte mit dem Kopf. »Auf der unteren Hälfte des Hügels.«

Das musste der Grund dafür sein, dass die anderen ihn bislang noch nicht wahrgenommen hatten. Unser Wohnhaus und unser Gästehaus befanden sich auf dem höchsten Punkt des Hügels, weniger zugänglich für Passanten.

»Kätzchen, komm mit mir«, sagte Bones, als er schließlich aufstand. »Fabian, sag den anderen, sie sollen drinnen bleiben und miteinander reden, als wäre alles in bester Ordnung.«

Ich schob die letzten Silbermesser in die Scheiden, die meine Arme säumten. Holzpflöcke wären zwar günstiger gewesen, funktionierten aber bloß in Filmen. Dann warf ich einen Mantel über, nicht, um mich vor dem kalten Novemberabend zu schützen, sondern um all meine Waffen zu verbergen.

»Bereit«, sagte ich; meine Fangzähne kamen wie von selbst hervor.

Ian schnaubte. »Scheint, als wäre dieses Jahr für dich schon früher Bescherung, Cat.«

Ich warf ihm einen düsteren Blick zu, doch meine Aura schien das Hochgefühl zu verraten, das in mir zirkulierte. Ich wollte nicht, dass irgendein messergeiler Eindringling Bones' Geburtstagsfeier sprengte, doch andererseits war es schon Wochen her, seit ich zuletzt jemandem ordentlich in den Arsch getreten hatte. Wer konnte es mir da verübeln, dass ich diesem Vampir zeigen wollte, was mit jemandem passierte, der auf der Suche nach Ärger zu meinem Haus kam?

»Vergiss nicht, dass wir ihn lebend brauchen, Liebes«, sagte Bones. Sein Blick flammte vor raubtierhafter Erwartung smaragdgrün auf. »Zumindest fürs Erste.«

Frostüberzogene Blätter knirschten unter meinen Füßen, als ich durch den Wald ging. Meine Riemchensandalen mit Absatz wären so ziemlich die schlechteste Wahl an Schuhwerk für jeden normalen Menschen gewesen, der auf diesen steilen Hügeln unterwegs war, doch Vampire besaßen großartige Reflexe und konnten sich keine Erkältung einfangen, deshalb hatte ich mir nicht die Mühe gemacht, meine Schuhe zu wechseln. Und wenn ich so für den, der sich hier zusammen mit mir im Dunkeln rumtrieb, verletzlicher wirkte, umso besser.

Bones flog irgendwo über mir, aber ich sah ihn nicht, entweder weil seine Kleider mit dem Nachthimmel verschmolzen oder weil er zu weit oben war. Auch von Fabian und seiner Geisterfreundin entdeckte ich nichts, aber ich wusste, dass sie da draußen waren, bereit, unsere Freunde zu benachrichtigen, falls sich herausstellte, dass unser Herumtreiber ein Gefolge bei sich hatte. Wir hatten den Standort unseres Zuhauses in den Blue Ridge Mountains vor allen außer unseren nächsten Freunden und unserer Familie geheim gehalten, doch wenn es einem Feind gelungen war, uns zu finden, hatten andere uns womöglich ebenfalls aufgespürt.

Ungefähr hundert Meter zu meiner Linken knackten Zweige. Ich drehte meinen Kopf nicht ruckartig in diese Richtung, sondern setzte meinen Weg fort, als wäre ich auf einem gemütlichen Mitternachtsspaziergang. Ich bezweifelte zwar, dass unser Eindringling darauf reinfallen würde, aber offenbar war er trotz allem nicht der Hellste, andernfalls hätte er nicht Annette angegriffen, während sich Bones in unmittelbarer Nähe befand. Kein Meistervampir, der seine Fangzähne wert war, würde sich so etwas gefallen lassen.

Weitere knackende Geräusche ertönten, zu nah, als dass ich noch länger hätte vorgeben können, sie nicht zu hören. Ich wandte mich in diese Richtung und riss die Augen auf, als hätte ich die schattenhafte Gestalt, die hinter den Bäumen lauerte, nicht bereits bemerkt.

»Ist da jemand?«, rief ich, meinen Tonfall mit Sorge würzend.

Gelächter rollte durch die kalte Nachtluft. »Du würdest eine miese Horrorfilmheldin abgeben. Du hast es versäumt, deine Schultern zu beugen, deine Kehle zu umklammern und dir auf die zitternde Unterlippe zu beißen.«

Er hatte einen englischen Akzent, und seine Sprechweise klang eher nach Spades und Annettes aristokratischem Dialekt als nach Bones' und Ians weniger förmlichem Akzent. Schulterlanges blondes Haar fing das Mondlicht ein, als er hinter den Bäumen hervortrat.

Es war nicht sein Aussehen, das mich ihn anstarren ließ, auch wenn mich die wie gemeißelt wirkenden Wangenknochen des Vampirs und seine fein geformten Gesichtszüge an Bones' makellose Schönheit erinnerten. Auch nicht seine Größe, denn er maß mindestens einen Meter achtundachtzig. Es war sein Hemd. Aus seinen Mantelärmeln ragte Spitze hervor, die beinahe seine Hände bedeckte. Noch mehr von diesem aufgebauschten weißen Stoff sammelte sich um seinen Hals und hing bis zur Hälfte seiner Brust hinab. Das Ganze lenkte mich so ab, dass ich beinahe vergaß, nach Waffen Ausschau zu halten.

»Ist das dein Ernst?«, konnte ich mir nicht verkneifen herauszuplatzen. »Denn Ru-Paul würde es sich zweimal überlegen, bevor er so was in der Öffentlichkeit anzieht.«

Sein Lächeln zeigte weiße Zähne ohne eine Spur von Fängen. »Eine Hommage an meine Herkunft. Allerdings ziehe ich moderne Beinkleider vor, wie du sehen kannst.«

Er trug schwarze Jeans, die tatsächlich wesentlich moderner waren als sein Hemd. Darüber hinaus zeigten die Jeans das Silbermesser, das um den Oberschenkel des Vampirs geschnallt war, doch abgesehen von einem langen hölzernen Spazierstock war das die einzige sichtbare Waffe, die er bei sich trug. Natürlich bedeutete das nicht, dass er bloß diese eine Waffe hatte; ich hielt meine besten Ausrüstungsgegenstände auch verborgen.

»Lass mich raten. Du hast dich verlaufen?«

Ich begann, die Distanz zwischen uns zu überbrücken. Obgleich er keinen Spritzer Blut an sich hatte, standen die Chancen gut, dass ich mich Annettes Angreifer gegenübersah. Seine Aura verriet, dass er mehrere hundert Jahre alt war, doch ich hatte keine Angst. Sofern er seine Macht nicht verschleierte, war er kein Meister, was bedeutete, dass ich mit ihm den Boden aufwischen konnte.

Der Vampir taxierte mich auf dieselbe Art und Weise, wie ich ihn musterte: sorgfältig, abwägend und furchtlos. Und die ganze Zeit über wich dieses kleine Grinsen nicht von seinem Gesicht.

»Du bist wirklich schön, auch wenn mir das kurze Haar

nicht übermäßig zusagt. Mit langen, wallend roten Locken würdest du noch hübscher aussehen.«

Irgendetwas an ihm kam mir vertraut vor, obgleich ich mir sicher war, dass wir einander noch nie zuvor begegnet waren. Seine Großspurigkeit hätte mit Sicherheit dafür gesorgt, dass ich ihn nicht vergaß.

»Tja, nun, vor drei Wochen hat mir eine Feuersbrunst das Haar frisiert, aber es wächst nach«, sagte ich flapsig.

Wäre ich keine Vampirin gewesen, hätte ich überhaupt keine Haare mehr gehabt, nachdem ich beinahe verbrannt war, doch dank der Untoten-Regenerationsfähigkeiten brauchte ich kein Geld für Perücken auszugeben. Oder für Hauttransplantationen, Gott sei's gelobt.

»Also, willst du weiterquatschen?«, fuhr ich fort. »Oder sollte ich einfach anfangen, dir für unbefugten Zutritt und höchstwahrscheinlich auch Körperverletzung den Arsch zu versohlen?«

Ich war jetzt nah genug, um zu erkennen, dass seine Augen die Farbe von Blaubeeren hatten, doch er reagierte nicht zornig auf meinen Affront. Stattdessen wurde sein Grinsen noch breiter.

»Wären wir nicht miteinander verwandt, wäre ich versucht, dich beim Wort zu nehmen.«

Dachte dieser Schwachkopf etwa, ich würde es nicht ernst meinen? Das ärgerte mich so, dass ich den ersten Teil des Satzes verpasste, doch dann erstarrte ich.

»Was meinst du damit, wir seien verwandt?«

Die einzige Familie, die ich über der Erde hatte, bestand aus einem eingekerkerten Vampirvater, einem Geisteronkel und einer neuerdings untoten Mutter. Allerdings sorgten die Überzeugung in seinem Tonfall und die ruhige Art und Weise, wie er meinem Blick begegnete, dafür, dass ich mich fragte, ob er womöglich die Wahrheit sagte. Meine Güte, bestand die Möglichkeit, dass mein Vater nicht der einzige Vampir in meiner Ahnenreihe war?

Er zog mit diesem langen Stock eine Linie durch die trockenen Blätter, seine Augenbrauen herausfordernd in die Höhe gezogen.

»Bist du immer noch nicht dahintergekommen?« Er stieß ein unechtes Seufzen aus. »Ich dachte, dass vor allem du die Ähnlichkeiten erkennen würdest, aber offenbar nicht.«

Mit Wortspielchen war er bei mir an die Falsche geraten. Ich bedachte seine langen blonden Locken und sein altmodisches Hemd mit einem vernichtenden Blick. »Falls du dich als Lestat-Doppelgänger versuchst, dann hast du den Nagel bezüglich der Ähnlichkeiten absolut auf den Kopf getroffen.«

Er schnaubte. »Begriffsstutziges kleines Kätzchen, hm?«

Hinter ihm sauste irgendetwas Dunkles herab, doch bevor der Vampir herumwirbeln konnte, um sich zu verteidigen, nahm Bones ihn in eine feste Umarmung. Mondlicht fing sich in der Klinge, die Bones dem Vampir an die Brust hielt.

»Niemand außer mir nennt meine Frau so«, sagte er mit tödlicher, seidiger Stimme.

Der Vampir wand sich in dem fruchtlosen Bestreben, sich zu befreien, doch es wäre leichter gewesen, Eisenstäbe zu verbiegen. Sein Umsichschlagen trieb die Spitze von Bones' Messer in seine Brust, um dieses weiße Spitzenhemd purpur zu verfärben. Hätte er sich weiter zur Wehr gesetzt, hätte das die Klinge bloß noch tiefer hineingestoßen, und wenn Bones dieses Silber in seinem Herz herumdrehte, wäre der Vampir dauerhaft tot. Er hielt inne und reckte den Hals, um einen Blick auf den Mann hinter sich zu werfen, der ihn festhielt.

In diesem Moment, als ich ihre Gesichter so dicht beieinander sah, traf mich der erste Anflug von Begreifen wie ein Hammerschlag. Es schien unmöglich zu sein, aber …

»Bones, tu ihm nicht weh!«, sagte ich, von der Schlussfolgerung aus der Bahn geworfen. »Ich … ich glaube, hierbei geht es möglicherweise gar nicht um den Angriff auf Annette.«

Der Vampir warf mir einen anerkennenden Blick zu. »Offenbar bist du ja doch nicht so begriffsstutzig.«

Bones nahm die Klinge nicht weg, doch seine Hand schloss sich fester um den Messergriff. »Beleidige sie noch mal, und es werden deine letzten Worte sein.«

Der Vampir stieß ein gequältes Lachen aus. »Eigentlich dachte ich, dass es hier üblich ist, dass Verwandte sich foppen.«

»Verwandte?«, spottete Bones. »Willst du behaupten, du seist ein Mitglied ihrer Familie?«

»Nicht blutsverwandt, aber durch Heirat«, sagte der Vampir, jedes Wort in die Länge ziehend. »Erlaubt mir, mich vorzustellen. Mein Name ist Wraith, und ich bin dein Bruder.«

4

Verblüffung huschte über Bones' Gesicht hinweg. Selbst mit dem Messer, das aus seiner Brust ragte, wirkte Wraith kultivierter.

»Lügen«, sagte Bones schließlich. »Abgesehen von mir hatte meine Mutter keine Kinder.«

»Sie nicht«, erwiderte Wraith. »Dein Vater schon.«

Bones schaute noch immer perplex drein, doch sein Griff lockerte sich nicht. »Meine Mutter war eine Hure. Sie kann unmöglich gewusst haben, wer mein Vater war.«

»Deine Mutter war Penelope Ann Maynard, die tatsächlich zur Hure wurde. Allerdings erst *nach* der Geburt des unehelichen Sohns des Duke of Rutland. Dieser Sohn wuchs in einem Puff in London auf und wurde wegen Diebstahls 1789 zur Zwangsdeportation verurteilt. Ein Jahr später starb er in den Strafkolonien von Neusüdwales, doch er blieb nicht tot.« Wraiths Blick glitt zu dem Mann hinter sich. »Kommt dir irgendwas davon bekannt vor?«

Jedes Wort traf Bones wie ein Hieb; das verrieten mir die Emotionen, die in mein Unterbewusstsein drangen. Obwohl ich um die Geschichte von Bones' Vergangenheit wusste, war sie nicht allgemein bekannt, und Wraith hatte mit den Daten und Einzelheiten absolut richtiggelegen. Darüber hinaus war da die Ähnlichkeit. Beide Männer hatten diese hohen, wie gemeißelten Wangenknochen, dichte Augenbrauen, volle, aber dennoch entschlossene Münder, besaßen die gleiche hochgewachsene Gestalt und legten das gleiche stolze arrogante Gebaren an den Tag. Sicher, Bones war ein braunäugiger Brünetter und Wraith ein blauäugiger Blonder, doch wenn Wraith sein Haar gefärbt und dunkle Kontaktlinsen eingesetzt hätte, hätte selbst ein beiläufiger Betrachter vermuten können, dass sie miteinander verwandt waren. Halbbrüder, sofern das, was Wraith sagte, tatsächlich der Wahrheit entsprach.

»Dicht dran, aber der Nachname meiner Mutter war Russel, nicht Maynard«, erklärte Bones. »Und weder sie noch irgendeine andere der Frauen, bei denen ich aufwuchs, haben auch nur Andeutungen gemacht, dass sie wussten, wer mein Vater war. Und jetzt, über zweihundert Jahre später, erwartest du, dass ich dir diese Duke-Geschichte abkaufe, und dass du mein verloren geglaubter Bruder bist?« Sein Arm um Wraiths Hals straffte sich. »Tut mir leid, Kumpel. Tue ich nicht.«

»Ich … abe … weise.« Der Druck, den Bones auf die Kehle des Vampirs ausübte, sorgte dafür, dass die Worte verstümmelt waren.

»Beweise?«, fragte Bones und lockerte seinen Griff.

Wraith brachte ein Nicken zustande. »Wenn du aufhörst, mich zu erdrosseln, zeige ich sie dir.«

Fabian folgte uns in diskretem Abstand, als wir die gewundene Schotterstraße hinuntergingen, die zum Fuß des Hügels führte. Falls Wraith den Geist bemerkte, der über den Baumwipfeln dahinflitzte, äußerte er sich nicht dazu. Tatsächlich wirkte er entspannt. Sogar heiter, doch ich war dennoch weiterhin auf der Hut. Ich hatte schon Leute die ganze Zeit über lächeln sehen, während sie versuchten, mich zu töten.

»Wie hast du mein Haus gefunden?«, fragte Bones. Auch

er hatte kein bisschen seiner Vorsicht aufgegeben, wie die Strömungen verrieten, die um ihn herumwirbelten.

»Ich bin euch vom Hotel hierher gefolgt«, entgegnete Wraith.

Ich blieb abrupt stehen. »Dann gibst du also zu, dass du das Arschloch ist, das Annette aufgeschlitzt hat?« Ob nun Schwager oder nicht, falls er es gewesen war, würde er dafür bezahlen.

Wraith seufzte. »Ich habe Annette *gerettet*, indem ich den Vampir in die Flucht schlug. Allerdings habe ich ihn nicht erwischt. Als ich zurückgekehrt bin, um nach ihr zu sehen, habt ihr sie bereits in den Wagen gesetzt, und ihr saht wütend genug aus, um erst zu töten und später Fragen zu stellen.«

Ian hatte gesagt, er habe bei seiner Ankunft im Hotel einen Vampir gehört. Er hatte angenommen, dass es sich dabei um den Täter handelte, der vom Tatort floh, aber konnte es in Wahrheit nicht Wraith gewesen sein, der dem wahren Angreifer auf den Fersen war?

»Falls das stimmt, warum hat Annette dann nichts von dir erzählt, als wir eintrafen? Und, wichtiger noch, wo warst du, als dieser Mistkerl die Wände mit ihrem Blut gestrichen hat?«

Die Einförmigkeit von Bones' Tonfall ließ Wraith einen raschen Blick zur Seite werfen. Man brauchte nicht mit seinen Emotionen verbunden zu sein, um zu wissen, dass Bones ihm diese Version der Ereignisse nicht glaubte.

»Ich war unterwegs, um mich mit ihr zu treffen. Ihr könnt gerne mein Handy überprüfen; der Anruf, den sie bekam, unmittelbar bevor sie angegriffen wurde, war von mir, um ihr zu sagen, dass ich mich etwas verspäte. Als ich eintraf, hörte ich seltsame Geräusche. Ihre Tür war nicht verschlossen, also trat ich gerade rechtzeitig ein, um jemanden zum Fenster rausspringen zu sehen. Nachdem ich mich überzeugt hatte, dass Annette noch lebte, nahm ich die Verfolgung auf. Und was den Punkt betrifft, warum sie mich nicht erwähnt hat, so kann ich bloß mutmaßen, dass das mit dem törichten Versuch zusammenhing, die Überraschung nicht verderben zu wollen.«

»Welche Überraschung?«, fragten Bones und ich im Chor.

»Dass du einen Bruder hast«, entgegnete Wraith sanft. »Diese Neuigkeit sollte eigentlich Annettes Geburtstagsgeschenk für dich sein.«

Selbst im Hinblick auf ihre äußerlichen Ähnlichkeiten schien es dennoch unmöglich zu glauben, dass Wraith Bones' Bruder war. Dem Unglauben nach zu urteilen, der in mein Unterbewusstsein einsickerte, erging es Bones ganz genauso.

»Dieser Vampir, den du verjagt hast … Konntest du einen guten Blick auf ihn erhaschen? Hast du ihn zufällig erkannt?«, fragte ich und wechselte damit das Thema.

»Tut mir leid, den habe ich noch nie zuvor gesehen. Das Einzige, was ich euch sagen kann, ist, dass er dunkles Haar hatte und fliegen konnte wie der Wind.«

Ein brünetter Vampir, der fliegen konnte. Das schränkte die Suche auf mindestens zehntausend ein – und war uns damit absolut keine Hilfe. Wir hatten den Fuß des Hügels beinahe erreicht. Weiter vorn parkte ein Buick am Straßenrand, mit ausgeschalteten Scheinwerfern.

»Mein Wagen«, sagte Wraith mit einem Nicken auf das Fahrzeug. Dann hielt er Bones die Schlüssel hin. »Der Beweis, den du haben willst, ist im Kofferraum.«

Bones rührte die Schlüssel nicht an, aber ein knappes Lächeln verzog seine Lippen. »Lieber nicht. Mach du auf.«

Wraith schnaubte auf eine Art und Weise, die mir sehr bekannt vorkam. »Denkst du, ich habe den Kofferraum mit einem Sprengsatz verkabelt? Du bist ja sogar noch paranoider, als dein Ruf behauptet.«

»Außerdem bin ich auch viel ungeduldiger, als mein Ruf behauptet«, erwiderte Bones gelassen. »Also komm in die Puschen.«

Mit einem weiteren Laut der Verbitterung setzte Wraith seinen langen Stock auf und ging zum Heck des Wagens hinüber. Der Kofferraum sprang auf, ohne dass es auch nur einen Funken gab, und Wraith holte einen flachen, mit einem Tuch verhüllten rechteckigen Gegenstand daraus hervor.

»Hier«, sagte er und hielt ihn Bones hin. »Ich habe auch Urkunden, aber falls dich das hier nicht überzeugt, werden die es ebenfalls nicht tun.«

Bones nahm das Objekt entgegen und zog das Tuch fort. Darunter kam ein Gemälde zum Vorschein: dem Zustand des Rahmens und der Leinwand nach zu urteilen, alt, doch ich brauchte nicht mehr als einen einzigen Blick auf das Bild selbst zu werfen, um ein Keuchen auszustoßen.

Bones sagte nichts, sondern starrte einfach nur das Bild eines Mannes an, der eine unheimliche Ähnlichkeit mit ihm hatte; lediglich sein Haar war maisblond, und rings um seinen Mund waren Falten eingegraben, die zu streng wirkten, um vom Lächeln herzurühren. Er trug ein Rüschenhemd und einen kunstvoll bestickten Mantel mit so vielen Quasten, Knöpfen und Borten, dass er aussah, als könnte er von allein aufrecht stehen. Ein Langdolch mit juwelenbesetztem Griff, der aus seinem Gürtel ragte, vervollständigte den Eindruck von Extravaganz, als wäre die Überheblichkeit in der Miene des Mannes nicht Hinweis genug, dass er in ein Leben voller Luxus hineingeboren worden war.

»Sagt dem Duke of Rutland Hallo«, verkündete Wraith; seine Stimme durchbrach das dräuende Schweigen. »Für den Fall, dass sein Gesicht noch nicht Beweis genug ist, belegen Urkunden, dass er auf den Namen Crispin Phillip Arthur Russel der Zweite getauft wurde. Mein menschlicher Name war Crispin Phillip Arthur Russell der Dritte. Genau wie deiner.«

Meine Gedanken kehrten blitzartig acht Jahre in die Vergangenheit zurück, als ich Bones gerade erst kennengelernt hatte und er mir von den Gründen für seine Namensgebung erzählt hatte.

Bloß ein bisschen Phantasterei vonseiten meiner Mutter, da sie offenkundig keine Ahnung hatte, wer mein Vater war. Dennoch glaubte sie, dass es mir ein wenig Würde verleihen würde, wenn sie Nummern hinter meinen Namen setzte. Diese arme liebe Frau – stets so abgeneigt, sich der Wirklichkeit zu stellen …

Falls der Vampir, der uns gegenüberstand, recht hatte, hatte Bones' Mutter ihn nicht aus Jux und Tollerei »den Dritten« genannt. Vielmehr hatte sie ihn nach dem Vater benannt, von dem er niemals wusste, dass er ihn überhaupt hatte.

Als Bones sprach, war seine Stimme angespannt von Gefühlen, die er, wie ich spüren konnte, für sich behalten wollte.

»Wenn du mein Halbbruder bist, wärst du über zweihundert Jahre alt. Wenn du um unsere Verbindung wusstest, warum, um alles in der Welt, hast du dann nicht schon früher versucht, mich ausfindig zu machen?«

Wraiths Lächeln war traurig. »Ich wusste nichts von alldem, bis ich vor Kurzem von einem kriegshetzerischen Ghul deinen wahren Namen erfuhr. Ich dachte erst, das sei ein Scherz, aber dann fand ich ein Bild von dir. Unsere Ähnlichkeit genügte, damit ich mich eingehend mit meiner Familiengeschichte befasst habe. In einigen sehr alten Archiven fand ich die Erwähnung einer Summe, die mein Vater dem Viscount Maynard als Wiedergutmachung für die Schwängerung der Tochter des Viscounts, Penelope, gezahlt hat. Dann tauchte in den Old-Bailey-Prozessabschriften dein Name auf, und dein Alter passte zu dem, in dem das Kind zu diesem Zeitpunkt gewesen wäre. Hätte das – zusätzlich zu unseren identischen Vornamen – noch nicht genügt, so hat mir unsere Begegnung letzte Gewissheit verschafft. Du siehst so sehr wie mein Vater aus und verhältst dich wie er, dass du sein dunkelhaariger Geist sein könntest.«

Irgendetwas anderes wirbelte inmitten der Wachsamkeit von Bones' Emotionen, etwas so Ergreifendes, dass es mir die Tränen in die Augen trieb. *Hoffnung.* War es wirklich möglich, dass Bones nach all dieser Zeit ein lebendes Mitglied seiner Familie gefunden hatte? Wraiths richtiger Name, die Ähnlichkeit und das Porträt waren verdammt überzeugend, ganz zu schweigen davon, dass man die Echtheit der Urkunden, die Wraith erwähnt hatte, leicht bestätigen lassen konnte. Darüber hinaus stellte sich die Frage: Warum sollte jemand sich die Mühe machen, bezüglich einer familiären Verbindung zu lügen? Bones war niemand, dem es gefiel, auf den Arm genommen zu werden.

Ich hakte mich bei ihm unter, in der Hoffnung, so dazu beizutragen, seine aufgewühlten Emotionen zu beruhigen. »Du sagst, Annette wusste hierüber Bescheid?«

Wraith nickte. »Ich fand, dass eine Neuigkeit wie diese persönlich überbracht werden müsse, deshalb machte ich mich auf die Suche nach einem Angehörigen von Bones' Ahnenlinie, der seinen Aufenthaltsort kannte. Nachdem Annette davon überzeugt war, dass ich es ernst meinte, einigten wir uns darauf, uns in dem Hotel zu treffen, in der Absicht, gemeinsam hierherzukommen.«

»Als mein Geburtstagsgeschenk«, murmelte Bones, der Wraith von Neuem musterte, diesmal mit mehr Neugierde als Argwohn.

Ein Lächeln verzog Wraiths Mundwinkel. »Ich fürchte, als es darum ging, mir eine Schleife umzubinden, war bei mir Schluss.«

Der fiktive Detektiv Sherlock Holmes sagte einst, wenn man das Unmögliche ausschließt, müsse das, was übrig bleibt, ganz gleich, wie unwahrscheinlich es auch wirken möge, die Wahrheit sein. Es schien unglaubwürdig, dass der Vampir, der uns gegenüberstand, tatsächlich Bones' Bruder war, doch bislang deuteten die Fakten genau darauf hin.

»Ich weiß, dass das Ganze ziemlich überraschend sein muss«, fuhr Wraith noch immer mit demselben halben Grinsen fort. »Vielleicht ist dir das aber auch egal. Seit damals ist so viel Zeit vergangen, dass ich es verstehen würde, wenn diese Neuigkeit dir wenig bedeutet. Wenn es dir lieber wäre, dass ich verschwinde, werde ich das tun, doch was mich betrifft – ich hatte gehofft, dass wir einander vielleicht kennenlernen könnten.«

Hätte ich Bones nicht berührt, hätte ich das leichte Zittern nicht bemerkt, das ihn durchlief, als Wraith mit diesen letzten Worten einen Anflug von Verletzlichkeit unter seinem übermütigen Äußeren offenbarte. Es war offensichtlich, dass eine Zurückweisung ihn verletzen würde. Was Bones betraf, so konnte ich merken, dass er unbedingt mehr über diesen Vampir erfahren wollte, der möglicherweise die einzige Verbindung zu seiner lange verlorenen menschlichen Familie war.

Eine kalte Bö blies Wraith das Haar ums Gesicht, wie um mich daran zu erinnern, dass wir dieses Gespräch ebenso gut auch drinnen fortsetzen konnten, anstatt am Straßenrand zu stehen.

Ich lächelte ihn an. »Warum gehen wir nicht zum Haus zurück? Dort ist es wärmer, und dann kann ich Annette zur Wahl ihres Geschenks gratulieren. Meins hat sie um Längen übertroffen.«

5 ————————————————————————————————

Wraiths Augen weiteten sich, als wir ins Haus gingen und er sah, dass Annette noch immer von Ian festgehalten wurde; die Hand des anderen Vampirs lag nach wie vor über ihrem Mund.

»Oh, mach dir deswegen keine Sorgen. Wir hatten, ähm, vorhin ein kleines Kommunikationsproblem«, sagte ich anstelle einer Erklärung.

Ians Augenbrauen glitten in die Höhe, doch er ließ Annette nicht los. »Wenn das unser Eindringling ist, wärt ihr dann so gut, mir zu erklären, warum er noch in einem Stück ist?«

»Er ist nicht das Schwein, das Annette abschlachten wollte«, sagte Bones und räusperte sich. »Wie sich zeigt, könnte er möglicherweise … mein Bruder sein.«

Bones wiederholte Wraiths Geschichte und enthüllte zur Erläuterung seiner Worte das Gemälde. Ian wirkte verblüfft darüber, dass Bones' beide Elternteile Angehörige des Adels gewesen waren, doch Bones bemerkte es nicht. Seine Aufmerksamkeit war ganz auf den blonden Vampir gerichtet, der neben ihm stand.

»Hmmpf«, sagte Ian, als Bones zum Ende gekommen war. »Dann war dein leiblicher Vater also der Duke of Rutland, aber wer war dein Vampirmeister, Wraith?«

»Sein Name war Sheol, doch er ist schon seit über einem Jahrhundert tot«, entgegnete Wraith.

Ich gab angemessen mitfühlende Laute von mir, doch in Wahrheit war ich erleichtert. Wie misslich, wenn Wraith Mitglied einer feindlichen Blutlinie gewesen wäre! Zu behaupten, dass Vampire in einem feudalistischen System existierten, war milde ausgedrückt. Besser ließ sich das Ganze mit der Art und Weise vergleichen, wie die Mafia operierte.

»Wie tragisch.« Ian versuchte nicht einmal, teilnahmsvoll zu klingen, doch von ihm war nichts anderes zu erwarten. »Unter wessen Schutz stehst du seitdem?«

Wraith drückte seine Schultern durch. »Ich bin meister-los geblieben.«

»Bei deiner begrenzten Macht?« Offener Unglaube färb-te Ians Worte.

Mein Kiefer klappte herunter. Auch mir war aufgefallen, dass Wraiths Aura ihn nicht als besonders stark auswies, doch ihm das unter die Nase zu reiben ging einen Schritt zu weit.

Bones war derselben Meinung. »Ian«, stieß er warnend hervor.

»Schon in Ordnung«, sagte Wraith, doch seine Lippen waren schmal geworden. »Ich bin die meiste Zeit über für mich geblieben. Auf diese Weise mag man vielleicht einsam sein, aber auch sicherer, wenn man die vielen Machtkämpfe bedenkt, denen unsere Art nachgeht.«

Annette stieß Ian mit dem Ellbogen in die Rippen. Nun endlich nahm er seine Hand von ihrem Mund.

»Ich bin so froh, dass du es hierher geschafft hast, Wraith«, sagte sie. Ihr Blick glitt zu Bones. »Natürlich hatte ich mir euer Kennenlernen ein wenig anders vorgestellt ...«

Wraith trat vor, um ihre Hand zu ergreifen, und küss-te sie. »Du konntest nichts für diesen grässlichen Angriff. Ich bin nur erleichtert, dass ich rechtzeitig gekommen bin. Ich schwöre, dass ich denjenigen finden werde, der dir das angetan hat, um ihn mit gleicher Münze dafür bezahlen zu lassen.«

Annette widersprach mit keinem Wort, was darauf hin-deutete, dass das, was Wraith über sein Handeln im Gasthof gesagt hatte, die Wahrheit war. Das bedeutete, dass wir noch ein weiteres Problem an den Hacken hatten, doch ich war froh, dass es nichts mit dem blonden Vampir zu tun hatte, bei dem es zunehmend wahrscheinlicher zu sein schien, dass er tatsächlich Bones' Bruder war.

Annette stand von der Couch auf; ihr blass bernsteinfarbener Blick suchte Bones' dunkelbraune Augen.

»Crispin, ich versichere dir, dass ich Wraiths Behauptungen überprüft habe, als er erstmals Kontakt zu mir aufnahm. Andernfalls wäre mir niemals in den Sinn gekommen, ihn mit hierher zu bringen. Nach allem, was ich in Erfahrung gebracht habe, ist er wahrhaftig der, für den er sich ausgibt – dein Halbbruder.«

»Ich werde dir die Urkunden überlassen, die ich vorhin erwähnt habe«, fügte Wraith hinzu. »Sie sind in meinem Wagen. Auch moderne Technologie könnte dir die gewünschte Bestätigung liefern, wenn du gern unsere DNA miteinander vergleichen möchtest …«

»Ausgezeichneter Vorschlag. Ich kenne da einen Burschen, der diese Tests durchführen kann«, unterbrach Ian.

»Hört auf«, sagte Bones, der seine Hand ausstreckte. Ein Lächeln umspielte seine Lippen, bevor er fortfuhr. »Ich bin mir sicher, dass ich morgen alles sehen möchte, was deine – oder unsere – Familiengeschichte betrifft, doch im Augenblick würde ich mich einfach gern … noch ein wenig unterhalten. Damit wir einander besser kennenlernen.«

Wraith schaute Bones an; seine Miene spiegelte denselben vorsichtigen Optimismus wider, den ich in Bones' Emotionen fühlte.

»Das würde mir gefallen«, rasselte er.

Ian machte den Mund auf, doch meine Hand landete auf seiner Schulter. »Gehen wir, um den anderen von unserem neuen Gast zu berichten«, sagte ich und drückte fest zu – eine stumme Warnung. »Annette, warum begleitest du uns nicht? Wir holen deine Taschen, und dann kannst du etwas anderes anziehen.«

Ian starrte mich finster an, doch ich lächelte bloß, während mein Griff noch fester wurde. Er konnte auch ein andermal sein unverschämtes Selbst zur Schau stellen. Annette brauchte nicht dazu überredet zu werden, Bones ein bisschen Zeit mit Wraith allein zu verschaffen. Sie schnappte beinahe nach Ians Hand, um ihn wegzuziehen.

»Komm mit. Wenn ich diesen furchtbaren Morgenmantel auch nur noch eine Sekunde länger tragen muss, pfähle ich mich selbst.«

Als Bones endlich ins Bett schlüpfte, war die Morgendämmerung nicht mehr fern. Ich war bereits einige Stunden eher nach oben gegangen – nicht, um zu schlafen, sondern einfach, um mir die überraschenden Ereignisse des Abends noch einmal durch den Kopf gehen zu lassen. Einerseits war ich begeistert von der Möglichkeit, dass Bones einen Angehörigen seiner vermeintlich toten Familie gefunden hatte. Andererseits wurde meine anfängliche Begeisterung in Bezug auf Wraith mittlerweile von nagenden Fragen gedämpft. Vielleicht färbte Ians Negativität ja einfach bloß auf mich ab, aber warum hatte Annette niemandem gegenüber erwähnt, dass sie heute Abend Bones' lange verlorenen *Bruder* mitbringen würde? Es war eine Sache, Bones mit der Neuigkeit zu überraschen; etwas ganz anderes war es, diese Bombe so platzen zu lassen, dass auch alle anderen damit konfrontiert wurden.

Und warum hatte sie Wraith nicht erwähnt, als wir im Hotel eingetroffen waren? Um Himmels willen, wir hätten ihn versehentlich töten können, während wir nach ihrem Angreifer suchten! Als Ian Annette diese Frage stellte, hatte sie darauf keine Antwort, sondern wirkte vielmehr selbst ein wenig verwirrt von ihrem Verhalten. Das fand ich ziemlich seltsam. Zugegeben, im Laufe der Jahre hatte ich Annette mit einigen unschönen Worten bedacht, aber »Dummkopf« war normalerweise nicht darunter.

Dann war da die interessante kleine Information, die Fabian preisgab, nachdem ich mich entschuldigt hatte, um nach oben zu gehen. In seiner Hast, uns zu erzählen, dass ein fremder Vampir um unser Grundstück herumschlich, hatte Fabian es versäumt zu erwähnen, was er Wraith hatte tun sehen. Fabian zufolge hatte Wraith den unteren Teil des Hügels umrundet, wobei er sich regelmäßig in die Hand schnitt, um Blut auf den Boden zu spritzen.

Selbst für einen Vampir war das schlichtweg eigenartig. Wraiths Familienbande zu Bones hatten sich bislang als solide erwiesen, doch derselben Familie anzugehören machte jemanden nicht automatisch ehrenwert. Das wusste ich selbst besser als die meisten Leute. Trotzdem wollte ich Bones nicht sogleich mit meinen Zweifeln überfallen, also rollte ich mich in seine Arme und sagte nur drei Worte.

»Wie war es?«

Wraith befand sich in einem unserer Gästezimmer unten, doch ich machte mir keine Sorgen darüber, dass er lauschen könnte. Aufgrund der jüngsten Vorkommnisse hatten wir unser Schlafzimmer umgebaut; es war jetzt nicht bloß schalldicht, sondern dank stattlicher Mengen an Kräutern und Knoblauch zwischen den dicken Isolierschichten in den Wänden ebenfalls geistersicher. Nicht einmal ein aufmerksamer Vampir konnte unser Gespräch mithören.

Bones fuhr mit seinen Händen an meinem Rücken entlang, sodass ich vor Vergnügen dichter zu ihm rutschte. Er ging stets nackt zu Bett, und das Gefühl seines festen geschmeidigen Körpers genügte, dass ich mir das Reden am liebsten komplett gespart hätte, aber die Sache war wichtig.

»Angenehm, die meiste Zeit über.« Dann hielt er inne und schien seine Worte mit Bedacht zu wählen. »Blaublüter haben häufig uneheliche Kinder sowohl in den Ober- als auch in den Unterschichten gezeugt, weshalb ich weniger Zweifel in Bezug darauf habe, dass ich mit Wraith verwandt bin, als darauf, was für ein Typ Mann er ist. Er schien begierig darauf, über Ersteres zu diskutieren. Bei Letzterem war er eher wortkarg.«

Das spiegelte meine eigenen Bedenken wider, aber ich ließ ihn seine zuerst äußern. »Wieso?«

»Sein Meister wurde getötet, das ist nicht weiter ungewöhnlich.« Bones zögerte von Neuem, und ich konnte beinahe spüren, wie sein Zynismus gegen sein Verlangen ankämpfte, Wraith Glauben zu schenken. »Dennoch behauptet er weiterhin, seitdem keine richtige Verbindung mit anderen Vampiren gehabt zu haben. Selbst wenn er sich sicherheitshalber aus politischen Allianzen rausgehalten hat, ist unsere Art nicht unbedingt für ihr Einzelgängertum bekannt.«

»Vielleicht will er bloß nicht zugeben, dass er mit einigen deiner Feinde bekannt ist, weil er sich sorgt, dass das deine Meinung über ihn beeinflussen könnte?« Was das betraf,

hatte ich so meine Zweifel, doch um Bones' willen wollte ich einen optimistischen Grund für Wraiths Verhalten
vorbringen.

»Vielleicht«, sinnierte er. »Was hältst du von ihm?«

»Angesichts der äußerlichen Ähnlichkeit, des Namens,
der Dokumente und des Porträts, das auf seine Echtheit zu
überprüfen nicht weiter schwierig sein dürfte, denke ich,
dass er vermutlich tatsächlich dein Bruder ist, doch das bedeutet nicht, dass ich ihm traue«, sagte ich ehrlich und begann, meine Bedenken näher auszuführen.

Seine Miene spannte sich an, während ich sprach. Als ich
schließlich fertig war, stieß er ein Seufzen aus.

»Dann bleibt uns nichts anderes übrig, als Nachforschungen über ihn anzustellen. Wenn er nicht akzeptieren
kann, dass ich das tue, dann besteht für eine wie auch immer geartete Beziehung keinerlei Hoffnung. Ich würde es
ihm nicht verübeln, wenn er sich erst mal einen Überblick
über mein Leben verschafft hat, bevor er mich aufgesucht
hat. Zwei Jahrhunderte sind eine zu lange Zeit, um die Vorsicht aus Sentimentalität einfach in den Wind zu schlagen,
selbst wenn wir verwandt sind.«

»Du bist zweihundertfünfundvierzig«, erinnerte ich ihn
und wechselte damit das Thema. Wir waren uns beide darin einig, dass Wraith überprüft werden musste; außerdem
mussten wir den Vampir jagen, der Annette angegriffen
hatte, aber diese Dinge konnten wir später tun. Im Moment
wollte ich, dass Bones sich auf angenehme Dinge konzentrierte, anstatt sich weiterem Druck auszusetzen. Immerhin
hatte er Geburtstag.

Ich schob meinen Oberschenkel zwischen die seinen, die

Augenbrauen herausfordernd in die Höhe gezogen. »Also, bist du bereit für dein anderes Geschenk? Oder willst du jetzt, wo du beinahe ein Vierteljahrtausend alt bist, stattdessen lieber ein Nickerchen machen?«

Sein Lachen war die verführerischste Sünde. »Darum, Liebes, werde ich dich betteln lassen.«

Bones rollte sich herum und zog mich auf sich. Er packte mit einer Hand meine Handgelenke, während die andere mein kurzes Seidennachthemd nach oben schob. Im Gegensatz zu ihm ging ich niemals nackt zu Bett. Nicht, wo es doch so erregend war, wenn er mir die Klamotten vom Leib schälte.

»Lass meine Hände los«, sagte ich; ich verzehrte mich danach, sie über seinen Körper gleiten zu lassen und die Muskeln unter seiner blassen glatten Haut zu fühlen. Schon spülte seine Macht über mich hinweg, vibrierte suchenden, unsichtbaren Fingern gleich über meine Nervenenden.

Er gluckste, als er seine freie Hand benutzte, um meine Beine zu spreizen. »Du hast vergessen, das Zauberwort zu sagen.«

Dann glitt er auf dem Bett nach unten und ließ meine Handgelenke los. Ich versuchte, sie zu bewegen, stellte jedoch fest, dass meine Handgelenke noch immer von einem unnachgiebigen Griff gefangen waren, diesmal durch unsichtbare Energiebänder, nicht von seinen Händen.

»Wie ich sehe, hast du deine neue Telekinesefähigkeit trainiert«, sagte ich keuchend. »Das ist Schummeln.«

Er lachte wieder, während mich diese Machtbänder da festhielten, wo ich war. Kräftige Finger kneteten mein Kreuz, als er mich näher an sich zog, meinen Unterleib zu seinem Mund dirigierte. Ich stieß ein Keuchen aus, als seine Lippen meinen Bauch liebkosten und seine Zunge mit flatternden Bewegungen meinen Nabel neckte, bevor sie tiefer wanderte. Seine Fänge hakten sich oben in mein Höschen, zupften daran, aber viel zu langsam. Auch dass ich die Beine spreizte, behinderte ihn dabei, mir den Slip auszuziehen, doch als ich versuchte, mein Bein herumzuschwingen, hielt er mich auf.

»Willst du irgendwas Bestimmtes?«, murmelte er.

Sein Mund war so nah, dass seine Lippen über die Spitzenunterwäsche strichen, die angezogen zu haben ich mich jetzt verfluchte.

»Ich will das ausziehen«, sagte ich und reckte mich ihm entgegen. Einen Sekundenbruchteil lang drückte sich sein Mund auf mein Fleisch, um glühend heiße Lust durch mich hindurchfahren zu lassen, als seine Zunge mit umwerfendem Geschick auf Wanderschaft ging. Dann jedoch war sie fort, um mich kochend vor Verlangen zurückzulassen.

»Bones, bitte«, stöhnte ich.

Ein dunkles Lachen ließ alles in Flammen aufgehen, wo sein Atem mich berührte. »Nennst du das etwa Betteln? Oh, Kätzchen, das kannst du doch viel besser …«

6

Ich erwachte und sah mich einem Vampir gegenüber, der sich über mich beugte; eigentlich nichts Ungewöhnliches, da ich immerhin in den Armen eines Vampirs eingeschlafen war. Was *dies* jedoch außergewöhnlich machte, war der

Umstand, dass es sich bei dem Vampir nicht um Bones handelte.

Ian legte mir die Hand auf den Mund, bevor ich ihn empört dazu auffordern konnte zu verschwinden. Ich packte seinen Arm, in der Absicht, ihn an mehreren Stellen zu brechen, doch dann klärte sich mein von Schlaf unscharfer Blick so weit, dass ich den Ernst in seiner Miene bemerkte.

»Psst«, flüsterte er.

Ich nickte, hin- und hergerissen zwischen dem Gedanken, dass er besser einen verdammt guten Grund für diese Nummer haben sollte, und der Angst vor dem, warum er dies tat. Ian nahm seine Hand weg, und ich setzte mich auf; mein Blick schoss umher. Niemand sonst war im Zimmer, und er hatte die Tür geschlossen.

»Was ist los?«, fragte ich sofort.

»Crispin verhält sich seltsam«, sagte Ian leise.

»Welcher? Crispin wie Bones oder Crispin wie Wraith?« Jetzt hatten wir zwei von denen, und als ich ihn das letzte Mal gesehen hatte, schien es Bones bestens zu gehen.

»Der einzige Crispin, der mir nicht am Arsch vorbeigeht«, schnappte Ian. »Wir haben wirklich keine Zeit für diese Spielchen.«

Da war ich absolut seiner Meinung, was auch der Grund dafür war, dass es mir ganz und gar nicht gefiel, dass sich Ian in mein Zimmer schlich und mir den Mund zuhielt, bloß um mir zu sagen, dass er fand, dass Bones sich sonderbar benahm. Lieber Himmel, sein bislang unbekannter Bruder war hier, und er hatte sich entschlossen, besagten Bruder auf mögliche ruchlose Absichten hin zu durchleuchten. Das würde jedem unter die Haut gehen.

Trotzdem, für den Fall, dass Ian nicht überreagierte …

»Inwiefern seltsam?«

»Er ist ungewöhnlich fröhlich und scheint praktisch niemand anderen als Wraith wahrzunehmen. Das Gleiche gilt für alle anderen. Ich sage dir, da geht irgendetwas vor.«

Wäre ich nicht nackt gewesen, hätte ich Ian auf der Stelle zur Tür hinausbefördert. »Ich wusste ja, dass du nicht der Hellste bist, aber *ist das dein Ernst?* Bones hat gerade erfahren, dass er einen Bruder hat, und ist sich nicht sicher, was für ein Typ Mann dieser Bruder ist. Das gilt ebenfalls für den Rest von uns. Also, ja, für eine kleine Weile bekommt Wraith nun möglicherweise mehr Aufmerksamkeit als du. Reiß dich zusammen und hör auf, dich wie ein verfluchtes Gör zu verhalten, das das neue Baby hasst, weil Mami und Papi jetzt nicht mehr so viel mit ihm spielen!«

»Hier geht es nicht um meine intellektuellen Qualitäten«, sagte Ian barsch. Dann marschierte er mit großen Schritten zur Tür. »Wenn dir das ebenfalls klar wird, findest du mich im Hampton Inn in Asheville – es sei denn, natürlich, du bist ebenfalls betroffen.«

»Dann wohnst du also dort?« Ein Teil von mir war erleichtert. Jetzt musste ich mich nicht die gesamten Ferien über mit ihm rumschlagen.

»Ja«, lautete seine knappe Antwort. »Irgendjemand muss schließlich rausfinden, unter welchem Stein Wraith hervorgekrochen ist.«

Dann ging er hinaus und schloss die Tür hinter sich. Ich seufzte und stieg aus dem Bett. *Er ist so helle wie eine kaputte Glühbirne*, sagte ich mir, doch meine eigene nagende Saat des Zweifels brachte mich dazu, mich mit dem Duschen und Anziehen zu beeilen. Ian war selbstgefällig, pervertiert und moralisch verdorben, doch er war nicht dafür bekannt, wegen irgendetwas überzureagieren, das nichts mit unfreiwilliger Abstinenz zu tun hatte. War es *möglich*, dass mit Bones etwas nicht stimmte?

Genau, weil es sich nicht um ein Kreuzverhör handeln kann, wenn man gut gelaunt ist, während man versucht, Tatsachen aus seinem Bruder herauszukitzeln – das ist wahrhaftig ein unheilvolles Omen, spöttelte eine innere Stimme.

Das war die logischste Erklärung. Dennoch konnte ich mein Unbehagen nicht unterdrücken, als ich die Treppe runterging. Wenn man einmal gesehen hat, wie Leichen von den Toten zurückkommen und einen als Zombie attackieren, wird einem rasch klar, dass so ziemlich alles möglich ist. Bones' Lachen ertönte, laut und herzlich, und obgleich mich das Geräusch für gewöhnlich erfreute, klang es jetzt dank Ians Warnung beinahe unheilvoll.

Alles ist bestens, alles ist bestens, skandierte ich für mich selbst, als ich den Lauten in die Küche folgte. Ian war offensichtlich gegangen, doch die anderen hatten sich um den Tisch versammelt. Wraith saß am Kopfende, sein blondes Haar zu einem Pferdeschwanz zusammengebunden, der irgendwie maskulin wirkte. Er trug ein anderes Hemd als gestern, das allerdings ebenfalls für jedes Renaissance-Festival geeignet gewesen wäre.

»Cat«, sagte er und lächelte mich an. »Setz dich doch.«

Er lud mich ein, an meinem eigenen Tisch Platz zu nehmen. Wie freundlich. Ich schluckte diese sarkastische Erwiderung herunter und zog aus dem anderen Zimmer einen Stuhl herüber, da an unserem Küchentisch bloß sechs Leute sitzen konnten. Erst nachdem ich mich gesetzt hatte, wurde mir bewusst, dass Bones nicht angeboten hatte, den Stuhl für mich zu holen.

Zugegeben, ich war nicht die Art Mädchen, die wollte, dass man ihr die Türen öffnete oder den Stuhl für sie zurechtrückte, doch normalerweise verschafften Bones solche Gesten einen Kick. Darüber hinaus waren Spade und Mencheres so galant, dass es fast schon pathologisch wirkte, doch auch sie hatten nichts gesagt. *Es ist nichts*, redete ich mir ein und stellte ein unechtes Lächeln zur Schau.

»Also, was habe ich verpasst?«

Wraith lehnte sich zurück, um es sich auf seinem Stuhl bequemer zu machen. »Ich war gerade dabei, allen von der Zeit zu erzählen, als ich als Knabe mit dem preisgekrönten Hengst des Duke of Rutland über alle Berge bin.«

Fünf Stunden später hielt Wraith immer noch nicht die Klappe, und außer Denise und mir schien auch niemand zu wollen, dass er das tat. Ich hatte mich aufregenden Beschäftigungen wie dem Einräumen des Geschirrspülers zugewandt, um Wraiths Leier zu entgehen, doch abgesehen davon und von Denises gelegentlichen Ausflügen ins Badezimmer rührte sich keiner der anderen vom Fleck, außer als sie von der Küche ins Wohnzimmer umzogen. Denise suchte ein paarmal meinen Blick und zog die Augenbrauen hoch, wie um zu fragen: *Was ist hier eigentlich los?*

Ich wollte verdammt sein, wenn ich das wüsste. Es war eine Sache, wenn Bones versuchte, Wraith einzulullen und ihn dazu zu bringen, Informationen preiszugeben, indem er vorgab, an seiner Geschichte interessiert zu sein. Nicht unbedingt seine übliche Verhörtechnik – zu der normalerweise Messer und jede Menge Schreie gehörten –, doch im Hinblick auf ihre potenzielle familiäre Verbindung hätte ich den behutsameren Ansatz verstanden. Ich hätte sogar akzeptiert, dass die anderen ihn bei dieser Strategie unterstützten und Bones' Scharade Rückendeckung gaben, indem sie ebenfalls so taten, als seien sie in Wraiths Erzählungen versunken.

Allerdings war es eine Sache, jemandem Aufmerksamkeit vorzugaukeln, und eine andere, beinahe wie gebannt zu wirken. Teufel noch mal, Details aus dem Leben eines Aristokraten des 18. Jahrhunderts sollten Spade und Annette eigentlich zu Tode langweilen. Immerhin waren beide ebenfalls wohlhabende Mitglieder des britischen Adelsstands gewesen, sodass Wraith ihnen nichts berichtete, was sie nicht aus eigener Erfahrung kannten.

Gleich nach Einbruch der Nacht kam Denise zu mir herüber; ihr Lächeln war zu steif, um aufrichtig zu sein. »Hättest du Lust auf einen Spaziergang, Cat?«

»Sicher. Bis später, Leute. Wir werden ein bisschen Feuerholz sammeln«, sagte ich und hob meine Stimme, obwohl das eigentlich nicht nötig hätte sein sollen.

Keiner von ihnen schaute auch nur auf. Okay, über diese Sache mit dem Stuhl konnte man vielleicht hinwegsehen, aber über drei normalerweise galante Männer, die mit keinem Wort darauf eingingen, dass zwei Bräute im Dunkeln *Feuerholz* sammeln gehen wollten? Das war vollkommen untypisch, selbst wenn ich in der Nacht hervorragend sehen konnte.

Fabian warf mir einen hilflosen Blick zu, während er unter der Decke nervöse Kreise drehte. Ich wies mit dem Kopf ruckartig in Richtung Tür, und er sauste nach draußen, ohne dass man ihn weiter darum hätte bitten müssen. Wieder schien es niemand zu bemerken. Alle starrten einfach weiterhin Wraith an, als habe er gerade den Mond an den Himmel gehängt, und dabei salbaderte er bloß über den am langweiligsten klingenden Ball aller Zeiten.

»Schätze, die Flitterwochen sind vorbei«, murmelte Denise, sobald wir draußen waren. »Ich nehme an, als Nächstes darf ich in der Badewanne schlafen.«

Ich ging an den aufgestapelten Holzscheiten an der Seite des Hauses vorbei und marschierte weiter in den Wald hinein. Fabian folgte uns, flitzte durch die Bäume, anstatt sie zu umrunden. Niemand aus dem Haus schien uns Beachtung zu schenken, doch sicherheitshalber wollte ich weit genug davon entfernt sein, dass man uns nicht belauschen konnte.

»Ich meine, ich verstehe ja, dass es eine große Sache ist, dass Bones' lange verlorener Bruder aufgetaucht ist«, fuhr Denise fort. »Das freut mich für ihn, und ich versuche sicher nicht, Wraith die Schau zu stehlen. Aber Spade könnte mich alle paar Stunden wenigstens mal eines Blickes würdigen, weißt du?«

Ich marschierte in zügigem Tempo weiter. Dank Denises dämonisch veränderter Kondition war sie imstande, mühelos mit mir Schritt zu halten. Als wir den Hügel halb hinunter waren, sprach ich schließlich.

»Ich kann nicht glauben, dass ich das jetzt sage, aber …
Ian hatte recht. Hier geht *tatsächlich* etwas Seltsames vor.«

Denise blieb stehen; ihre haselnussbraunen Augen weiteten sich. »Das hat Ian gesagt? Gott sei Dank bin ich nicht die Einzige, die das denkt!«

»Sei leise«, erinnerte ich sie und fügte hinzu: »Alle verhalten sich, als hätte Wraith sie, nun ja, irgendwie in seinen Bann gezogen, bloß dass Vampire keine anderen Vampire in ihren Bann ziehen können.«

»Stimmt. Abgesehen davon sind wir nicht betroffen«, merkte Denise an.

»Ian auch nicht.«

Das Gleiche galt für Fabian und seine Freundin Elisabeth, aber Geister waren für gewöhnlich ohnehin immun gegen alles, was auf die Lebenden oder die Untoten wirkte. Ich nahm an, dass ich aufgrund des Umstands, dass ich unlängst die Kräfte einer Voodoo-Queen von der anderen Seite absorbiert hatte, womöglich noch immer etwas von derselben Immunität in meinem System hatte; mein beispielloser Status als Vampirin, die sich an den Kräften untoten Blutes labte und sie absorbierte, hatte schon früher so einige Pläne durchkreuzt. Doch falls Wraith tatsächlich so eine Art unbekanntes Schlangenbeschwörer-Mojo besaß, dann hätten Denise und Ian ebenfalls in verzückter Andacht um ihn versammelt sein müssen. Ohne sich genau wie ich zu wundern, was hier los war.

Ich winkte den Geist herüber. »Fabian, was hältst du von alldem?«

»Ich tippe auf Magie«, entgegnete er. »Ich habe Wraiths Zimmer durchsucht und dabei ein mit Blut gezeichnetes Symbol auf dem Boden gefunden, unter einem Läufer. Warum sollte er so was machen und es verstecken, wenn er keine schlechten Absichten hegt?«

Was das anbetraf, waren wir einer Meinung, aber ich wollte vollkommen sicher sein, dass wir nicht überreagierten, bevor ich anfing, mich mit Ian zu verschwören. Vielleicht war Wraith bloß abergläubisch.

»Ich werde zurückgehen und Bones zur Seite nehmen. Um rauszufinden, ob das alles nur Show ist oder nicht.«

Denise berührte mich am Arm. »Sei vorsichtig, Cat. Falls Wraith ... ich weiß nicht ... alle anderen *verzaubert* hat, dann stößt du ihn so förmlich mit der Nase darauf, dass du ihm auf die Schliche gekommen bist.«

Ich seufzte. »Na schön, ich werde subtil vorgehen. Wenn ich sage, dass ich meine Stiefel nicht finden kann, nachdem ich mit Bones gesprochen habe, wisst ihr, dass das Ganze nicht gespielt ist; dann müsst ihr mit den anderen zusammen *Die Frauen von Stepford* spielen.«

»Und was wirst du derweil tun?«, fragte Fabian.

Ich lächelte mit einem Anflug von Grimmigkeit. »Ich treffe mich in Asheville mit Ian, und dann werden wir nach einer Möglichkeit suchen, Wraith aufzuhalten.«

7

Als wir wieder reinkamen, saßen die sechs noch immer an denselben Plätzen im Wohnzimmer wie zuvor. Denise ging geradewegs nach oben, ich jedoch setzte mein bestes Gastgeberinnenlächeln auf, als ich zu Bones rüberging und ihm meine Hand auf die Schulter legte.

»Entschuldigt bitte, aber ich muss euch meinen Mann für einige Minuten entführen.«

Ich musste zweimal an seiner Schulter zerren, doch schließlich blickte er auf. »Warum?«

Ich wahrte mein Lächeln, obwohl die Frage brüsk ausfiel. »Weil ich, *Liebster*, bei etwas deine Hilfe brauche.«

»Ich bin mir sicher, dass du schon allein damit klarkommst, was auch immer es ist.«

Eis raste mein Rückgrat hinauf. Seine Miene war kalt, und der Blick, den er mir schenkte, war der gleiche, den er Gegnern vor einer Schlägerei zuwarf, die blutig endete. Nie hätte ich gedacht, einmal selbst einen solch düsteren Blick von Bones zu ernten, und der Umstand, dass es dabei um etwas so Lächerliches ging, sorgte dafür, dass sich mein ungutes Gefühl verdreifachte.

Das hier war nicht bloß sonderbares Verhalten. Es war, als wäre Bones durch einen Fremden ersetzt worden.

Ich suchte Wraiths Blick und bemerkte die Überraschung, die über sein Gesicht flackerte, bevor er sie mit einem Lächeln verbarg.

»Ich fürchte, ich habe alle schon zu lange mit Beschlag belegt. Ich werde mich für eine Weile in mein Zimmer zurückziehen.«

Dieser Aussage folgten sogleich mehrere Einsprüche, bis Wraith die Hände ausstreckte.

»Bitte, Leute. Kümmert euch um eure reizenden Ladys. Wir sehen uns später.«

Als wäre ein Schalter umgelegt worden, drehte Bones sich zu mir um und lächelte warm. »Was gibt es denn?«

Ich hinderte meinen Unterkiefer daran herunterzufallen, wenn auch nur mit äußerster Anstrengung. »In unserem Zimmer«, brachte ich hervor. »Komm mit.«

Meine zunehmende Furcht sorgte dafür, dass sich die wenigen Meter, die dorthin führten, anfühlten, als hätten sie sich in Meilen verwandelt. Als wir schließlich über die Schwelle traten, vibrierte ich beinahe vor Unruhe.

»Was zum Teufel ist los?«, verlangte ich zu wissen, sobald ich die Tür geschlossen hatte. So viel zum Thema Subtilität.

Bones runzelte die Stirn. »Verdammt, was ist nur in dich gefahren, dass du so außer dir bist?«

»Was in mich gefahren ist? In *mich*?«, wiederholte ich und zügelte mich, bevor meine Stimme noch schriller wurde. Ein Schrei würde selbst die Schallisolierung auf die Probe stellen. Ich zwang mich dazu, mich zu beruhigen, zweimal tief durchzuatmen, ehe ich fortfuhr.

»Würde es dir was ausmachen, mir zu sagen, was da zwischen Wraith und dir und den anderen abgeht?«, fragte ich in beinahe natürlichem Tonfall.

Ein weiteres Stirnrunzeln – diesmal mit Spuren von Verwirrung – sorgte dafür, dass sich seine Züge erneut in Falten legten. »Was meinst du damit?«

Noch mehr tiefe Atemzüge. So viel hatte ich seit Monaten nicht geatmet. »Ihr alle wirkt so … übermäßig von ihm eingenommen. Als würdet ihr sonst niemanden wahrnehmen.«

Auch das war nicht gerade subtil, aber etwas Besseres brachte ich nicht zustande, da jede Faser in mir Bones am liebsten packen wollte, um zu sehen, ob er aus diesem schlechten Traum aufwachen würde, wenn ich ihn nur genug schüttelte.

Seine Stirn glättete sich, und als er sprach, war sein Tonfall foppend, liebevoll. »Du bist doch nicht etwa eifersüchtig, weil ich mich mit ihm auseinandersetze, oder?«

Wow, war das Schicksal schnell damit, es mir heimzuzahlen, dass ich Ians Bedenken an diesem Morgen so leichtfertig von der Hand gewiesen hatte!

»Ich bin nicht eifersüchtig«, stieß ich mit zusammengebissenen Zähnen hervor und änderte die Taktik. »Aber ich dachte, wir wären uns darin einig, dass wir erst einige Nachforschungen über Wraith anstellen müssen, bevor wir uns näher auf ihn einlassen.«

»Ach, das.« Bones winkte mit einer Hand ab. »Nicht nötig. Er ist ganz offensichtlich ein guter Bursche, und ich bin stolz darauf, ihn meinen Bruder zu nennen.«

Mein Magen fühlte sich an, als würde er bis zu meinen Knien sacken. Seine Worte und meine Verbindung zu seinen Gefühlen offenbarten, dass er das nicht bloß spielte. Bones glaubte alles, was er da sagte, und das, obwohl der Mann, den ich liebte, niemals so blind jemandem vertrauen würde. Irgendwie war es Wraith gelungen, das Unmögliche zu vollbringen – einen Vampir einer Gehirnwäsche zu unterziehen. Und nicht bloß einen; dem identischen Verhalten von Spade, Annette, Mencheres und Kira nach zu urteilen, sogar gleich mehrere. Und wenn ich nicht dahinterkam, wie das möglich gewesen war, damit ich es wieder ungeschehen machen konnte, würde ich nach unten gehen und ihn dafür töten, am Verstand meiner Freunde herummanipuliert zu haben.

Andererseits: Wenn Wraith mächtig genug war, um andere Vampire in seinen Bann zu schlagen, wer wusste da schon, was für Tricks er sonst noch im Ärmel hatte? Womöglich endete ich als Schmutzfleck auf dem Boden, wenn ich ihm in die Quere kam, bevor ich mehr über die Quelle seiner Fähigkeiten wusste.

Ich starrte Bones in die Augen und gab ihm ein stummes Versprechen. *Ich bringe diese Sache in Ordnung und hole dein wahres Ich zurück. Ich weiß zwar noch nicht, wie, aber ich werde es tun.*

Und dann würde ich Wraith töten, ob nun Schwager oder nicht. Natürlich wäre es ihm ein Leichtes gewesen, eine Verbindung zu Bones herzustellen, wenn er so mächtig war, dass er anderen Vampiren das Hirn durchspülen konnte. Möglicherweise hatte er das aus dem Vorwand heraus getan, allen nahezukommen. Ich hatte keine Ahnung, zu welchem Zweck, aber wie seine Beweggründe auch immer aussehen mochten, ich konnte nicht zulassen, dass er damit Erfolg hatte.

Gleichwohl, bevor ich irgendetwas anderes sagte, musste ich meine Spuren verwischen. »Du hast recht, ich *war* ein bisschen eifersüchtig auf die ganze Aufmerksamkeit, die Wraith bekommen hat«, sagte ich, in der Hoffnung, dass meine Stimme aufgrund des Zorns, der in mir brodelte, nicht zu belegt klang. »Lass mich das wiedergutmachen. Wir ändern unsere Pläne für Weihnachten. Wir feiern eine große Party, um Wraith offiziell in der Familie willkommen zu heißen.«

Er lächelte so voller aufrichtiger Freude, dass es mir einen Stich ins Herz versetzte. Der wunderhübsche Vampir vor mir sah genau wie der Mann aus, den ich liebte, aber irgendwie hatte Wraith den wahren Bones unter Schichten begraben, die ich nicht zu durchdringen vermochte.

»Das ist eine tolle Idee. Er verdient ein angemessenes Willkommen.«

Oh, ich würde Wraith ein gutes, angemessenes Willkommen bereiten, keine Sorge. Mit einer Menge brennendem Dynamit, falls mein Weihnachtswunsch in Erfüllung ging. Doch ich erwiderte das Lächeln, über alle Maßen froh, dass Bones meine Emotionen nicht wahrnehmen konnte.

»Mach dir keine Gedanken; ich werde mich um alles kümmern.«

Ich hämmerte gegen die Tür von Zimmer 116. Ein Gespräch mit dem Portier des Hotels, kombiniert mit ein paar Blitzern meiner Augen, hatte mir Ians Zimmernummer beschert. Obgleich ich nicht wusste, unter welchem Decknamen er eingecheckt hatte, hatte die Beschreibung »groß, rothaarig, heiß und Engländer« genügt, dass der Portier wusste, von wem die Rede war.

»Mach auf, Ian!«, rief ich, als eine weitere Klopftirade keine Früchte trug.

Die Tür vor mir öffnete sich nicht, aber dafür eine andere am Ende des Flurs. Ein vertrauter Kopf schaute raus.

»Das reicht, Gevatterin. Du hast bereits die Toten aufgeweckt. Kein Grund, alle anderen auch noch wach zu machen.«

Schätze, am Ende hatte ich doch nicht die richtige Zimmernummer bekommen. Ich ging den Flur hinunter, aber Ian bedeutete mir mit einem Winken zu warten.

»Ich hole nur schnell meine Hose, und dann bin ich bei dir.«

Er verschwand in dem Zimmer und war eine Minute später wieder zurück, ohne Hemd, aber mit der zuvor erwähnten Hose bekleidet. Zu meiner Überraschung holte er einen Schüssel hervor und öffnete die Tür, an die ich gerade geklopft hatte.

»Komm rein.«

Ich zählte zwei und zwei zusammen und schüttelte angewidert den Kopf.

»Unfassbar. Mit Bones und den anderen geht irgendwas echt Unheimliches vor, und du nimmst dir *trotzdem* die Zeit rumzuvögeln.«

»Rieche ich vielleicht, als hätte ich gepoppt?«, sagte er mürrisch. »Ich schlafe aus Sicherheitsgründen in einem anderen Zimmer. Ich habe dir schließlich gesagt, wo ich bin, ohne zu wissen, ob mit deinem Verstand ebenfalls Schindluder getrieben wurde. Wärst du also mit Crispin hier aufgetaucht und hättest diese Tür aufgebrochen, hätte ich das als Hinweis darauf gewertet, um mein Leben zu rennen. Da du jedoch allein und dein übliches Harpyien-Selbst zu sein scheinst, nehme ich an, dass du *nicht* unter Wraiths Einfluss stehst.«

Ich war so froh, mir diese Alles-ist-gut-Nummer jetzt sparen zu können, die ich seit gestern Abend durchzog, dass mir nicht einmal der Harpyien-Kommentar etwas ausmachte. »Nein, tue ich nicht. Aber du, Denise, Fabian und ich, wir scheinen die Einzigen zu sein, für die das gilt. Das muss irgendeine Art von Zauber sein, aber ich verstehe nicht, wie Wraith es geschafft hat, dass er bei allen wirkt, außer bei uns vieren.«

Ian seufzte. »Seit ich dich gestern gesehen habe, habe ich die ganze Zeit über ebendiese Frage nachgegrübelt. Falls ich in Bezug darauf, womit wir es hier zu tun haben, richtigliege, ist das Einzige, was mich schützt, das hier.«

Er zog den Reißverschluss seiner Hose nach unten und zog sie runter. Ich wirbelte gerade noch rechtzeitig herum und bellte über die Schulter: »Es ist mir gleich, ob du das auch so siehst oder nicht, aber dein Gehänge hat *keine* besonderen Fähigkeiten. Und von dem Piercing habe ich auch schon gehört.«

»Das wollte ich dir überhaupt nicht zeigen«, entgegnete er mit unversöhnlicher Stimme. »Jetzt hör endlich auf, so eine Knalltüte zu sein, und schau her.«

»Das sollte besser keiner von deinen kranken Witzen sein«, murmelte ich und drehte mich um. Zum Glück war das Erste, was ich sah, nicht Ian, der mit seiner einäugigen Schlange wackelte, auch wenn es ihm nichts auszumachen schien, dass seine Hand das Fleisch dahinter nicht vollends verhüllte. Mit seiner freien Hand deutete er auf eine Tätowierung, die sich so dicht am Ansatz seiner Leistenbeuge befand, dass sie mit seinem Haaransatz verschmolz. *Dann bist du in Wahrheit also auch ein echter Rotschopf*, ging es mir durch den Kopf, bevor ich mich zügeln konnte.

»Abgesehen davon, dass du versessen darauf bist, dein bestes Stück zu verzieren, verstehe ich nicht, was …«

»Das ist kein gewöhnliches Tattoo«, unterbrach er mich. »Es ist ein Schutzsymbol. Erkennst du es nicht von Denises früheren Malen wieder?«

Meine Augen zogen sich zu Schlitzen zusammen, und ich tat etwas, von dem ich noch vor fünf Minuten geschworen hätte, dass es undenkbar sei – ich kam näher heran und kniete mich hin, sodass ich einen besseren Blick auf Ians Leistengegend hatte. Gewiss, ich erkannte die Symbole wieder. Sie waren zwar kleiner und im Gegensatz zu den verschiedenen Malen, die Denises Unterarme bedeckt hatten, in einem einzelnen Kreis angeordnet, aber unverkennbar.

»Wow«, flüsterte ich.

Er grunzte. »Hätte ich doch nur für jedes Mal ein Pfund bekommen, wenn ein Mädchen in deiner Position das gesagt hat.«

Ich wich zurück und stellte die offensichtlichsten Fragen. »Warum hast du eine Tätowierung an deiner *Leiste*, die dich vor dämonischem Einfluss schützt, Ian? Und was hat das mit Bones und den anderen zu tun?«

Er sah mich mit starrem Blick an. »Weil ich vor einigen Jahrzehnten mit einem Dämon aneinandergeraten bin und nicht wollte, dass er mich findet. Außerdem wollte ich diesen Umstand nicht an die große Glocke hängen, deshalb habe ich meinen Schutzzauber an einer Stelle versteckt, an der die meisten Leute, die ihn zu Gesicht bekämen, nicht wissen würden, was er bedeutet.«

Mein Blick bohrte sich mit einer Intensität, die seiner ebenbürtig war, in den seinen. »Inwiefern bist du mit einem Dämon aneinandergeraten? Hast du einen Pakt mit ihm geschlossen und dann dein Wort gebrochen?«

»Nein.« Aus irgendeinem Grund glaubte ich ihm, deshalb verschaffte mir dieses einzelne Wort eine gewisse Erleichterung. Aus einem dämonischen Pakt wieder rauszukommen war nahezu unmöglich, und normalerweise wurde dabei bloß eine einzige Form von Zahlungsmittel akzeptiert: deine Seele. Sosehr Ian mir auch manchmal auf den Keks gehen mochte, wünschte ich ihm doch nicht, dass dieses Damoklesschwert über seinem Haupt schwebte.

»Was dann?«

»Das tut nichts zur Sache«, sagte er knapp. »Jedenfalls habe ich in dieser Zeit festgestellt, dass Dämonen ihre eigene Art von schwarzer Magie besitzen, eine, gegen die alle anderen Zauber wie Kinderkram wirken.«

Ich schluckte schwer. Fabian hatte heimlich beobachtet, wie Wraith Blut um unser Grundstück herum verspritzt hatte, und er hatte ein seltsames Symbol in Wraiths Zimmer entdeckt. Angesichts des bizarren Verhaltens, das alle am nächsten Tag gezeigt hatten, hatte ich bereits angenommen, dass Wraith Magie praktizierte. Sah so aus, als hätte ich damit recht gehabt, bloß dass sein Wirken wesentlich düsterer – und gefährlicher – war, als ich gedacht hatte.

»Wraith ist ein Vampir, kein Dämon. Wie sollte er da imstande sein, die Höllenversion eines Zaubers zu wirken? Ich habe noch nie von einem Vampir gehört, der dazu imstande wäre. Und eine dämonische Verzauberung zu beherrschen, die stark genug ist, andere Vampire zu fesseln, sollte seine Gehaltsklasse, seiner Aura nach zu urteilen, eigentlich bei Weitem übersteigen.«

Ian lächelte, kalt und knapp. »Denise kommt auch wie ein gewöhnlicher Mensch rüber, obwohl sie viel mehr ist als das, oder nicht?«

Als Ian das zur Sprache brachte, ging mir ein Licht auf. Er glaubte, Wraith habe seine zusätzlichen Kräfte auf dieselbe Art und Weise erlangt, die Denise zu viel mehr als zu einem Menschen machten. Falls er recht hatte, erklärte das, warum Wraith zwar nur wie ein durchschnittlicher Vampir wirkte, obwohl er einen Zauber wirken konnte, den zu versuchen nicht einmal Mencheres wagen würde. Ich wusste zwar noch immer nicht, warum ich davon unbeeinflusst geblieben war, doch es erklärte jedenfalls, warum die dämonische Magie bei Ian, Denise und Fabian keinerlei Wirkung zeigte. Natürlich bedeutete das auch, dass Wraith nahezu unaufhaltsam war.

»Wir sind ja so was von am Arsch«, keuchte ich.

Ian stieß ein trockenes Lachen aus. »Das ist das erste Vernünftige, was du den ganzen Morgen über von dir gegeben hast.«

8

Ich hörte Wraiths Stimme bereits, bevor ich aus dem Wagen stieg. Eigentlich hätte ihr melodischer Tonfall in Kombination mit meinem Lieblingsakzent beruhigend wirken sollen. Stattdessen hörte es sich an wie Nägel auf einer Schultafel. *Wirst du es denn niemals leid, dich selbst reden zu hören?*, fragte ich mich gereizt, setzte jedoch ein strahlendes Lächeln auf, als ich durch die Tür trat.

Dieses Lächeln geriet beinahe ins Wanken, als ich Wraith auf einer Ottomane sitzen sah, als wäre sie ein Thron. Er hatte das Möbelstück so zurechtgerückt, dass er in der Nähe des großen Kamins saß, dessen Schein über seine Gesichtszüge spielte und dafür sorgte, dass er sogar noch ätherischer wirkte. Unter seinem Jackett trug Wraith ein anderes geblümtes Hemd; Spitze ergoss sich aus den Manschetten. Zuerst hatte ich gedacht, er würde diese Hemden anziehen, um pompös zu wirken, doch jetzt hatte ich eine andere Ahnung, warum er sie trug, und das hatte nichts mit einem überholten Sinn für Mode zu tun.

Wraith lächelte mich an. »Cat. Ich nehme an, dein Ausflug war erfolgreich?«

Ich zog mir neben Bones einen Stuhl heran, der – wie alle anderen – im Halbkreis um Wraith herum saß, ähnlich Höflingen, die ihrem König voller Verehrung Respekt zollten. Das war das Einzige, was ich tun konnte, um mir keinen Feuerhaken zu schnappen und Wraith den Schädel einzuschlagen und anschließend seine Kastanien zu rösten, damit es endlich richtig weihnachtlich wurde.

»Oh, ja, ich habe ein paar Plätze gefunden, von denen ich denke, dass sie für die Party infrage kommen«, sagte ich, mich an die Ausrede haltend, die ich ihnen heute Morgen aufgetischt hatte, um mich aus dem Staub machen zu können. »Tatsächlich würde ich gern noch mal mit Denise hinfahren, um mir ihre Meinung zu meiner engeren Wahl anzuhören.«

»Ich bin mir sicher, es wird ganz reizend.« Wraith streckte seine Beine aus. »Also, dann. Wir sprachen gerade darüber, wie …«

»Ich meinte *jetzt sofort*«, unterbrach ich ihn so freundlich, wie ich nur konnte.

Seine rauchblauen Augen zogen sich zusammen. »Du scheinst es ja ziemlich eilig damit zu haben.«

»Es ist fast Thanksgiving, was bedeutet, dass die besten Orte für die Winterferien schon fast alle ausgebucht sind«, improvisierte ich, bemüht, so aufrichtig und unterwürfig zu klingen wie möglich. »Es wäre mir wirklich peinlich, wenn wir auf eine unterdurchschnittliche Örtlichkeit zurückgreifen müssten, um deine Willkommensparty abzuhalten. Immerhin ist dies hier so viel wichtiger als eine übliche Weihnachtsfeier.«

Mir entging nicht, dass Bones schwieg und Wraith bestimmen ließ, was ich mit meiner eigenen Zeit anfangen würde und was nicht. Falls ich in diesem Moment noch irgendwelche nachhallenden Zweifel daran hegte, dass er verzaubert worden war, waren sie damit hinfällig. Der Mann, den ich geheiratet hatte, hätte Wraith gesagt, er solle seine verfluchte Meinung gefälligst für sich behalten, falls mich jemals ein unerwarteter Anfall von Stummheit heimsuchte, wenn mich jemand über mein Kommen und Gehen ausfragte. Er hätte sich niemals einfach stumm zurückgelehnt und einen Fremden darüber nachsinnen lassen, ob es mir erlaubt war, nachmittags auszugehen oder nicht. Auch sonst gab keiner einen Pieps von sich. Es war, als wären sie durch unglaublich lebensechte Schaufensterpuppen ausgetauscht worden.

»Kommt rasch wieder«, sagte Wraith schließlich mit einem duldsamen Fingerschnipsen.

Hätte ich dieses gekünstelte Lächeln noch länger zur Schau stellen müssen, hätte mein Gesicht Risse bekommen. »Ihr werdet kaum merken, dass wir überhaupt fort waren.«

Denise stand auf und warf mir einen dankbaren Blick zu, sobald sie Wraith den Rücken zuwandte. Spade schaute nicht einmal in ihre Richtung oder machte sich die Mühe, Adieu zu sagen. Genauso wenig wie Bones – ein weiterer Beweis dafür, dass nichts anderes als ein jenseitiger Zauber für diese Art von Verhalten verantwortlich sein konnte, das ein Vampir seiner Frau entgegenbrachte. Ich starrte Bones so lange an, wie ich es eben wagte, und wünschte, mir wäre ein Vorwand dafür eingefallen, ihn ebenfalls dazu zu bewegen, uns zu begleiten. Doch das hätte Wraith nicht zugelassen, und ihm zu sagen, wo er sich seine Befehle hinstecken könne, hätte ihm verraten, dass ich nicht unter seinem schmutzigen kleinen Zauber stand. Außerdem hätte sich Bones in seinem gegenwärtigen Zustand wahrscheinlich ohnehin geweigert zu gehen, wenn Wraith nicht damit einverstanden war.

Zorn durchloderte mich, den ich mit dem Versprechen auf eine andere Zeit und einen anderen Ort verdrängte. »Bis nachher«, brachte ich mühsam hervor und folgte Denise zur Tür hinaus.

Zu meiner Erleichterung schwebte Fabian bereits beim Wagen. Er würde mit uns kommen, während seine Geisterfreundin Elisabeth hierblieb, um die Dinge im Auge zu behalten. »Steig ein«, flüsterte ich ihm zu.

Fabian verschwand und tauchte dann innerhalb der Zeitspanne, die ich für ein Blinzeln brauchte, auf dem Rücksitz des Autos auf. Ich fuhr langsam und ordentlich aus der Auffahrt; weder verräterisch quietschende Reifen noch umherfliegender Schotter verrieten, wie eilig ich es hatte. Auch Denise war so angespannt, dass ich kein einziges Wort ihrer Gedanken verstehen konnte. Das war ebenfalls eine gute Sache, denn wenn ich dazu nicht imstande war, galt das genauso für Mencheres und Bones, die dementsprechend nichts an Wraith weitergeben konnten. Erst, als wir meilenweit weg waren, lockerte sich mein weißknöcheliger Griff, mit dem ich das Lenkrad gepackt hielt.

»Ian hat eine Theorie darüber, was hier vorgeht«, sagte ich und brach damit das Schweigen.

»Und?«, forschte sie.

Ich bog auf den Freeway ein und fuhr in Richtung Asheville. »Das Ganze wird dir nicht gefallen, weil es bedeutet, dass keiner von uns mehr zurückkann.«

»Was? Nein!«, sagte sie sofort. »Ich werde Spade nicht mit irgendeinem Arschloch allein lassen, das ihn aus wer weiß für einem Grund dazu bringt, sich wie ein Roboter aufzuführen …«

»Denkst du, mir gefällt es, Bones allein zu lassen?«, unterbrach ich sie. »Ich weiß genau, wie schwer das ist, aber wenn wir unsere Ehemänner je wiedersehen wollen, ohne dass sie wie Wraiths Aufziehspielzeuge wirken, müssen wir zusammenarbeiten.«

Ihr Mund blieb zwar starrsinnig verkrampft, doch anstatt weiter zu streiten, fragte sie: »Wie sieht Ians Theorie denn aus?«

Ich seufzte und streckte die Hand aus, um den Ärmel von Denises Stickjacke hochzuziehen und das dunkle sternförmige Mal auf ihrem Unterarm sichtbar zu machen.

»Wraiths Zauber hat seinen Ursprung in dämonischer Magie. Und die kann er wirken, weil er, wie wir glauben, unter seinen langen Spitzenmanschetten ebenfalls ein Paar Dämonenmale trägt.«

Denise erbleichte so sehr, dass unsere Hauttöne beinahe übereinstimmten. Ich wandte meine Aufmerksamkeit wieder der Straße zu, da ich meiner Liste von Problemen nicht auch noch einen Hochgeschwindigkeitsunfall hinzufügen wollte.

Fabian fing sich als Erster wieder. »Wenn Wraith genauso von einem Dämon gebrandmarkt wurde wie Denise, dann besitzt er jetzt alle Kräfte dieses Dämons, so wie sie. Es wird nahezu unmöglich sein, ihn zu töten!«

»Volltreffer«, merkte ich trocken an.

»Wir haben ein Messer aus Dämonenknochen. Wenn man ihm das durch die Augen rammt, wird er sterben, genau wie ich«, sagte Denise, die noch immer klang, als hätten diese Neuigkeiten sie extrem mitgenommen.

Ich warf ihr einen abgespannten Blick zu. »Und wo ist dieses Messer jetzt, hm?«

»Spade hat es aus Sicherheitsgründen weggeschlossen«, murmelte sie und fügte dann hinzu: »Ich weiß nicht, wo, und solange er unter dem Einfluss dieses Zaubers steht, kann ich ihn auch nicht danach fragen. Scheiße!«

Ich nickte. »Das wollte ich auch gerade sagen.«

Fabian räusperte sich, was für jemanden, dem es an einer körperlichen Speiseröhre mangelte, seine Art war, uns höflich wissen zu lassen, dass er nach unserer Aufmerksamkeit verlangte.

»Das könnte sich als, ähm, berechtigt erweisen.«

Ich suchte seinen Blick im Rückspiegel. »Ich bin froh, dass du so denkst, weil ein Teil unseres Plans vorsieht, dass du uns dabei hilfst, Spades viele Häuser zu durchsuchen, um das Messer zu finden.«

Ein erlesenes Hüsteln. »Das ist nicht notwendig. Das gleiche, ähm, *Material* ist schon hier.«

»Fabian, komm zur Sache, okay? Dein Rumgerede um den heißen Brei ergibt überhaupt keinen Sinn«, sagte ich gereizt.

»Doch, tut es«, entgegnete Denise, jedes Wort in die Länge ziehend. »Er meint damit, dass wir so viele Dämonenknochen haben, wie wir nur brauchen – in meinem Körper.«

9

Ians Augenbrauen schossen in die Höhe. Ich wiederholte meine Aussage langsamer; ich bedauerte, dass wir so vorgehen mussten, war jedoch der Ansicht, dass es notwendig war.

»Wir müssen etwas aus Denise rausschneiden und ihre Knochen dazu verwenden, eine Waffe gegen Wraith herzustellen.«

»Oh, ich habe dich schon beim ersten Mal verstanden.« Ians Mund zuckte, als er Denise ansah. »Ich habe mich nur gerade gefragt, wie sehr dein Mann mir den Arsch versohlen wird, wenn er wieder ganz er selbst ist und von dieser Sache erfährt.«

»Glaub mir, ich werde ihm nichts davon erzählen, wenn du es nicht tust«, entgegnete sie mit einem Anflug grimmigen Humors. Dann wurde ihr Tonfall ernster. »Allerdings ändert das die Situation. Wir werden zwei Messer schnitzen, und du wirst eins davon nehmen und ich das andere, da ich zu Spade zurückgehen werde.«

»Das kannst du nicht. Wenn Wraith dahinterkommt, dass du genau wie er bist, wird er dich auf der Stelle umbringen!«, schnappte ich.

»Dann sollten wir besser eine Möglichkeit finden, die anderen erst von ihm wegzulocken und ihn dann zu attackieren«, sagte Ian, wie um mir den Rücken zu stärken.

Denise stieß ein Schnauben aus. »Ihr vergesst, was passiert ist, als ich den Dämon getötet habe, der mich gebrandmarkt hat. Das machte alles, was er mir angetan hatte, dauerhaft. Wenn wir Wraith töten, ohne zuerst seinen

Zauber zu lösen, riskieren wir, dass alle *für den Rest ihres Lebens* genau so bleiben, wie sie jetzt sind.«

Die Wahrheit dieser Worte rollte einer Lawine gleich über mich hinweg. Ich hatte gedacht, es würde sich als schwierig erweisen, Wraith von fünf verzauberten Vampirleibwächtern wegzulocken, damit wir ihm die Augen ausstechen konnten, doch verglichen damit, was wir stattdessen bewerkstelligen mussten, klang das wie ein Spaziergang.

Ich stieß ein Stöhnen aus. »Wir müssen den Dämon finden, der ihn gebrandmarkt hat, und bei Gott hoffen, dass er seine Macht zurückhaben will.«

Ian schnaubte. »Miese Analogie, Gevatterin.«

Wie auch immer. Ich hätte auch bei der Hölle gehofft, wenn das unsere Chancen verbesserte, doch das änderte nichts an der Tatsache, dass nur der Dämon die Wirkung der Male aufheben konnte, ohne die Wraith ein ganz normaler Vampir sein würde. Und wenn er sich vor diesem Dämon versteckt gehalten hatte, würde er schon bald ein toter Vampir sein. Selbst wenn der Dämon das Unvorstellbare tat und ihn am Leben ließ, würde ich das nicht tun.

»Ich kann den Dämon nicht jagen; ich habe einen getötet«, fuhr Denise fort. »Ich wette, dass deren Spezies bei so etwas ziemlich intolerant ist. Ihr zwei jedoch könnt ihn euch vornehmen, und in der Zwischenzeit behalte ich Wraith im Auge. Falls er versucht, irgendwem Schaden zuzufügen, habe ich dieses Messer, das ich aber nur als letzten Ausweg einsetzen werde.«

Ich hasste diesen Plan. Damit waren alle, die ich liebte, der Gnade eines Mannes ausgeliefert, der einen dämonischen Zauber benutzt hatte, um sie aus unbekannten Gründen ihres freien Willens zu berauben; doch was für Gründe Wraith dafür auch immer haben mochte, sie waren mit Sicherheit nicht uneigennützig. Es würde ein Rennen gegen die Zeit sein, um zu sehen, wer als Erster Erfolg hatte: Wraith damit, die Endphase seines Vorhabens in die Tat umzusetzen, oder ich und Ian, die den Dämon finden mussten, der ihn gebrandmarkt und mit seiner Macht dazu in die Lage versetzt hatte, einen solchen Zauber zu wirken. Ich erschauderte, aber Denise hatte recht. Wäre Bones – der *wahre* Bones! – jetzt hier gewesen, hätte er mir gesagt, dass er lieber sterben würde, als für den Rest seines Lebens geistig versklavt zu werden. Und da ich auch die anderen gut kannte, wusste ich, dass sie das Gleiche sagen würden.

Bei diesem Wettrennen bekam der Sieger tatsächlich alles.

»Dann wäre das geklärt«, sagte Ian. »Dann weiter mit dem nächsten Punkt auf der Tagesordnung.«

Sein Blick glitt mit kühler Berechnung über Denise, und obgleich sie so aufrecht dastand, als habe sie einen Stock verschluckt, zuckte ich zusammen. Ich wusste, dass er darüber nachdachte, welchen Teil von ihr wir abtrennen würden.

»Dein Unterschenkel wird genügen«, sagte er so beiläufig, als würde er darüber sprechen, welche Steakvariante er am liebsten zum Abendessen hätte. »Der Knochen ist lang genug, dass es uns möglich sein sollte, zwei Messer daraus zu fertigen, und dick genug, dass er beim Schnitzen nicht zersplittern dürfte. Der Oberschenkelknochen wäre natürlich besser, aber dann würdest du bluten wie eine angeschnittene Schlange.«

»Deine Sorge um den Teppich ist herzerweichend«, murmelte Denise.

Er schenkte ihr ein leutseliges Lächeln. »Der Teppich ist mir vollkommen egal. Wir machen das ohnehin in der Badewanne, aber je mehr Blut du verlierst, desto länger wirst du brauchen, um die abgetrennten Gliedmaßen nachwachsen zu lassen.«

Da hatte er recht. Man konnte einem Vampir alles abtrennen, außer dem Kopf, und es wuchs in glatten zwei Minuten wieder nach. Denises Regenerationsfähigkeiten waren zwar weniger rasant, auf ihre eigene Art jedoch noch beeindruckender. Sie sah wie ein Mensch aus, doch in Wahrheit war sie nun auf jede nur erdenkliche Weise ein Ebenbild des Dämons, der sie gebrandmarkt hatte, bis hin zu ihren Knochen. Tatsächlich *konnte* Denise es sogar überleben, enthauptet zu werden. Was das anging, konnten Kakerlaken ihr nicht das Wasser reichen.

Sie stieß ein langgezogenes Seufzen aus. »Bringen wir es hinter uns.«

Denise setzte sich in Richtung Badezimmer in Bewegung, aber Ians Stimme ließ sie innehalten. »Ich schneide dich erst, wenn du unter meinem Bann stehst, damit du nichts davon spürst. Denkst du etwa, ich bin ein Sadist?«

»Ja«, sagte sie, und in ihrem Tonfall schwang sogar noch ein »Was denn sonst?« mit.

Er lachte. »In Ordnung, du hast mich erwischt, Schätzchen, aber wenn es um Frauen geht, habe ich trotzdem meine Grundsätze. Ich tue ihnen nicht weh, es sei denn, sie haben Vergnügen daran, und das hier wird dir kein Vergnügen bereiten.«

Denise verschränkte ihre Arme. »Hör mal, Ian, ich weiß deine Quasibesorgnis ja durchaus zu schätzen, und ich will dir gewiss nicht zu nahe treten, aber ich bezweifle, dass du genügend Macht hast, um mich in deinen Bann …«

Sie verstummte, als sich seine Augenfarbe von Türkis zu strahlendem Smaragdgrün änderte. Energie spülte über mich hinweg, so schnell wie eine schnalzende Peitsche und stark genug, um wie eine zu schmerzen. Ich blinzelte. Entweder hatte Ian in letzter Zeit einige übernatürliche Workouts absolviert, oder er hatte sich bislang damit zurückgehalten, mir das wahre Ausmaß seiner Macht zu zeigen. Als er schließlich den Raum durchquert hatte und vor Denise stand, waren ihre Augen groß und starrten ins Nichts, und das alles, ohne dass Ian auch nur ein einziges Wort zu sagen brauchte.

»Wir werden ja sehen, wie sehr du meine Macht noch infrage stellst, wenn du mit einem frisch regenerierten Bein wieder aufwachst«, murmelte er, hob sie hoch und warf sie sich über die Schulter. »Komm mit. Ich werde das nicht allein machen. Abgesehen davon ist Denise nicht die Einzige, die heute unters Messer kommt. Das gilt nämlich auch für dich.«

»Für mich?«, fragte ich, als ich ihm ins Badezimmer folgte.

Ian legte Denise in die Wanne und schaute dann zu mir auf, um wölfisch zu lächeln, als er ein Silbermesser hervorzog.

»Dein Nicht-ganz-tote-Vampirin-die-sich-von-anderen-Vampiren-nährt-Status hat vielleicht bislang verhindert, dass Wraiths Zauber bei dir wirkt, aber wir dürfen kein Ri-

siko eingehen. Ich werde dir ein Abwehrtattoo einritzen und
es mit silberhaltiger Tinte fixieren, also mach dich auf etwas
gefasst. Das wird wehtun.«

10

Thanksgiving. Eigentlich hätte ich zu Hause sein sollen,
an einem Tisch voller Essen, das die meisten von uns bloß
deshalb zu sich nehmen würden, weil es eben Tradition
war. Stattdessen war ich mit Ian in einem Stripclub, dessen
kaputtes Neonschild komplett nackte »Tänzerinnen« versprach. G-Strings wurden in diesem Etablissement offenbar
als zu züchtig angesehen. Ich wünschte nur, die Geschäftsführer wären in puncto Sauberkeit ebenso streng in ihren
Vorgaben gewesen. Ich war schon zuvor an einigen schäbigen Orten gewesen, aber bei diesem hier war ich froh, dass
ich mir keine der Bakterien einfangen konnte, die zweifellos jeden Zentimeter des Ladens bevölkerten. Ich trank
nicht einmal meinen Gin Tonic, weil auf dem Glas noch
immer deutlich die Lippenabdrücke anderer Gäste zu erkennen waren.

Die Gedanken der Tänzerin offenbarten, dass sie nicht
glücklicher war, hier zu sein, als ich, doch sie zog ihre Show
pflichtbewusst durch, wand sich, beugte sich vor und zeigte
auch sonst genügend von ihren Reizen, um zu belegen, dass
das Schild draußen keine falschen Versprechungen machte.
Ich wartete, bis sie fertig war, und winkte sie dann rüber, um
ein paar Zwanziger unter ihr Strumpfband zu stecken – das
einzige Kleidungsstück, das sie trug. Sie tat ihre Dankbar-

keit mit einem Hüftstoß mit weit gespreizten Beinen kund, bei dem ich den Blick abwandte. Ich gab ihr das Geld nicht, um mehr von den körperlichen Attributen der Dame zu sehen; ich gab es ihr, weil sie sich fragte, wie sie es sich leisten sollte, mit ihrem Sohn zum Arzt zu gehen, weil seine Erkältung nicht besser geworden war.

Ian kicherte. »Für so viel Bares hättest du gleich ein paar Schoßtänze bekommen.«

»Du kannst mich mal«, sagte ich müde.

Wo geht man hin, wenn man nach Dämonen sucht? Laut Ian zu jedem Ort, an dem die Menschen aller Wahrscheinlichkeit nach verzweifelt sind. Denn aufgrund der unvorstellbaren Bedingungen eines dämonischen Pakts hatten die Leute, die bereit waren, sich auf derlei einzulassen, das Gefühl, als könnten sie sonst nirgendwo anders hin oder hätten nichts zu verlieren. Im Laufe der vergangenen Woche hatten wir genügend Zeit in Hospizen, Obdachlosenheimen, Gefängnissen und Irrenanstalten verbracht, dass ich mittlerweile aus mehr als nur dem einen Grund zutiefst deprimiert war, dabei keinen Hinweis auf jenen verräterischen Schwefelgeruch entdeckt zu haben. Falls wir heute Abend auch wieder keinen Erfolg hatten, würden wir morgen den Staat verlassen, um uns zu anderen potenziellen Dämonen-Hotspots zu begeben, wie beispielsweise Casinos und Börsensäle.

In Ferienzeiten wie zu Thanksgiving waren die Stripclubs voll mit dem Inbegriff der Niedergeschlagenheit, mit einem großzügigen Maß an erforderlicher Verzweiflung als Zugabe. Selbst unter den Alkoholdünsten und den anderen wenig aromatischen Gerüchen des Clubs konnte ich sie riechen. Nicht dass ich mich diesbezüglich allzu weit aus dem Fenster lehnen konnte. Ich wusste aus eigener Erfahrung, dass es schlimmer war, an einem Feiertag allein zu sein, schlimmer als an jedem anderen Tag des Jahres.

Typisches Beispiel: meine augenblickliche Stimmung. Entweder bekam ich Depressionen, oder es wurde schwerer aufzuhören, über die letzte Unterhaltung nachzugrübeln, die ich mit Bones gehabt hatte. Ich hatte den wahren Grund für meine Abwesenheit hinter der Ausrede versteckt, dass mein ehemaliger Arbeitgeber meine Hilfe brauchte. Wenn man seinen Job hinschmeißt, ruft einen sein ehemaliger Arbeitgeber üblicherweise nicht mehr an, doch meine Aufgabe hatte darin bestanden, für einen verdeckt operierenden Zweig des Heimatschutzes Untote zur Strecke zu bringen. Es war möglich, dass ich für eine Mission reaktiviert wurde. Abgesehen davon – und da sollten wir uns nichts vormachen: Ich hatte eine Erfolgsbilanz, die für sich selbst sprach, sodass mein plötzlicher Aufbruch nichts wirklich Ungewöhnliches war. Wraith war vielleicht argwöhnisch, doch er konnte bloß Mutmaßungen darüber anstellen, dass ich in Wahrheit hinter ihm her war, anstatt meinem alten Team dabei zu helfen, irgendwelche Amok laufenden Untoten zu schnappen.

Dennoch ging mir Bones' Stimme nicht aus dem Sinn, als ich anrief, um zu sagen, dass ich für eine Weile nicht nach Hause kommen würde. Ich wusste nicht, ob seine Kälte von dem Zauber herrührte oder von einem sehr realen Gefühl des Verrats. Ich hatte geschworen, mich nie wieder auf diese Weise vorübergehend auszuklinken, aber wie hätte ich ihm erklären können, dass ich dieses Versprechen brechen musste, weil er im Moment nicht wirklich *Bones* war? Das konnte ich nicht, deshalb hatte ich tief betrübt so rasch aufgelegt, wie es mir eben möglich war.

Als die Tür aufging, um einen Moment lang gleißendes Sonnenlicht in das abgedunkelte Etablissement fallen zu lassen, machte ich mir beinahe nicht die Mühe aufzuschauen. Ein weiteres Gesicht zu sehen, das meine eigene emotionale Mischung aus Entschlossenheit und Verzagen widerspiegelte, würde mir bloß unmissverständlich klarmachen, wie sehr ich mir wünschte, die Umstände wären anders. Doch ich schaute hin, und obwohl am Aussehen des jungen Mannes nichts ungewöhnlich war, wehte mit ihm eine Woge beißend kalter Luft herein.

Luft, die nach Schwefel stank.

Schlagartig besserte sich meine Laune. Wer hätte je gedacht, dass es einem den Tag versüßen würde, auf einen Dämon zu stoßen? Ich hingegen klatschte beinahe in die Hände. Ich wartete nicht auf Ian, sondern schoss mit einem strahlenden Lächeln auf den Neuankömmling zu.

Vielleicht war es mein Lächeln, das ihn davon abhielt, die Gefahr zu spüren. Vielleicht war ihm noch nicht aufgefallen, dass ich keinen Herzschlag hatte, oder er fühlte sich sicher, weil Vampire verglichen mit Dämonen einfach zu töten waren. So oder so, er wehrte sich nicht, als ich ihn packte und nach draußen schob.

»Wir müssen uns unterhalten«, erklärte ich ihm.

Der Dämon lachte und musterte mich von oben bis unten. »Normalerweise mag ich kein Fleisch auf Raumtemperatur, aber bei dir werde ich eine Ausnahme …«

Sein schmeichelhafter Kommentar fand ein abruptes

Ende, als Ian auftauchte und dem Dämon die Arme auf den Rücken drehte.

»Wie die Lady schon sagte«, meinte Ian freundlich, »wir müssen mit dir reden.«

Die hellbraunen Augen des Dämons begannen, sich mit Rot zu füllen. »Ihr habt ja keine Ahnung, mit wem, verdammt noch mal, ihr es zu tun habt, Vampire.«

Ich griff in meine Jacke und zog ein langes schmales Messer hervor, das ich dem Dämon dicht vor die Augen hielt.

»Um ehrlich zu sein, wissen wir ziemlich genau, mit wem, verdammt noch mal, wir es zu tun haben.«

II

Wir flogen mit ihm aufs Dach eines größeren Gebäudes, um ungestörter zu sein. Dort zwangen Ian und ich den Dämon, sich hinzusetzen, und fesselten ihn dann an ein metallenes Lüftungsgitter. Direktem Sonnenlicht ausgesetzt zu sein würde den Dämon schwächen. Darüber hinaus waren die Seile mit Steinsalz ummantelt; wenn unser neuer Freund also die Gabe besaß, sich zu dematerialisieren, würde ihn das Salz daran hindern. Außerdem würde es ihm die Lust daran nehmen, sich zu wehren. Die Seile lagen jetzt über seiner Kleidung, doch wenn er sich wand, würden sie in unmittelbaren Kontakt mit dem bloßliegenden Hals des Dämons gelangen, und die Folgen davon würden ihm nicht gefallen.

»Wir haben Fragen«, sagte Ian, sobald wir fertig waren.

»Wenn du sie beantwortest, ohne zu lügen, wird dir nichts passieren.«

Der Dämon warf erneut einen raschen Blick auf das Messer und pfiff. »Gebeine meiner Art. Seid *ihr* nicht ein böses Pärchen, weil ihr so etwas in eurem Besitz habt? Wie auch immer, das Messer ist bloß dazu gut zu töten, und wenn ich tot bin, kann ich keine Fragen beantworten. Ihr würdet mich schneller zum Reden bringen, wenn ihr mir Geld anbietet.«

Er wollte, dass wir ihn bestachen? »Ein paar Häuserblocks weiter habe ich eine Kirche gesehen. Vielleicht sollte ich ein bisschen Weihwasser holen, und *dann* unterhalten wir uns«, schnappte ich.

Der Dämon lachte. »Mit diesem Zeug könnt ihr meiner Art nichts anhaben. Ihr habt zu viele Filme gesehen.«

Das warf man mir zwar nicht zum ersten Mal vor, aber es wäre wirklich hilfreich, wenn die Dinge im Kino ausnahmsweise einmal richtig dargestellt werden würden. Natürlich bedeutete das nicht, dass mir damit die Abschreckungsoptionen ausgegangen waren.

Ich holte zwei Salzstreuer hervor, die ich in meine Tasche gesteckt hatte, wo sich normalerweise meine Silbermesser befanden. Immerhin erforderten unterschiedliche Kreaturen unterschiedliche Waffen.

»Wie wär's, wenn wir langsam mal zur Sache kommen? Ein Vampir namens Wraith hat mit einem deiner Art einen Pakt geschlossen. Und ich will wissen, mit wem.«

Der Dämon schaute verächtlich drein. »Woher soll ich das wissen? Alles, was ich dazu sagen kann, ist, dass ich es nicht bin.«

Ich schleuderte ihm eine Handvoll Salz ins Gesicht, das auf seiner Haut Blasen hervorrief, als wäre es Säure, doch ich kniete mich hin und hielt ihm die Hand vor den Mund, um seinen Schrei verstummen zu lassen. »Spiel nicht mit mir; dazu bin ich so gar nicht in der Stimmung«, zischte ich ihm ins Ohr.

Zwischen meinen Fingern ertönte gedämpftes Grunzen. Vorsichtig nahm ich die Hand weg, aber er schrie nicht wieder los. Stattdessen spie er etwas Salz aus, bevor er mich mit finsterer Miene anstarrte.

»Wir sind Dämonen, kein Vertriebsunternehmen. Es ist eben nicht so, als könnte ich mich einfach ans Telefon klemmen und rausfinden, wer mit eurem Vampir ins Geschäft gekommen ist.«

»Angeblich habt ihr die Macht, einem so ziemlich jeden Wunsch zu erfüllen, und trotzdem erwartest du, ich solle dir glauben, dass du nicht einmal einen Namen ausfindig machen kannst?«

Während ich sprach, wedelte ich drohend mit den Salzstreuern. Der Dämon seufzte. »Du kannst mich so viel würzen, wie du lustig bist, aber ich kann euch trotzdem nicht sagen, wer den Pakt mit diesem Vampir geschlossen hat. Es ist ja nicht so, als würden wir jedes Mal eine weltweite Excel-Tabelle aktualisieren, wenn wir eine Seele unter Vertrag nehmen.«

»Aber ihr seid Dämonen!«, platzte ich hervor. »Die furchteinflößende, mächtige, seelenraubende Geißel der Unterwelt! Und da tut ihr nichts, um euch darüber auf dem Laufenden zu halten, wen ihr mit euren Malen verseht?«

Ein Schulterzucken. »Wir sind voneinander unabhängige Auftragnehmer. Gefällt dir das nicht? Dann beschwer dich bei der Chefetage. Vielleicht kriegst du jemanden ans Telefon, wenn du 666 wählst.«

Aus schierer Frustration heraus wollte ich den Rest des Salzes auf ihn werfen, doch seine Worte bargen den Klang der Wahrheit. Ich schätze, es war einfach zu viel gewesen, darauf zu hoffen, dass wir rausfinden könnten, wer Wraith gebrandmarkt hatte, wenn wir einen einzigen Dämon schnappten. Mehr als eine Woche war vergangen, ohne dass unsere Bemühungen irgendwelche Früchte getragen hatten. Verzweiflung durchdrang mich, bis ich das Gefühl hatte, daran zu ersticken. Der Kopf des Dämons rollte nach hinten, und er atmete ein.

»Hhmm, duftet köstlich. Wenn ihr so entschlossen seid, den Namen dieses Dämons in Erfahrung zu bringen, gibt es eine Möglichkeit, um diese ganze lästige Hatz abzukürzen.«

Ich kämpfte meine Trübsal hinreichend nieder, um ein bellendes Lachen auszustoßen. »Lass mich raten: Dazu gehört, dass ich meine Seele verkaufen muss?«

Er hob den Kopf. »Noch mal: Ich mache die Regeln nicht; ich halte mich bloß daran. Und die Regeln besagen, dass ich keine Wünsche gewähren kann, ohne dafür die angemessene Bezahlung zu bekommen.«

Ja, ich war verzweifelt und müde und hatte höllische Angst davor, was Bones womöglich zugestoßen war, aber das war nicht die Antwort darauf. Um die zu bekommen, musste ich einen anderen Weg finden.

»Kein Pakt«, sagte ich in kühlem Ton. »Und da du nicht imstande bist, uns irgendwas Nützliches zu erzählen …«

Ich stellte das Salz ab, um wieder das Knochenmesser zu packen, aber Ian schüttelte den Kopf. »Wir haben eingewilligt, ihn gehen zu lassen, wenn er uns die Wahrheit sagt, und ich denke, das hat er getan.«

»Wenn wir ihn gehen lassen, wird er weiterhin Leute *verdammen*«, merkte ich an, nur für den Fall, dass ihm das irgendwie entfallen war.

Ian winkte mit der Hand. »Wir verhalten uns beide entsprechend unserer Natur. Ich trinke Blut. Er sammelt Seelen. Bloß weil wir verschiedene Methoden haben, bedeutet das nicht, dass ich unsere Absprache brechen werde.«

Nur Ian konnte das, was ein Dämon tat, so beiläufig als Methode bezeichnen. Der Dämon wackelte mit dem Finger vor mir herum. »Du hattest vor, mich trotz deines Versprechens zu töten. Lügen kommt dich teuer zu stehen, deine Hose fängt Feuer! Hey, das erinnert mich an meine Tage in der Grube. Da hat *jedem* die Hose gebrannt.«

Er lachte über seinen eigenen Witz. Unfassbarerweise stimmte Ian mit ein. Ich starrte die beiden an und wünschte, ich hätte zumindest einen von ihnen erstechen können, auch wenn ich mir in diesem Moment nicht sicher war, wer mir lieber gewesen wäre.

»Da wir nichts weiter zu besprechen haben, verschwinde ich jetzt«, sagte ich mit so viel Würde, wie ich aufbringen konnte. Die beiden konnten ja gern weiter rumglucksen, wenn sie wollten, aber ich hatte Besseres zu tun. Beispielsweise rauszufinden, wie wir einen Dämon unter Tausenden finden sollten.

Ian durchtrennte die Fesseln des Dämons, der aufstand und seinen Rücken knacken ließ, als würde er einen Muskelknoten entspannen. Dann zog Ian zu meinem Erstaunen einen dicken Haufen Bargeld aus seinem Mantel hervor und zählte mehrere Scheine ab.

»Das ist, damit du über das, was wir besprochen haben, Stillschweigen bewahrst«, sagte er und hielt dem Dämon das Geld hin. Der Dämon steckte es unverzüglich ein.

Wir ließen den Dämon also nicht bloß frei, sondern bezahlten ihn auch noch dafür, dass er uns absolut gar nichts erzählt hatte. Ich schüttelte ein letztes Mal angewidert den Kopf und drehte mich um, um mich auf den Weg zum Ausgang zu machen.

Ich wollte gerade die Dachtür aufreißen, als der Dämon sagte: »Wisst ihr, es gibt vielleicht noch einen *anderen* Weg, um eure Suche einzugrenzen.«

Ich erstarrte, bevor ich mich langsam umwandte. Ian runzelte die Stirn, aber der Dämon sagte nichts mehr. Stattdessen starrte er auf das Bündel gefalteter Banknoten, das Ian gerade in seinen Mantel zurückstecken wollte.

Ian schnaubte und zählte noch ein paar mehr ab. »Das ist der Vorschuss. Beeindrucke mich, dann ist noch mehr drin.«

Der Dämon steckte das Geld ein, bevor er sich umschaute, wie aus Furcht davor, andere Dämonen könnten auftauchen. Dann senkte er seine Stimme.

»Eigentlich darf ich nicht mit Vampiren verkehren, aber mir gefällt euer Stil – und euer Geld –, also bringt mir einen der verzauberten Vampire, und ich sage euch, welche Macht nötig ist, um diese Art von Zauber zu wirken. Dann werdet ihr wissen, ob der Dämon, der euren Jungen gebrandmarkt hat, in der Mittelklasse spielt, eine Liga darüber, oder ob er sogar einer der Gefallenen ist.«

Ian machte einen dicken Stapel Geldscheine locker. Die Augen des Dämons quollen schier aus den Höhlen, doch bevor er sich das Geld schnappen konnte, hielt Ian es außer Reichweite.

»Wenn du tatsächlich in der Lage bist, die Machtstufe des Dämons zu bestimmen, der Wraith markiert hat, *und* uns dabei hilfst, ihn zu finden, gebe ich dir dreimal so viel. Du hast mein Wort darauf.«

Der Dämon förderte ein Stück Papier und einen Kugelschreiber zutage und kritzelte etwas darauf. Ich trat nah genug heran, um zu erkennen, dass es sich um eine Reihe von Symbolen handelte, gefolgt von dem Wort »Balchezek«.

»Mein wahrer Name«, sagte er und hielt Ian den Zettel hin. »Zeichne das mit reinem Blut, sag dreimal meinen Namen, und ich erscheine.«

»Kannst du uns nicht einfach deine Handynummer geben?« Dämonen und ihre Vorliebe für blutige Rituale …

Er warf einen abgespannten Blick in meine Richtung. »Ich nehme mal an, wenn ihr anruft, wird die Zeit knapp sein, deshalb gebe ich euch lieber gleich die Methode ohne Wartezeit mit auf den Weg. Abgesehen davon müsst ihr euch auf diese Weise keine Gedanken um geeignete Bars oder verpasste Anrufe machen.«

Ein gutes Argument, aber ich hatte noch eine weitere Frage. »Meinst du mit reinem Blut frisch vergossenes anstatt Blutkonserven?«

Balchezek wechselte einen Blick mit Ian, der die Augen verdrehte. »In solchen Momenten fühle ich mich wirklich alt«, murmelte Ian, was der Dämon mit einem beipflichtenden Grunzen quittierte. »Er meint damit Jungfrauenblut.«

Ich sträubte mich. »Willst du damit sagen, dass ein Mädchen als *unrein* angesehen wird, wenn sie ihre Unschuld verliert? Was für ein sexistischer Schwachsinn ist denn …«

»Es kann auch Männerblut sein«, sagte Balchezek und blinzelte mir zu. »Was immer dich anmacht.«

12

Ian und ich waren gerade in unser Hotelzimmer zurückgekehrt, als Fabian auftauchte. Alles, was uns auf seine Gegenwart hinwies, war ein schwacher Frosthauch in der Luft.

»Wo seid ihr gewesen? Ich warte seit Stunden auf euch!«

»Tut mir leid, dass es ein bisschen später geworden ist als die vereinbarte Bettgehzeit, Mami«, spöttelte ich, ehe seine Miene mich innehalten ließ. »Was ist passiert?«

Der Geist wirkte so mitgenommen, dass ich glaubte, meine Knie würden unter mir nachgeben. War etwas mit Bones? Oh, Gott, wenn ihm etwas zugestoßen war …

»Cat, du wurdest verstoßen«, sagte Fabian.

Ich wartete einen Moment, aber er ging nicht näher darauf ein. Abgesehen von meiner überwältigenden Erleichterung darüber, dass niemand tot war, war ich verwirrt. Besonders, als Ian auf dieselbe Art und Weise »Mist« sagte, wie jemand anders »Verfluchte Scheiße« sagen würde.

»Ähm, ich habe zwar seit zwei Wochen nicht mehr mit meiner Mutter gesprochen, aber wir sind eigentlich im Guten auseinandergegangen, und obwohl mein Onkel und ich im Augenblick nicht miteinander reden, glaube ich nicht, dass …«

»Er meint damit, dass Crispin dich aus seiner Abstammungslinie verstoßen hat«, unterbrach Ian mit einem Blick voller Grimmigkeit und Bedauern.

Das Wackelpuddinggefühl in meinen Beinen kehrte mit Macht zurück. Ich setzte mich und versuchte, diese Information zu verarbeiten, ohne irgendetwas Albernes zu tun, etwa zu weinen.

Es war keine Furcht, die meine Gefühle angesichts dieser Neuigkeiten Achterbahn fahren ließ, auch wenn es in der Vampirwelt als schlimmere Strafe galt, von seinem Schöpfer aus seiner Linie verstoßen zu werden, als hingerichtet zu werden. Damit stand ich auf der untersten Stufe der Untotengesellschaft, Freiwild für jeden, der darauf aus war, mich fertigzumachen, ohne Repressionen fürchten zu müssen. Nein, das war es nicht, was mich am meisten bestürzte; vielmehr war es das Wissen, dass dies beinahe so war, als hätte Bones sich von mir scheiden lassen. Dem Vampirgesetz zufolge würden wir so lange miteinander verheiratet sein, bis einer von uns ganz tot war, aber dies war so etwas wie seine öffentliche Verlautbarung, dass ich ihm nicht das Geringste bedeutete. Verflucht noch mal, nicht einmal Mencheres hatte seine Exfrau Patra vor ihrem Tod verstoßen, die immerhin versucht hatte, ihn umzubringen.

»Du weißt, dass Crispin momentan nicht er selbst ist«, sagte Ian. Er setzte sich neben mich und tätschelte mir wohlwollend das Bein. »Wraith sollte lieber hoffen, dass wir den Dämon finden, der ihn gebrandmarkt hat. Sein Tod durch die Hand dieses Burschen wird weniger qualvoll sein als durch Crispins Hand, wenn er wieder ganz er selbst ist und hiervon erfährt.«

»Ich weiß.« Meine Stimme klang belegt, weil mir das klar war, doch das Wissen, dass Wraiths Zauber Bones zu so etwas wie dem hier zwingen konnte, bedeutete, dass er tatsächlich jeden Teil von ihm übernommen hatte. Was, wenn wir den Zauber nicht brechen konnten, um ihn zurückzuholen? Diese Frage war beängstigender als jede Gefahr, in die mich diese Verlautbarung bringen mochte.

Fabian schwebte herüber und versuchte es mit seiner eigenen Version eines mitfühlenden Tätschelns, indem er seine Hände durch meine Schultern gleiten ließ.

»Ich fürchte, da ist noch mehr. Nachdem er erklärt hatte, dass du verbannt bist, hat er Wraith dazu bestimmt, zum Meister seiner Linie aufzusteigen, falls ihm irgendetwas zustoßen sollte.«

Ich sprang so rasch in die Höhe, dass mein Oberkörper kurzzeitig von dem Geist umschlossen war. »Dieser elende Hurensohn! Wir haben uns doch gefragt, warum Wraith all diese Mühe auf sich nehmen sollte, alle zu verzaubern – offenbar ist das Arschloch auf Macht aus! Wenn Bones stirbt, tritt jetzt Wraith an seine Stelle, um nicht bloß über Bones' Blutlinie zu herrschen, sondern gemeinsam mit Mencheres über eine der größten und stärksten Abstammungslinien der Vampirnation zu gebieten!«

Oh, dieser gerissene Bastard! Mittels Gewalt würde es Wraith niemals gelingen, in eine solche Machtposition zu gelangen. In einem Kampf würde Bones ihn zerschmettern, und selbst wenn ihm das nicht gelang, würde Mencheres es mit Sicherheit tun. Doch jetzt, wo er den Verstand beider Männer ebenso mit einem Dämonenfluch belegt hatte wie den der nächsten Angehörigen ihres inneren Kreises, würde

Wraith genau da sein, wo er hinwollte, sobald Bones einen tödlichen Unfall hatte.

Was Wraith in Kürze in die Wege leiten würde, daran hatte ich keinen Zweifel.

»Damit ändert sich, wen wir zu Balchezek bringen müssen«, sagte ich, hin und her tigernd. »Es sollte Bones sein.«

Ursprünglich hatten wir uns dafür entschieden, uns Annette zu schnappen. Mit ihrem niedrigen Machtniveau und dem Umstand, dass sie keinen Partner hatte, der auf sie aufpasste, wäre es einfacher gewesen, sie zu retten – oder sie zu entführen, wenn sie nicht freiwillig mitkommen wollte. Doch da Bones stärker war als ich oder Ian, konnte ich mich nicht einfach zurücklehnen und darauf hoffen, dass Wraith solange warten würde, bis wir ihn überlisteten, bevor er Bones umbrachte, um das letzte Puzzlestück seines Plans an Ort und Stelle zu platzieren.

Ian seufzte. »Und ich hatte mich schon so darauf gefreut, dass es Annette ist.«

»Zieh jetzt ja nicht den Schwanz ein«, warnte ich ihn.

Er warf mir einen bedächtigen Blick zu, als er sich erhob. »Ich sagte dir doch schon: Crispin ist einer der wenigen Leute, für die ich mich in die Bresche werfen würde, um Schaden von ihm abzuwenden, selbst wenn es mich mein eigenes Leben kostet. Und das werde ich morgen beweisen.«

Ich starrte ihn an; die harte Linie seines Unterkiefers und der unnachgiebige Glanz in seinen leuchtenden türkisfarbenen Augen entgingen mir nicht.

»Wenn du das tust, nehme ich all die hässlichen Dinge zurück, die ich jemals über dich gesagt habe.«

Er grinste; seine Stimmung änderte sich innerhalb eines Lidschlags von ernst zu boshaft. »Warum? All diese hässlichen Dinge waren berechtigt, und dabei komme ich noch gut weg.«

Ich schüttelte den Kopf. Ian war stolzer auf seine Verdorbenheit als jeder andere, dem ich je begegnet war, aber wenn er mir dabei half, Bones aus der Gegenwart von vier verzauberten Vampiren und einem mit dämonischen Kräften gestärkten Blutsauger zu befreien, würde ich ihn förmlich mit Prostituierten und Pornos überschütten, während ich zugleich schwor, er sei der reinste Engel.

Allerdings konnte Mencheres uns mit einem einzigen Gedanken enthaupten, und selbst an meinen besten Tagen konnte ich Bones im Kampf nicht die Stirn bieten, was bedeutete, dass möglicherweise keiner von uns den morgigen Tag überlebte. Wir stellten uns unseren Freunden und unseren Liebsten entgegen, weshalb wir fest entschlossen waren, niemanden zu töten. Man brauchte keine Kristallkugel, um zu wissen, dass uns im Hinblick darauf, dass Wraith dank seines Zaubers die Kontrolle über sie hatte, nicht dieselbe Zurückhaltung zuteilwerden würde.

Tja. Die Zeit war gekommen, um zu sehen, was hinter dem »Bis dass der Tod euch scheidet«-Teil meines Ehegelöbnisses steckte. Ewig zu leben klang ohnehin langweilig.

Ich marschierte den Schotterpfad hinauf, der zu meinem Haus führte. Kahle Bäume wiegten sich in der Brise, und die Luft war so knackig kalt, dass ich meinen Atem gesehen hätte, wenn ich geatmet hätte. Der heutige Tag wurde recht treffend als Schwarzer Freitag bezeichnet, da Supermärkte und Einkaufszentren sich in Kommerz-Kriegsschauplätze für Weihnachtseinkäufer auf der Jagd nach den besten Schnäppchen verwandelten. Mein Kriegsschauplatz hingegen bestand aus einem steilen bewaldeten Hügel, auf dem zwei malerische Häuser standen; mein heiß begehrtes Schnäppchen war der braunhaarige Vampir, der mich öffentlich verstoßen hatte.

Die Plötzlichkeit, mit der die Unterhaltung im Haupthaus weiter oben verstummte, verriet mir, dass meine Gegenwart bemerkt worden war. Schön. Wraiths Stimme war mir ohnehin auf die Nerven gegangen.

»Liebling, ich bin wieder zu Hause!«, rief ich laut und beschleunigte meine Schritte.

Als ich schließlich die Spitze des Hügels erreichte, war die Haustür offen, und Wraith stand im Rahmen. Meine Miene verzog sich zu einem Lächeln, das sich mehr wie ein höhnisches Grinsen anfühlte. Es gab keinen Grund mehr, so zu tun, als stünde ich unter seinem dämonischen Bann.

»Ah. Heda, Bruder. Wärst du so gut, meinen Mann rauszuschicken?«

»Du bist hier nicht willkommen, Cat«, sagte er, als würde dies alles *ihm* gehören.

»*Au contraire*, mein guter Mann. Ob nun verstoßen oder nicht, ich bin noch immer Bones' rechtmäßige Frau, und das Vampirgesetz schreibt vor, dass der eine Ehepartner dort, wo sich der andere gerade aufhält, automatisch auch eingeladen ist. Also schick Bones entweder raus, oder ich komme rein.«

Der kalte Wind ließ den unteren Teil meiner schwarzen

Jacke rascheln, die obere Hälfte jedoch nicht, was daran lag, dass sie von zu vielen Waffen runtergedrückt wurde. Entweder hatte Wraith genug über meinen Ruf gehört, um entsprechende Vermutungen anzustellen, oder meine Miene verriet ihm, dass ein »Nein« keine akzeptable Antwort für mich war. Er verschwand im Haus, und Sekunden später kam ein anderer Vampir heraus, wenn auch nicht derjenige, dessentwegen ich hier war.

Mencheres stand im Türrahmen, seine ägyptischen Züge hart und undeutbar. Ein einziger Blick in seine Augen genügte, um zu wissen, dass Wraith ihm befohlen hatte, mich zu töten.

13

Der abrupte, überwältigende Druck an meinem Hals setzte ein, bevor ich auch nur den Versuch unternehmen konnte zu fliehen – nicht, dass Flucht mir irgendetwas genützt hätte. Auch wenn ich mich bewegte, konnte Mencheres mir den Kopf abreißen.

Doch genauso schnell, wie dieses grässliche Zudrücken begonnen hatte, hörte es auch wieder auf. Auf Mencheres' Stirn tauchte ein roter Punkt auf; dunkleres Blut besudelte den Türrahmen hinter ihm. Er fiel mit einem sonderbaren Ausdruck auf dem Gesicht auf die Knie und kippte dann langsam nach vorn.

»Guter Schuss, Ian«, murmelte ich und rannte dann auf die Tür zu. Die einzelne Silberkugel würde Mencheres nicht umbringen, aber mit Silber im Leib dauerte es wesentlich länger zu heilen, was uns wertvolle Zeit verschaffte, bis sich sein Hirn regeneriert hatte und er wieder zu Bewusstsein kam.

Aber falls wir uns noch hier aufhielten, wenn es so weit war, wären wir erledigt.

Jemand krachte gegen meine rechte Seite, als ich die Schwelle passierte. Es geschah so schnell, dass ich nicht sah, um wen es sich handelte, doch das weichere Fleisch sprach dafür, dass es sich bei meinem Angreifer entweder um Annette oder um Kira handelte. Ihr Schwung katapultierte uns gegen die nächstbeste Wand, und Schmerz durchfuhr mich, als ich von Schlägen eingedeckt wurde, gegen die ich mich absichtlich nicht verteidigte. Ich erhaschte einen flüchtigen Blick auf blondes Haar, als meine Angreiferin sich vorbeugte, um ihre Fangzähne in meine Schulter zu rammen; sie verfehlte meinen Hals nur, weil ich mich in der letzten Sekunde ruckartig wegdrehte.

Dann war es also Kira. Allerdings war sie unbewaffnet, was bedeutete, dass sie mir zwar wehtun, mich aber nicht töten konnte. Ich ließ zu, dass sie meine Haut zerfetzte und mich mit den Fäusten bearbeitete, während ich hinter mich griff, um die Glock hinten aus dem Hosenbund meiner Jeans zu ziehen. Dann riss ich die Waffe hoch und schoss ihr durch den Kopf.

Sie erschlaffte unverzüglich und wurde durch eine größere massivere Gestalt ersetzt, die jetzt gegen uns beide prallte. Kiras blutiger Kopf, der sich gegen mein Gesicht presste, blendete mich so, dass ich meinen neuen Widersacher nicht erkennen konnte. Gleichwohl, brutale Hiebe, die meine Rippen brachen und in feurigen Wellen durch meinen Körper vibrierten, verrieten mir, mit wem ich es zu tun hatte. Nur einer schlug so hart zu.

Bones.

»Jetzt!«, schrie ich und riss Kiras erschlaffte Gestalt zwischen uns hoch.

Glas zersplitterte in rascher Folge, als Ian die Erschütterungsgranaten durch die Erdgeschossfenster feuerte. Die darauffolgenden Explosionen fühlten sich an, als würden in meinem Hirn Bomben hochgehen, doch ich hatte mir genügend Wachs in die Ohren gestopft, um gegen das Schlimmste gewappnet zu sein. Die anderen Vampire mit ihrem superempfindlichen Gehör hatten nicht so viel Glück. Bones hörte auf, meine Innereien zu pürieren, und umklammerte seinen Schädel; Blut lief ihm aus den Ohren. Hinter seiner gekrümmten Gestalt sah ich, wie Spade, Annette und Wraith es ihm gleichtaten. Denise war nicht hier unten. Fabian hatte sich letzte Nacht in ihr Zimmer geschlichen, um sie zu warnen, sich vom Erdgeschoss fernzuhalten, sobald die Action losging.

Ich nutzte diese Sekunde der Abgelenktheit, um als Nächstes eine Kugel in Wraiths Kopf zu jagen und mit extremer Befriedigung zuzuschauen, wie Purpur auf seine langen blonden Locken spritzte. Ich wünschte, ich hätte die Sache mit dem Knochenmesser zu Ende bringen können, doch zuerst musste ich den Zauber brechen, deshalb musste Wraith am Leben bleiben.

Bones hob den Kopf. Noch immer rann Blut aus seinen Ohren, doch er hatte sich bereits von der lähmenden Wirkung der Erschütterungsgranaten erholt. Sein Blick loderte grün auf, und sein Mund öffnete sich zu einem Knurren, als er sich auf mich stürzte. Über seine Schulter hinweg sah ich, dass Spade und Annette die Folgen der Explosionen ebenfalls abschüttelten und mit mordlustigen Mienen auf mich zukamen.

Ich hob die Waffe, aber bevor ich den Abzug ziehen konnte, wurde mir die Glock von einer unsichtbaren Macht mit solcher Wucht aus den Fingern gerissen, dass mein Handgelenk brach. Verflucht noch mal, Bones setzte seine neu erworbene Telekinesefähigkeit gegen mich ein! Ich konnte bloß hoffen, dass diese Gabe in ihm noch nicht stark genug war, um mir den Kopf abzureißen, ansonsten wäre es reine Zeitverschwendung gewesen, Mencheres anzuschießen. Diese Sorge verschwand aus meinem Bewusstsein, als Bones in dem Moment in die Höhe schoss, bevor er eigentlich gegen mich gekracht wäre. Ich hatte mich gegen den Aufprall seines großen muskulösen Körpers gewappnet, doch stattdessen bekam ich einen Tritt ins Gesicht, der mir das Genick brach und mein Blickfeld rot färbte.

Von jedem Nervenende ging lodernde Agonie aus, vermischt mit den widerlichen knirschenden Geräuschen, die belegten, dass meine Knochen genauso weidlich zerbrochen waren wie das Glas der Vorderfenster. Ich widerstand dem Drang, mich vor weiteren Verletzungen zu schützen, in dem Wissen, dass Bones sogleich zum Todesstoß ansetzen würde. Stattdessen warf ich mich nach vorn und rammte mein Gesicht gegen seine felsharte Brust, was dazu führte, dass in meinem Schädel noch mehr schmerzhaftes Feuerwerk losging, doch zumindest entkam ich so dem tödlichen Arm, der auf meinen Hals zuschoss.

Meine Sicht mochte vielleicht blutig und mein Gesicht

ein Trümmerfeld sein, aber meine Beine arbeiteten *hervorragend*, und Bones hatte einen für ihn untypischen Fehler begangen, als er seine Beine gespreizt hatte, um mehr Gleichgewicht zu gewinnen, als er versucht hatte, mir den Kopf von den Schultern zu reißen. Ich machte mir das zunutze und rammte mein Knie nach oben, nutzte meine ganze übernatürliche Kraft, um ihm einen gnadenlosen Stoß in die Hüftbeuge zu verpassen. Das ließ ihn auf die Knie sacken, doch bevor ich meine andere Pistole hervorholen konnte, krachte irgendetwas Hartes gegen mein noch immer heilendes Antlitz.

Inmitten einer weiteren Explosion von Schmerzen und knirschenden Lauten, die ich niemals wieder hören wollte, erhaschte ich einen Blick auf Spade, der zu einem zweiten Schlag ausholte. Ich duckte mich, sodass seine blasse Hand stattdessen durch die Wand hinter mir krachte, doch dann trafen mich zwei Vorschlaghämmer in die Seiten. Bones hatte sich von meinem Nussknackertritt erholt und ging wieder zum Angriff über.

Attacken von oben *und* unten gleichzeitig konnte ich nicht abwehren. Nicht, ohne tödliche Gewalt einzusetzen, und das stand nicht zur Diskussion. Auch konnte ich nicht weiter zurückkriechen. Ich hatte die Wand im Rücken und drei wütende Vampire vor mir, die mir den Weg versperrten. Alles, was ich tun konnte, war, bei Gott darauf zu hoffen, dass sie zu beschäftigt damit waren, auf mich loszugehen, um mittendrin aufzuhören und ein Silbermesser zu holen. Nachdem ich mich einige Sekunden lang geduckt, gedreht und zugeschlagen hatte, um anschließend zurückzuweichen, fiel mir etwas Seltsames auf: Bones und

Spade kämpften nicht wie ihr übliches tödliches Selbst. Ihre kämpferischen Fähigkeiten schienen auf Annettes Stufe gesunken zu sein. Anderenfalls wäre es mir nicht gelungen, sie mir so gut vom Hals zu halten, wie ich es tat.

Ein Krachen ertönte, und Spade flog quer durch den Raum, jetzt mit einem großen rauchenden Loch in seiner Bauchgegend. Bones wirbelte herum, um diese neue Bedrohung einzuschätzen, doch ich schleuderte ihn nach hinten, als Ian durch die Trümmer des Vorderfensters hereinsprang. Wurde auch Zeit.

»Hallo, Leute!«, rief Ian. Mit einem wilden Grinsen warf er die noch immer qualmende Bazooka beiseite und stürzte sich auf Annette.

Eigentlich hätte noch mehr Verstärkung weniger Risiko bedeutet, aber abgesehen von einem vertrauenswürdigen Vampir, der nicht ans Telefon ging, waren meine stärksten und nächsten Verbündeten die Leute, gegen die ich gerade kämpfte. Denise konnte es sich nicht leisten, ihre Tarnung auffliegen zu lassen, indem sie uns beisprang, deshalb half sie uns auf die einzige Art und Weise, die ihr zur Verfügung stand – sie hielt sich fern.

Als Ian Annette erreichte, warf er sie mit genügend Wucht durch den Raum, dass sie geradewegs durch meine chinesische Vitrine krachte. Und inmitten des Lärms von noch mehr zerberstendem Glas vernahm ich seinen Ruf.

»Worauf wartest du? Schaff Crispin hier raus!«

Glaubte Ian etwa, ich hätte ein Päuschen eingelegt, um mir die Nägel zu lackieren? Ich war vollauf damit beschäftigt, einen weiteren Versuch abzuwehren, meinen Kopf vom Rest meines Körpers zu trennen. Doch ich tauchte unter Bones' nächstem Schwinger hinweg und nahm ihn in eine Bärenumarmung, von Hieben gebeutelt, da die Nähe bedeutete, dass seine Körperschläge, die mich trafen, eine sogar noch verheerendere Wirkung hatten. Er kämpfte vielleicht nicht mit seinem üblichen Geschick, aber er schlug genauso fest zu. Dann sammelte ich meine Kräfte und katapultierte uns durch die kaputten Fenster, während Ians an Spade gerichtetes Brüllen meine Ohren erfüllte.

»Nein, das tust du nicht! Du bleibst schön hier!«

Weitere gewalttätige Laute ertönten, bevor der Sturm und mein Tempo sie hinfortrissen. Annette konnte nicht fliegen, womit Spade als einziger Vampir übrig war, der die Fähigkeit besaß, unsere Verfolgung aufzunehmen, und es war an Ian, ihn daran zu hindern. Und selbst wenn Annette und Spade ihm nicht kräftemäßig überlegen waren, würde Mencheres jeden Moment wieder zu sich kommen. Falls das geschah, bevor Ian entkam, würde er nicht lange genug leben, um zu schreien, bevor er seinen Kopf vermisste. Es scherte mich nicht, wie stolz er auf seine Sünden war; hierfür nahm ich *tatsächlich* alle geringschätzigen Bemerkungen zurück, die ich je über Ian gemacht hatte.

Bones bemühte sich, meinen Griff zu brechen, mit dem ich ihn umklammert hielt, aber ich ließ nicht los, auch wenn sich mein gesamter Oberkörper anfühlte, als wäre ich von einem Lastwagen überfahren worden. Ich konnte mich nicht gegen sein Sperrfeuer von Hieben verteidigen und ihn gleichzeitig daran hindern, zu Wraith zurückzufliegen. Es war schon schwer genug, mich trotz der Schmerzen so zu konzentrieren, dass wir weiter in die Höhe katapultiert wurden. Wir waren jetzt meilenweit von dem Haus entfernt, aber wir mussten noch wesentlich weiter weg sein. So weit weg, dass weder Mencheres noch einer der anderen unsere Fährte aufnehmen und uns folgen konnten.

Als Bones mit seinem Angriff unvermittelt innehielt, überkam mich einen Moment lang Erleichterung, die sich schlagartig zu Besorgnis wandelte. So einfach würde Bones niemals aufgeben. Die Bestätigung hierfür erhielt ich, als seine Hände, die nicht mehr länger zu strafenden Fäusten geballt waren, mit unbarmherziger suchender Effizienz über mich hinwegglitten.

Und eins der Silbermesser hervorzogen, die ich in meinem Mantel verstaut hatte.

Unsere Gesichter waren beinahe auf einer Höhe, sodass ich ihm in die Augen schaute, als seine Klinge auf meine Brust zusauste. Sein Blick loderte noch immer grün, und seine Aura knisterte vor tödlicher Absicht, aber ich konnte mich nicht zur Wehr setzen, ohne ihn loszulassen. Wenn ich das tat, würde er zu Wraith zurückkehren, und damit würde ich ihn ebenso unausweichlich zum Tode verurteilen, als würde ich ein Messer in seinem Herzen umdrehen.

Wenn dies meine letzten Augenblicke auf Erden waren, würde ich sie für den Versuch nutzen, alles zu tun, was in meiner Macht stand, um ihn zu retten. Ich wusste, dass er das Gleiche getan hätte, wenn unsere Rollen umgekehrt gewesen wären.

Die Klinge durchbohrte meine Haut und glitt in meine Brust. Mein Körper reagierte sofort darauf, dass Silber mein Herz streifte. Schlagartig schien mich meine ganze Kraft zu verlassen, und damit war auch meine Geschwindigkeit dahin. Bones und ich begannen, vom Himmel zu stürzen, doch anstatt ihn von mir fortzustoßen, um mich selbst zu retten, verwandte ich meine letzte Kraft darauf, meine Arme noch fester um ihn zu schlingen.

»Ich liebe dich«, brachte ich trotz der überwältigenden Pein hervor. Wie bei letzten Worten üblich, fielen mir keine ein, die ich lieber gesagt hätte.

In seinem Blick flackerte irgendetwas auf. In diesen strahlenden smaragdgrünen Blick mischten sich dunkelbraune Flecken, und seine Aura zersplitterte in mehrere Fragmente, als sei sie mit genügend Wucht von einer unsichtbaren Kraft getroffen worden, um sie zu zerschmettern. Anstatt das Messer herumzudrehen und meinem Leben ein Ende zu bereiten, zog er es aus meiner Brust – und rammte es in seine eigene.

»Nein!«, schrie ich und griff nach der Klinge, während ich ihn mit dem anderen Arm umklammert hielt. Jetzt, wo das Messer aus meinem Herzen heraus war und meine Energie in mich zurückströmte, verlangsamte sich unser Sturz. Sein eigenes Herz versagte ihm den Dienst, und das Silber raubte ihm seine Kraft wie übernatürliches Kryptonit. Allein mein panischer Griff, mit dem ich das Heft umklammert hielt, hinderte ihn daran, die Klinge zu drehen und sein Herz zu zerfetzen, um dafür zu sorgen, dass er wahrhaftig starb.

»Kätzchen.« Er rasselte das Wort so leise, dass ich es über das Tosen des Sturms hinweg kaum hörte. »Du musst mich sterben lassen. Jetzt, solange ich die Oberhand über sie habe!«

Ich wusste nicht, was er damit meinte, und es kümmerte mich auch nicht. Ich zog das Messer heraus und schleuderte es angeekelt beiseite. Bones gab einen abgehackten Laut von sich, und sein Gesicht zuckte, als hätte er ohne das Silber in seinem Herzen aus irgendeinem Grund mehr Schmerzen.

»Du wirst nicht sterben«, schwor ich ihm, ehe ich meinen Mund auf den seinen drückte, um ihm einen Kuss zu geben, in dem die ganze Liebe, die ganze Qual, die ganze Furcht und Frustration der vergangenen paar Tage lagen.

Ich küsste ihn noch immer, als ich meine andere Waffe zog und ihm in den Kopf schoss.

14

Der Staubschicht auf dem Beton und den Metalloberflächen nach zu urteilen, hatte die *Ratzfatz-Schmieröl*-Autowerkstatt schon vor Monaten dichtgemacht. Allerdings war der unterirdische Arbeitsbereich der Werkstatt nach ein paar Modifizierungen – etwa verstärkten Wänden und dicken Stahlträgern – der perfekte Ort, um einen Vampir gefangen zu halten. Ich musste Bones erneut in den Kopf schießen, nachdem die erste Wunde verheilt gewesen und er wiederum in Mordlaune erwacht war, doch jetzt war er sicher dort verwahrt, wo einst der Ölwechsel-Hebebühnen-bereich der Werkstatt gewesen war, und genügend schwere Ketten waren um seinen Körper geschlungen, dass es einen gewöhnlichen Vampir in die Knie gezwungen hätte.

Allerdings war Bones alles andere als gewöhnlich. Aufrecht wie ein Ladestock stand er da und starrte mich finster an; seine hellgrünen Augen schworen Rache. Welches Aufflackern von Gefühl ihn auch immer daran gehindert haben mochte, dieses Messer in meiner Brust zu drehen, es war – sehr zu meinem Bedauern – wieder verschwunden. Gleichwohl, sobald Ian, der das Gefecht zu meiner Erleichterung in einem Stück überlebt hatte, damit fertig wäre, jene blutigen Symbole auf den Fußboden zu malen, würden wir wissen, welche Art von Dämon wir zur Strecke bringen mussten, um den Zauber aufzuheben, unter dem Bones stand.

»Du warst weniger als dreißig Minuten weg. Wie konntest du da so schnell ein paar Becher von *dieser* speziellen Art Blut auftreiben?«, fragte ich ihn. Dann kniff ich die Augen zu Schlitzen zusammen. »Du hast doch niemanden umgebracht, oder?«

Er lehnte sich auf seinen Fersen zurück, um mir einen sardonischen Blick zuzuwerfen. »Ich würde eine vollkommene reine Jungfrau niemals für derlei vergeuden. Ich habe in der Mittelschule vorbeigeschaut und mich bei einigen Schülern bedient. Sie werden sich nicht daran erinnern. Ebenso wenig wie ihre Lehrer.«

Ich hasste den Gedanken, das Blut von Vorpubertären zu stehlen, aber die Zeit wurde knapp.

»Das war's«, sagte Ian, als er das letzte der Symbole zeichnete.

»Was, denkst du, tust du da?«, fragte Bones; es waren seine ersten Worte, seit er mich aufgefordert hatte, ihn sterben zu lassen.

Ian antwortete nicht. Er trat aus dem Kreis heraus und sah mich an.

»Hoffen wir, dass keiner der Schüler, die ich ausgesucht habe, frühreif war.« Dann sagte er dreimal: »Balchezek.«

»Aufhören!«, schnappte Bones, der sich gegen seine Ketten stemmte; das Metall knarrte zwar, hielt jedoch stand. Genau deshalb hatten Ian und ich den Großteil der Nacht damit verbracht, diesen Ort vorzubereiten.

Im Kreis mit den blutigen Symbolen regte sich nichts, doch dafür trat ein brünetter Mann so zwangslos hinter einem der Tragbalken hervor, als wäre er schon die ganze Zeit über hier gewesen.

»Ihr habt gerufen?«, sagte Balchezek.

Ich stieß ein erleichtertes Seufzen aus. Ein Teil von mir fragte sich, ob sich der Dämon dieses ganze Beschwörungsritual womöglich bloß ausgedacht hatte und wir nur unsere Zeit damit vergeudet hatten, ihn auf diese Weise herbeizurufen. Da war es gut zu wissen, dass Geldgier bei den Angehörigen der Unterwelt nach wie vor eine starke Motivation war.

Allerdings hatte ich das Knochenmesser trotzdem in Griffweite, nur für den Fall, dass der Dämon versuchte, irgendetwas Dummes zu tun, etwa ungebetene Gäste mitzubringen.

Ian hatte dafür etwas anderes in Griffweite. Er zog seinen Daumen über die Seite eines dicken Bündels von Hundert-Dollar-Scheinen, als würde er Karten mischen.

»Hallo, Balchezek. Wenn du die hier haben willst, dann schau dir unseren Kumpel hier an und sag uns, mit welchem Maß an Garstigkeit wir es zu tun haben.«

»Du solltest nicht hier sein«, sagte Bones, der die Worte in Richtung des Dämons spie.

»Ich nehme an, das ist der Vampir, den ich für euch austesten soll?«

Balchezek ging zu Bones hinüber und pfiff durch die Zähne, als er näher kam. »Eins kann ich euch gleich sagen. Er steht nicht unter einem Zauber, wie ihr gedacht habt. Er ist besessen.«

»Halt die Klappe«, zischte Bones.

Bei dieser Bemerkung und dem Klang von Bones' Stimme blinzelte ich ungläubig. Seine Stimme klang höher und so, als habe er mit einem Mal seinen englischen Akzent abgelegt.

»Ich dachte, es wäre unmöglich, dass Vampire besessen werden. Dass ihnen zu viel Kraft innewohnt, als dass ein körperloser Dämon in sie fahren und die Kontrolle über sie übernehmen könnte.«

»Normalerweise, ja.« Balchezek wedelte mit dem Finger vor Bones herum, der ihn anknurrte. »Aber wie bei allen anderen Regeln gibt es auch bei dieser eine Ausnahme. Es ist eine ziemlich nervige Ausnahme, was auch einer der Gründe dafür ist, dass Dämonen es tunlichst vermeiden, von Vampiren Besitz zu ergreifen, daher überrascht es mich nicht, dass ihr nicht geglaubt habt, dass dergleichen möglich ist.«

»Was sind denn die Gründe dafür, dass Dämonen es vermeiden, von Vampiren Besitz zu ergreifen?«, fragte Ian.

Bones fluchte mit dieser fremden höheren Stimme und schwor, Balchezek schrecklich zu bestrafen, falls er fortführe. Der Dämon ignorierte ihn und warf Ian einen geduldigen Blick zu.

»Zum einen ist es wesentlich schwerer, sich in euch einzunisten. Bloß ein Dämon der mittleren oder oberen Stufe ist dazu imstande, und das auch nur unter ganz bestimmten

Umständen. Außerdem wahren wir gern den Status quo. Wenn Dämonen damit anfingen, von einem Haufen Vampire Besitz zu ergreifen, würde es nicht lange dauern, bis eure Art sich zusammenrotten und sich zur Wehr setzen würde. Würden wir dann dabei dezimiert, euch die Stirn zu bieten, wäre es schwerer für uns, gegen unsere eigentlichen Feinde zu kämpfen.«

Ich schnüffelte, um sicherzustellen, dass mir an Bones zuvor nichts entgangen war. »Er riecht nicht nach Schwefel. Bist du sicher, dass er besessen ist?«

Das würde zwar erklären, warum ich seit dem Morgen von Wraiths Auftauchen das Gefühl hatte, es mit einem Fremden in Bones' Haut zu tun zu haben, sowie auch seine seltsam amateurhaften kämpferischen Fähigkeiten und den abrupten Persönlichkeitswechsel verständlich machen, als er sich selbst das Messer in die Brust gerammt hatte. Allerdings erinnerte ich mich mit plötzlicher Furcht an diese andere Sache, die Bones mir vor Jahren erzählt hatte, als wir es mit einem besessenen Menschen zu tun bekommen hatten. *Der einzige Weg, den Dämon loszuwerden, besteht darin, den Wirt zu töten.*

»Menschen haben nicht die Macht, den Schwefelgeruch zu verbergen, wenn sie von einem Dämon übernommen werden. Ein von einem Dämon besessener Vampir hingegen schon. Abgesehen davon …« Hierbei vollführte Balchezek eine Bewegung von Bones' Gesicht runter zu seiner Brust. »… kann ich die Dämonin sehen. Sie ist genau hier.«

Sie? Ich starrte hin, aber alles, was ich in dem Bereich sah, auf den Balchezek deutete, waren die wütenden Züge meines Gatten und zentimeterdicke Ketten, die sich aufgrund von Bones' Bemühungen regten, seine Fesseln zu durchbrechen.

»Natürlich könnt *ihr* sie nicht sehen«, fuhr Balchezek fort. »Betrachtet es als Dämonenglanz. Doch genauso, wie Vampirglanz zwar bei Menschen funktioniert, aber nicht bei anderen Vampiren, kann ich ihn durchschauen.«

In meinem Kopf drehte sich alles. Einen Dämonenzauber umzukehren wäre schon schwierig genug gewesen, aber das hier war noch viel schlimmer. Wir fanden einfach keinen Ansatzpunkt, ganz egal, wie angestrengt wir auch danach suchten.

»Dann haben also mehrere Dämonen beschlossen, in meinem Mann und seinen besten Freunden ihre Zelte aufzuschlagen.« Mir entfleuchte ein freudloses Lachen. »Willst du das damit sagen?«

»Nein«, erklärte Balchezek. »Bloß einer.«

15

»Einer?«, wiederholte Ian mit derselben Ungläubigkeit, die ich selbst auch verspürte.

»›Mein Name ist Legion, denn wir sind viele‹«, zitierte Balchezek mit einem schiefen Lächeln. »In diesem Fall waren es mehrere Dämonen in einer Person, aber auch das Gegenteil ist möglich. Ein Dämon spaltet sich selbst in mehrere Teile, um gleichzeitig von verschiedenen Leuten Besitz zu ergreifen. Allerdings ist es knifflig, das zu bewerkstelligen, weil …«

»Halt die Klappe, oder ich töte dich!«, brüllte Bones; jetzt

war seine Stimme komplett weiblich und nicht wiederzuerkennen.

»... man dabei bloß in Angehörige der Familie seines
Hauptwirts fahren kann«, fuhr Balchezek fort, der Bones den
Stinkefinger zeigte. »Zuerst muss man sich fest in einer Person eingenistet haben. Das ist der Hauptwirt. Anschließend
führt man ein Ritual mit sich selbst durch, um Teile von sich
abzuspalten, die in mehrere Angehörige dieser Familie fahren, sodass man sie quasi fernsteuern kann; doch als Absplit-
terung wirkt man für andere Dämonen wie ein verschwom-
menes Faksimile. Und wenn sich das alles schon bei einem
Menschen ziemlich arbeitsintensiv anhört, so ist das bei Vampiren noch wesentlich schwieriger zu bewerkstelligen.«

»Warum das?«, fragte ich wie benommen.

»Zunächst einmal kann man bloß von einem Vampir Besitz ergreifen, wenn man bereits in ihm war, als er noch ein
Mensch war, um dann an diesem Wirt festzuhalten, während er sich in einen Untoten verwandelt. Dazu muss man
unglaublich stark sein. Aber noch mehr Macht ist erforderlich, um zu versuchen, in mehrere Vampire gleichzeitig zu fahren. Der Vorteil ist, dass man, wenn es einem gelingt, das hinzukriegen, nicht mehr darauf beschränkt ist,
nur die menschliche Familie seines Hauptwirts zu kontrollieren. Man kann außerdem bis zur dritten oder vierten
Generation der Zeugungsblutlinie seines Hauptwirts gehen. Allerdings muss man in unmittelbarer Nähe seiner
untoten Fleischmarionetten bleiben und dafür sorgen, dass
ihre Aufmerksamkeit die ganze Zeit über auf einem ruht,
andernfalls gelingt es einem Vampir vielleicht, die Zügel
wieder selbst zu übernehmen.«

All diese Geschichten, die Wraith erzählt hatte … War das seine Art, die Aufmerksamkeit aller auf sich zu ziehen, damit er dämonisch in ihnen verwurzelt bleiben konnte? Das klang sogar für mich zu unglaublich, um wahr zu sein, und ich hatte in meinem Leben schon eine Menge verrücktes Zeug gesehen – und getan. Meine Zweifel mussten mir ins Gesicht geschrieben stehen, denn Balchezek seufzte.

»Ihr wollt, dass ich es euch beweise, nicht wahr? In Ordnung. Verschaffen wir eurem Jungen wieder die Oberhand. Er ist weit genug vom Hauptwirt des Dämons entfernt, dass es ihm leichter fallen sollte, an die Oberfläche zu kommen. Also, was würde ihn so richtig sauer machen?«

Ich wünschte, ich hätte eine Auszeit nehmen können, um all die verschiedenen Informationsfetzen in mich aufzunehmen, die mir hier um die Ohren gehauen wurden, aber ich murmelte ohne zu zögern meine Antwort.

»Als wir hergeflogen sind, hat Bones kurzfristig die Kontrolle übernommen. Er stach auf mich ein, aber anstatt das Messer rumzudrehen, riss er es dann aus meiner Brust und rammte es in seine eigene.«

Und er hatte gesagt, dass er sterben müsse, *solange er die Oberhand über sie habe.* Oh, Gott, Balchezek hatte recht. Bones stand nicht unter einem Bann; er war besessen, und mir fiel keine Möglichkeit ein, wie wir den Dämon aus ihm herauskriegen sollten, ohne ihn zu töten.

Ich wischte eine Träne fort, die meinem Auge entkam. Zu weinen würde nicht das Geringste ändern, und abgesehen davon hatte ich dafür ohnehin keine Zeit.

»Also stich mir ein Messer rein«, sagte ich schließlich. »Ins Herz.«

Ian kam herüber, doch anstatt eins der Silbermesser hervorzuholen, von denen ich wusste, dass er sie bei sich trug, riss er mich zu sich heran.

»Ich habe eine andere Idee«, murmelte er, unmittelbar bevor sich sein Mund über meinen legte.

Ich war so verblüfft, dass ich mich einige Sekunden lang nicht rührte. Das verschaffte Ian genügend Zeit, meinen Arsch zu packen und seine Hüften gegen meine zu drängen. Sein Mund öffnete sich, seine Zunge forderte Einlass, aber ich riss meinen Kopf zur Seite.

»Hast du den *Verstand* verloren?«, wollte ich wissen und versetzte ihm eine schallende Ohrfeige.

Ian grinste. »Das erinnert mich an den Tag, als wir einander das erste Mal begegnet sind. Wie du dich gewiss erinnerst, macht es mir nichts aus, wenn du grob wirst. Tatsächlich macht mich das sogar ziemlich an.«

Dann packte er mein Haar fest genug, um mehrere Strähnen rauszureißen, und nutzte das als Hebel, um seinen Mund auf meine Kehle zu drücken. Ich ballte die Faust und machte mich bereit, ihm einen Hieb zu verpassen, der ihn bis in die nächste Woche schicken würde. »Falls Crispin da drin ist, wird ihn das so in Rage bringen, dass er erscheint«, flüsterte Ian dicht an meinem Ohr.

Nur wenige Dinge sind so tief in Vampire eingebrannt wie Revierverhalten. Das galt für alles, was ein Vampir als sein Eigentum betrachtete, doch wenn man dann noch Liebe mit ins Spiel brachte, wurden sie regelrecht tollwütig. Darüber hinaus hatte ich vielleicht nicht so viel Glück, auch das nächste Mal zu überleben, wenn jemand Silber in meine Pumpe rammte. Ein paar falsche Bewegungen, und das war's dann.

Eigentlich brauchte ich keinen Beweis dafür, dass Bones tatsächlich besessen war, aber falls es Bones die Möglichkeit gab, die Oberhand über die dämonische Schlampe in seinem Innern zu gewinnen, mit Ian rumzumachen, würde ich es mit Begeisterung tun.

»Oh, ja, das fühlt sich gut an«, stöhnte ich und zog Ian dichter an mich, anstatt ihm eine zu verpassen.

Atem kitzelte meinen Hals, als er lachte. »Weißt du, ich bin wirklich talentiert.«

Du bist wirklich narzisstisch, dachte ich, rieb mich jedoch an ihm und wühlte mit den Händen durch sein kastanienbraunes Haar, um fest genug daran zu ziehen, dass er ein billigendes Brummen ausstieß. Dies war nicht das erste Mal, dass ich auf Kommando mit jemandem rummachen musste; bei meinem alten Job, als ich den Köder gespielt hatte, um Vampire zu jagen, war das praktisch zwingend nötig gewesen. Allerdings fühlte es sich über alle Maßen sonderbar an, dass ausgerechnet *Ian* an meiner Haut knabberte und leckte, während ich vor mich hin stöhnte und nach mehr bettelte.

Und obgleich ich das nie zugegeben hätte, war nicht mein ganzes Gestöhne gespielt. Ian setzte seine Promiskuität wirkungsvoll ein, denn der Mistkerl war wirklich gut in dem, was er tat.

»Ooh, eine Sexshow.« Es klang, als habe sich Balchezek auf den Boden fallen lassen, um besser sehen zu können. »Schön. Und ich dachte, hierherzukommen würde langweilig werden.«

Um besser an meinen Hals heranzukommen, zerrte Ian den Kragen von meiner Schulter weg und riss im Zuge dessen mehrere Knöpfe ab. Um nicht von ihm ausgestochen zu werden, riss ich sein Hemd komplett auf und biss in die Haut, die darunter zum Vorschein kam, bevor ich ihm zweimal ins Gesicht schlug. Fest.

»Ich bin froh, dass du es grob magst, weil ich dir nämlich den *Arsch* aufreißen werde.«

Ian wandte sein Gesicht von Bones ab, aber ich sah, dass seine Lippen zuckten. In seinen Augen lag definitiv ein Funkeln, als er mir die Überreste meines Hemdes vom Leib riss, sodass ich bloß noch in Jeans und BH dastand. Ein getrockneter Blutfleck unweit meiner Brustmitte war der einzige verbliebene Beleg dafür, wie nah ich dem Tod gewesen war. Ian beugte sich mit dem Kopf darüber und leckte daran.

Links von uns ertönte ein dumpfes Knurren. Ketten rasselten und klapperten. Anstatt in diese Richtung zu schauen, drückte ich Ians Kopf fester auf meine Brust.

»So ist es richtig, trink mein Blut«, sagte ich, meine Stimme rau und kehlig. »Jetzt will ich deins kosten.«

Energie ließ die Luft knistern, die stärker wurde, sich aber dennoch gleichzeitig irgendwie gezackt anfühlte, wie die Ränder von zerbrochenem Glas, das versuchte, sich wieder zusammenzufügen. Ich drehte mich nicht zu Bones um, sondern packte mit der Faust Ians Haar und riss seinen Kopf zur Seite, um seinen blassen straffen Hals zu entblößen.

Weiteres Kettenrasseln, gefolgt von einem femininen Zischen. Doch ich achtete nicht darauf und leckte mir die Lippen, wie voller Vorfreude auf Ians Blut. Dann ließ ich meinen Kopf langsam sinken, drehte mein Gesicht so, dass der an die Wand gekettete Vampir deutlich sehen konnte, wie ich meine Fangzähne in den Hals seines Meisters senkte, und saugte dann einen Mundvoll Blut.

Gleichwohl, als ich diese prächtige Flüssigkeit schluckte, war mein Stöhnen *tatsächlich* nicht gespielt. Es erinnerte mich daran, dass ich mich seit über einer Woche nicht gestärkt hatte, und obgleich ich vielleicht zu abgelenkt gewesen war, um an Nahrung zu denken, hatte mein Körper eindeutig nicht vergessen, wonach er verlangte. Meine Selbstbeherrschung geriet ins Wanken, und ich biss ihn von Neuem, zerfetzte in meiner Hast sein Fleisch, um mehr von dieser köstlichen purpurnen Flüssigkeit zu schlucken.

»So ist es recht, du geiles kleines Stück, beiß mich fester«, drängte Ian. Er fuhr mit seinen Fingernägeln meinen Rücken entlang und zog meine Beine um seine Taille, während er mich mit einem festen Griff an meinem Arsch abstützte.

Ketten schlugen gegeneinander, derweil sich dieses feminine Zischen in ein aus tiefster Kehle kommendes maskulines Brüllen verwandelte.

»Nimm deine verfluchten Drecksfinger von meiner Frau!«

16

Ich sprang von Ian herunter, als habe er mich verbrannt; sogar die Verlockung weiteren Blutes konnte mich nicht daran hindern, auf den wahren Klang der Stimme meines Mannes zu reagieren. Bones' Augen glühten smaragdgrün; der Zorn, der in ihnen lag, war auf Ian gerichtet, und die Strömungen, die von ihm ausgingen, erfüllten mich mit der Sorge, ob die Ketten tatsächlich halten würden.

Dann sah Bones mich an, und diese brodelnde Wut verwandelte sich in etwas anderes. Schmerz durchzuckte mein

Unterbewusstsein, so scharf und quälend, dass ich diese letzten paar Schritte zu ihm rannte.

»Willkommen zurück«, sagte ich und berührte sein Gesicht, eine der wenigen Stellen an ihm, die nicht mit Ketten gefesselt waren.

Er schloss die Augen und atmete dicht bei meiner Handfläche ein; ein krampfhaftes Zucken huschte über seine Züge. »Du riechst wie Ian. Sag mir, dass du bloß so getan hast, Kätzchen, sonst muss ich ihn töten.«

Ich lächelte durch den rosa Schimmer, der sich unvermittelt über meine Augen legte. »Ich und Ian? Komm schon, Bones. Da kennst du mich wohl besser.«

Sein Mund zuckte. »Ihr beiden habt sehr überzeugend gewirkt.«

»Genau darum ging es doch, oder nicht?«, fragte Ian, der herüberschlenderte. »Obgleich ich zugeben muss, dass es mir ein gewisses Vergnügen bereitet hat.«

Ein *gewisses* Vergnügen? Okay, ich fühlte mich in meiner Weiblichkeit gekränkt, doch dem Rest von mir hätte Ians Kommentar nicht gleichgültiger sein können. Ich war zu sehr damit beschäftigt, Bones in die Augen zu sehen und überwältigende Erleichterung darüber zu empfinden, dass ich den Mann kannte, der meinen Blick erwiderte.

»Dann habt ihr also keinen Sex?« Balchezek stieß einen enttäuschten Laut aus. »Junge, jetzt *bin* ich gelangweilt.«

Bones sah den Dämon an und wandte seinen Blick dann wieder mir zu. »Er hat in jeder Beziehung recht. An dem Morgen nach Wraiths Auftauchen bin ich aufgewacht, und mit einem Mal war ich in meinem eigenen Körper bloß noch Zuschauer.«

»Es ist leichter, in starke Persönlichkeiten wie Vampire zu fahren, wenn sie schlafen. Dann sind sie nicht auf der Hut«, erklärte Balchezek. »Andernfalls hätte sie eimerweise von deinem Blut vergießen müssen, um dich so weit zu schwächen, dass es ihr gelungen wäre, in dich zu fahren. Das hätte eine gehörige Schweinerei gegeben.«

Eimerweise Blut. Schlagartig kehrten meine Gedanken zu Annettes Hotelzimmer und ihrem seltsamen Verhalten am Abend von Bones' Geburtstagsfeier zurück. Dann war sie also als Erste besessen gewesen. Wraith hatte sie *tatsächlich* angegriffen, doch sie hatte ihn dieser Attacke nicht beschuldigt, weil alles, was Annette über die Lippen gekommen war, ihr von der Dämonin vorgegeben wurde, die die Kontrolle über sie besaß.

Von derselben Dämonin, die die Kontrolle über Wraith hatte, wenn Balchezek recht damit hatte, dass er der »Hauptwirt« der Dämonin war.

»Es gibt da einige Dinge, die ich dir sagen möchte, Kätzchen«, erklärte Bones, um meine Gedanken davon abzulenken, die Besessenheitsabfolge auszuknobeln. »Ich weiß nicht, wie lange ich es schaffen werde, die Dämonin im Zaum zu halten. Sie ist sehr stark.«

»Sie ist noch immer da drinnen?« Die Realistin in mir rechnete zwar damit, doch ich hatte gehofft, sein Zorn habe sie auf wundersame Weise aus seinem Leib verdrängt.

»Ja«, entgegnete er knapp.

»Natürlich ist sie das.« Balchezek schüttelte den Kopf. »Denkt ihr, ich würde euch anlügen?«

Ich ersparte mir die Anmerkung, dass er immerhin ein Dämon sei, Lügen also für ihn zum Geschäft gehörte. Er war unsere beste Informationsquelle, und ich wollte nicht, dass er sich wie eine beleidigte Leberwurst in Luft auflöste.

»Ihr müsst aufzeichnen, wie ich zurücknehme, dass ich dich verstoßen habe, und bestätige, dass du nach wie vor die Erbin meiner Linie bist«, sagte Bones; Zorn spielte über seine Züge, bevor er fortfuhr. »Außerdem werde ich bestätigen, dass Mencheres, Kira, Spade, Annette und Wraith besessen sind. Sobald ich das getan habe, gebt ihr mir ein Silbermesser. Niemand wird meine Aussagen in Zweifel ziehen, wenn sie sehen, dass ich bereit bin, dafür zu sterben.«

»Nein!«, sagte ich sofort; Entsetzen durchflutete mich.

Bones schloss kurz die Augen. »Es tut mir leid, dass es hierzu gekommen ist, aber ich mache mir keine Illusionen darüber, was getan werden muss. Glaub mir, ich würde lieber tausend Mal sterben, wieder und immer wieder, als noch mal mit ansehen zu müssen, wie meine eigenen Hände dir Schaden zufügen, weil irgendein Miststück die Kontrolle über meinen Körper hat, und nicht ich.«

Ich packte sein Haar weniger grob, als ich es nur wenige Minuten zuvor bei Ian getan hatte. »Aber du hast sie aufgehalten, als sie mir dieses Messer ins Herz rammen wollte. Du hast sie aufgehalten!«

»Zu enthüllen, dass Mencheres und du besessen seid, wird in eurer Linie zu einem Bürgerkrieg führen«, warnte Ian. »Ganz zu schweigen davon, dass du damit all eure Gegner regelrecht einlädst anzugreifen, während ihr geschwächt seid. Das wird ein Blutbad nach sich ziehen, Crispin.«

»Ian hat recht, hör auf ihn« sagte ich, so besorgt um Bones, dass mich diese Worte nicht überraschten, die mir da über die Lippen kamen.

»Wenn sie das nächste Mal versucht, dich zu töten, gelingt es mir vielleicht nicht, sie zu stoppen, und ich weigere mich, dieses Risiko einzugehen«, schnappte er. »Selbst jetzt zerrt sie an meiner Kraft, um die Kontrolle zurückzugewinnen. Du hast es geschworen, Kätzchen. Als Mencheres vor einigen Jahren von dir wissen wollte, ob du mich töten könntest, wenn die Situation umgekehrt wäre, hast du geschworen, dass du mich umbringen würdest, wenn ich jene umbrächte, die dir nahestehen, um mir anschließend noch weitere Opfer zu suchen. Die Dämonin in mir wird jeden töten, der ihr in die Quere kommt, und das darfst du nicht zulassen. Der einzige Weg, sie aufzuhalten, besteht darin, mich zu töten.«

Nein. Nein. Die Worte hallten so laut durch meinen Kopf, dass ich eine Sekunde brauchte, um zu realisieren, dass jemand anderes sprach.

»... gibt vielleicht eine andere Möglichkeit, aber das wird euch einiges kosten«, brachte Balchezek den Satz zu Ende.

Mein Blick schoss zu dem Dämon mit dem walnussbraunen Haar hinüber. »Wie bitte? Eine andere Möglichkeit?« Wenn er jetzt sagen würde, dass mich das meine Seele kosten würde, bei Gott, dann würde ich sie ihm vermutlich geben.

Bones schloss die Augen und zuckte ein bisschen zusammen. »Sie wird gerade sehr unruhig. Genauso, wie ich alles um mich herum wahrgenommen habe, als sie die Kontrolle besaß, hört sie jetzt ebenfalls zu. Es ist besser, das nicht vor mir zu besprechen, Kätzchen.«

»Das wollte ich auch gerade sagen«, murmelte Balchezek. Er marschierte aus dem Raum und warf dabei ein »Kommt ihr jetzt, oder was?« über seine Schulter.

Ich sah Bones an und schenkte ihm ein entschuldigendes Schulterzucken. »Wir sind gleich wieder da.«

Er warf einen Blick auf seine Ketten, und ein schwaches Lächeln kräuselte seine Lippen. »Geh nur, Liebes. Ich warte hier auf dich.«

17

»Ich verhökere weder meine Seele noch die von jemand anderem«, waren meine ersten Worte, als ich Ian und dem Dämon aus der unterirdischen Werkstatt nach draußen folgte. Wenn Balchezek den Eindruck hatte, dass ich unnachgiebig war, was diesen Punkt betraf, verzichtete er vielleicht darauf, mir Bedingungen für einen Pakt aufzwingen zu wollen, die ich in meiner Verzweiflung womöglich sogar akzeptierte.

Der Dämon schnaubte. »Gut, denn deine will ich überhaupt nicht. Und du hast auch nicht das Recht, mir die von jemand anderem zu überlassen, Miss Überschätzt-ihre-Wichtigkeit.«

Ich war über alle Maßen erleichtert, das zu hören, tat jedoch so, als würde seine Beleidigung mich in Rage bringen. Ian lachte. »Ja, das tut sie manchmal, nicht wahr?«

»Bevor wir weiterreden, wüsste ich gern, warum du bereit bist, Vampiren gegen deine eigene Art zu helfen?« Ich war vielleicht verzweifelt, aber ich hatte nicht die Absicht, die logischste aller Fragen außer Acht zu lassen.

»Weil ich meinen Job hasse«, sagte Balchezek, ohne zu zögern.

Ich hob die Augenbrauen. »Du siehst es als *Job*, Seelen zu verdammen?«

»Wie würdest du denn etwas nennen, das du tun musst, um dazuzugehören, wo du jedes Mal einen Anschiss kriegst, wenn du deine Quote nicht erfüllst, aber niemals gelobt wirst, wenn du irgendwas richtig machst?« Noch ein Schnauben. »Ich schätze, damit könnte ebenso gut die Ehe gemeint sein, aber was mich betrifft, besteht mein Job nun mal darin, Seelen unter Vertrag zu nehmen.«

Bestand die Möglichkeit, dass nicht alle Dämonen Inkarnationen des Bösen waren? Dass ein Dämon ein schlechtes Gewissen wegen seiner Taten haben konnte? »Dann gefällt es dir also nicht, Leute zu verdammen?«

Er sah mich an, als wäre ich verrückt. »Irgendein Fleischsack kommt heulend zu mir und jammert: ›Oh, ich brauche dieses oder jenes, gib es mir, und du kannst von mir haben, was immer du willst.‹ Also gebe ich ihm, was er möchte, und wenn es an der Zeit ist, die Rechnung zu begleichen, fängt er an, sich über die Konditionen unseres Handels aufzuregen, und da soll *ich* derjenige sein, der sich deswegen schlecht fühlen soll?«

In Ordnung, sah so aus, als hätte ich mich darin geirrt, dass er ein schlechtes Gewissen hatte! »Ja, weil du es ausnutzt, wenn die Leute ganz unten sind«, merkte ich an. »Das ist nicht fair.«

Er verdrehte die Augen. »Es ist ja nicht so, als hätte man mich um Rat gefragt, als die untere Etage gegen die obere Etage in den Krieg gezogen ist. Ich soll bloß das tun, was man mir sagt, tagaus, tagein, für den Rest der Ewigkeit, ob mir das nun gefällt oder nicht. Und wenn ich es nicht tue, werde ich in den Feuersee geworfen. Also erzähl *mir* nichts von Fairness.«

»Was willst du dann dafür, dass du uns hilfst?«, fragte ich, während ich Balchezek abschätzend musterte. »Du bietest uns Informationen an, um diesen Dämon zu besiegen, und du hast gerade bewiesen, dass du das nicht aus einem Gefühl der Buße heraus tust.«

Balchezek lächelte. »Nicht im Geringsten. Ich will einen Platz in eurer Welt. Würde ich auf eigene Faust versuchen, mich aus dem Staub zu machen, würden die da oben Jagd auf mich machen, und ich würde lieber sterben, als dabei geschnappt zu werden, wie ich zwischen Menschen rumhocke. Aber wenn ich unter dem Schutz eines *Vampirs* stünde, würde ich ihnen damit mehr Probleme bereiten, als ich wert bin. Wie ich schon sagte, die meisten Dämonen wollen den Fangzahn-Bienenstock lieber nicht aufstacheln, wenn es sich vermeiden lässt.«

»Du willst, dass ich dich zu einem Angehörigen meiner Linie mache?« Es gelang mir nicht ganz, den entsetzten Tonfall aus meiner Stimme fernzuhalten.

»Du nimmst ja auch Geister auf«, sagte er; er spie das Wort aus wie ein Stück faules Fleisch. »Und trotzdem ist ein Dämon nicht gut genug für dich? Abgesehen davon will ich keinen Schutz von *deiner* Linie. Du bist so affektiert, dass es mich in den Wahnsinn treiben würde. Aber du …« Er nickte Ian zu. »… bist schon mehr nach meinem Geschmack.«

Ian neigte sein Haupt, als Zeichen, dass er ihre Gemeinsamkeiten durchaus zu schätzen wusste. »Steht deine Entscheidung fest? Denn obgleich ich bei Angehörigen meiner Linie keinen großen Wert auf Moral lege, erwarte ich Loyalität. Wie kann ich mir sicher sein, dass du es dir später nicht anders überlegst?«

»Kennst du diesen Film, in dem die nicht ausreichend gewürdigten Angestellten in einem Großraumbüro ausflippen, ihren Fotokopierer in Stücke kloppen und dann ihr eigenes Unternehmen ausrauben?« Er ließ seine Zähne aufblitzen, was zu animalisch wirkte, um als Lächeln durchzugehen. »Betrachte diese Dämonin in eurem Freund als meinen Fotokopierer, und mein Raub besteht darin, dass ich Geheimnisse meiner Rasse ausplaudere, um euch zu verraten, wie ihr ihn und eure anderen Freunde retten könnt, ohne sie umzubringen.«

Ian streckte die Hand aus, die der Dämon ohne Zögern ergriff. »Erfülle dein Versprechen, und du bist in meiner Linie willkommen, mit meinem vollen Schutz.«

Balchezek schüttelte seine Hand. »Großartig. Das ist der erste Teil meiner Bedingungen.«

Warum war ich nicht überrascht, dass der Dämon noch weitere Bedingungen hatte? »Und was ist Teil zwei?«

Er ließ Ians Hand los und lächelte mich an. »Ohne ein paar grundlegende Annehmlichkeiten ist das Leben nicht lebenswert, oder? Ich will Geld. Eine obszön große Menge Geld, um genau zu sein.«

Ich hatte nicht allzu viel auf der Bank, aber Bones hatte im Laufe der Jahrhunderte durch Kopfgeldjagd und Investitionen, die er mithilfe eines Vampirs getätigt hatte, der flüchtige Blicke in die Zukunft werden konnte, ein Vermögen angehäuft.

»Na schön. Wenn das hier vorbei ist, bin ich sicher, dass

du einen Scheck kriegen wirst, bei dem ich kotzen muss, wenn ich ihn unterschreibe. Wie hört sich das an?«

Balchezek hustete. »Ich fürchte, ich brauche einen kleinen Vorschuss auf dieses Versprechen.« Und dann nickte er in Richtung meiner Hand.

Ich blickte auf den roten Diamantring hinab, den Bones mir an dem Tag geschenkt hatte, an dem er mich bat, ihn zu heiraten. Sein ideeller Wert für mich war unbezahlbar. Und aufgrund der Seltenheit roter Diamanten und seiner Größe von fünf Karat lag auch sein Marktpreis jenseits von Gut und Böse.

Ich nahm ihn ab und reichte ihn dem Dämon, ohne auch nur eine Sekunde darüber nachdenken zu müssen. Ich wollte lieber den lebendigen Bones haben als einen Stein, der mir mit den Erinnerungen, die ich damit verband, ohnehin das Herz brechen würde, wenn er tot war. »In Ordnung. Nachdem du uns geholfen hast, dieses Miststück aus allen rauszuholen, ohne sie dabei zu töten, gibst du mir den im Tausch gegen deinen obszön hohen Scheck zurück. Einverstanden?«

Das Geschöpf, das unzählige andere an übernatürliche Geschäfte gebunden hatte, stopfte den Ring in seine Tasche und lächelte. »Soll mir recht sein.«

Ich erwiderte das Lächeln und achtete darauf, dabei warnend meine Fänge zu zeigen. »Ich werde dich daran erinnern.«

Zwei Vampire und ein Dämon, durch ein Bündnis vereint. Das an sich war bereits ein Weihnachtswunder, wenn auch eins der makabren Art. Allerdings konnte ich Wunder immer gebrauchen, ganz gleich, wie sie aussahen.

18

Balchezek sagte, er müsse einige Dinge auf ihre Richtigkeit hin überprüfen und später zurückkehren, sodass bloß
Ian und ich wieder in die unterirdische Werkstatt hinunterstiegen.

»Sag mir, dass du *nicht* deine Seele verkauft hast, Kätzchen«, waren Bones' erste Worte, als wir in Sicht kamen.

Obgleich ich daran durchaus gedacht hatte, schaffte ich
es, mit totaler Aufrichtigkeit zu sagen: »Natürlich nicht.«
Wenn ich noch dazu klang, als hätte ich das niemals auch
nur in Erwägung gezogen, nun, dann war das bloß das Tüpfelchen auf dem i.

Als Nächstes durchbohrte Bones Ian mit einem harten
Blick. »Lügt sie?«

»Du würdest seinem Wort eher Glauben schenken als
meinem?« Ich schüttelte den Kopf. »Das ist beleidigend.«

Ian schenkte Bones ein mattes Lächeln. »Keine Sorge,
Crispin. Unser nach Schwefel riechender Kumpel hat eine
wesentlich prosaischere Vergütung für seine Unterstützung im Sinn.«

»Wirklich«, ergänzte ich, als Bones noch immer wirkte,
als würde er daran zweifeln, dass wir die Wahrheit sagten.

»Wir müssen dich angekettet lassen, bis wir von Balchezek hören und einen Schlachtplan ausgeknobelt haben«, fuhr ich fort; ich hasste die Notwendigkeit dieses Vorgehens, auch wenn ich den Grund dafür kannte. »Ian und
ich werden in Schichten auf dich aufpassen. Tut mir leid
wegen der …«

»Mir tut es nicht leid«, unterbrach Bones mich. Er hatte

mich angesehen, doch jetzt wandte er den Blick ab. »Auf diese Weise kann ich dir nichts antun. Das ist alles, was für mich zählt.«

»Entschuldige uns einen Moment, Crispin«, sagte Ian. Dann zog er mich zur anderen Seite des scheinbar planlosen Betonlabyrinths, wo sich das Loch nach draußen befand. Er sprang hinaus, und ich folgte ihm, während ich mich fragte, was los war.

Ian ging rüber auf die andere Straßenseite. »Versuchst du etwa, Crispin dazu zu bringen, die Oberhand über den Dämon zu verlieren, die er gerade hat?«

Bei dieser Frage musste ich blinzeln, zu überrascht, um beleidigt zu sein. »Warum sagst du das?«

»Er ist zerfressen von Schuldgefühlen wegen all dem, wozu der Dämon ihn gezwungen hat. Verflucht, ich bin vielleicht ein egoistischer, arroganter Mistkerl, aber selbst mir täte es leid, wenn ich dir ins Gesicht getreten und versucht hätte, dich zu töten, wenn du meine Frau wärst. Multiplizier das mit Crispins wesentlich edelmütigeren Qualitäten, und du hast einen gepeinigten Mann. Trotzdem verhältst du dich, als träfe ihn die Schuld daran.«

Okay, jetzt war ich *wirklich* sauer. Wenn ich mit Ian sprach, dauerte das nie sonderlich lange. »Ich weiß, dass es nicht seine Schuld ist. Dass sie das alles zu verantworten und er keinen Grund hat, sich schlecht zu fühlen. Also, warum verschwindest du nicht einfach und gönnst dir irgendwo einen Quickie, Ian?«

»Warum gönnst du dir keinen in Ketten?«, konterte er.

»Ich bin mir sicher, dass das eine großartige britische Retourkutsche ist, die bei mir jedoch auf taube Ohren stößt, weil ich keine Ahnung habe, was du damit meinst«, spöttelte ich.

»Damit meine ich«, entgegnete er und sprach so langsam, als wäre ich ein Kind, »dass ich gesehen habe, wie du normalerweise reagierst, wenn ihr getrennt wart und einer von euch beinahe getötet worden wäre. Ihr kickt die Leute ja förmlich aus dem Weg, um übereinander herzufallen. Doch das Einzige, was du jetzt tust, ist, seine Schuldgefühle noch zu verschlimmern, obwohl du ihm eigentlich zeigen solltest, dass er immer noch der Mann ist, den du liebst, Dämon hin oder her. Ketten hin oder her.«

Ich öffnete den Mund, bereit, einen ätzenden Kommentar darüber loszulassen, dass Ian offenbar glaubte, Sex würde jede Situation wieder kitten, doch dann zögerte ich. Vielleicht hatte er recht. Ich konnte Bones so lange versichern, dass ich ihn nicht für das verantwortlich machte, was dieses Miststück anstellte, wenn sie am Steuer war, bis ich blau anlief, aber wie das Sprichwort weiß: Taten sagen mehr als Worte. Zugegeben, eine verlassene unterirdische *Ratzfatz-Schmieröl*-Autowerkstatt hatte nichts Romantisches an sich, aber Bones hatte schon aus weniger mehr gemacht, wenn das Leben uns einen angeschnittenen Ball zuwarf.

Ich musste es einfach nur genauso machen.

»Du bleibst nicht da und schaust zu«, sagte ich schließlich.

Seine Lippen zuckten. »Das wäre aber *sicherer*, für den Fall, dass der Dämon wieder auftaucht und die Kontrolle …«

»Leck mich«, schnitt ich ihm das Wort ab.

Diesmal unternahm Ian keinen Versuch, sein Lachen zurückzuhalten. »Das überlasse ich lieber Crispin.«

———————————————————————————

19

Eine Stunde später sprang ich wieder in die unterirdische Werkstatt hinunter und bahnte mir meinen Weg durch die Stützpfeiler, bis ich zu der Stelle gelangte, wo Bones angekettet war. Ian lehnte ihm gegenüber an der Wand, ein Bein auf den Haufen mit Extraketten gelegt, die wir für alle Fälle mitgebracht hatten.

Ich warf Ian eine Hotelzimmer-Schlüsselkarte zu. Wir hatten nicht allzu weit von hier eingecheckt, damit wir einen weiteren Ort hatten, an dem wir unsere Waffen verstauen konnten.

»Hier. Warum machst du dich nicht frisch, ziehst dir was anderes an und suchst dir was zu essen?« *Und lass dir ruhig Zeit mit dem Zurückkommen*, fügte mein vielsagender Blick hinzu.

Zwei dieser drei Dinge hatte ich selbst ebenfalls bereits getan, wie mein klammes Haar und meine neuen Klamotten belegten. Immerhin hatte ich nicht vor, meinen Mann zu verführen, während noch der Geruch seines Freundes an mir klebte.

Ian stand auf. »Soll mir recht sein. Wir sehen uns später.«

Ich wartete, bis ich hörte, wie er hinausging, bevor ich die Tasche abstellte, die ich in der Hand gehalten hatte, und anfing, ihren Inhalt auf dem Boden zu arrangieren.

Bones schnüffelte. »Duftkerzen?«

»Ich bin diesen Öl- und Blutgeruch leid«, entgegnete ich und zündete die Kerzen an. »So ist es schon besser.«

Ich brauchte nicht aufzuschauen, um zu wissen, dass der Blick seiner dunkelbraunen Augen jeder meiner Bewegungen folgte. Ich konnte seinen Blick beinahe *spüren*, und obgleich er versuchte, seine Aura abzuschotten, wisperten dennoch Geister des Verlangens und der Reue durch mein Unterbewusstsein.

»Hat Ian dir erzählt, dass Balchezek sagt, er kenne noch eine andere Möglichkeit, den Dämon auszutreiben, ohne dich und die anderen zu töten?«, fragte ich und sah ihn an.

Er zog die Augenbrauen dichter zusammen. »Ja, aber ich traue Dämonen nicht.«

Ich lachte, leise und ironisch. »Da bin ich ganz deiner Meinung, aber Balchezek hat seine Gründe dafür, uns zu helfen.«

Ich hatte nicht die Absicht, diese Gründe in Gegenwart der Dämonin in Bones' Innerem zu wiederholen, die jedes Wort mitbekam. Da das In-Besitz-Nehmen von Vampiren für einen Dämon technisch gesehen ein No-go war, bezweifelte ich, dass das Miststück über Balchezek tratschen konnte, ohne sich dabei selbst bloßzustellen, aber warum sollten wir ihr überhaupt erst die Chance dazu geben?

»Du weißt, was du zu tun hast, falls er sich irrt, Kätzchen.«

Die Eintönigkeit seiner Stimme sorgte dafür, dass mich ein Schauder durchfuhr, der nichts mit der eisigen Temperatur in der Werkstatt zu tun hatte. *Ja, ich werde einen anderen Weg finden, dich zu retten*, entgegnete ich im Stillen, doch auch das sagte ich nicht laut. Dann hätte Bones bloß auf Versprechen gedrängt und darauf, dass ich meine Pflicht erfüllte, und keins dieser Dinge juckte mich auch nur im Geringsten, wenn sie bedeuteten, dass er sterben musste.

Ich zündete die letzte Kerze an und ging zu ihm rüber. Sein Mund war noch immer zu einer entschlossenen Linie verzogen, doch sein Blick glitt über die Konturen meines Körpers, als könne er einfach nicht anders. Zusätzlich zu der Reue und dem Verlangen stieg in meinem Unterbewusstsein noch ein weiteres Gefühl empor – Besitzgier. Er wusste vielleicht, dass ich bei dem, was ich zuvor mit Ian gemacht hatte, nur die besten Absichten verfolgt hatte, doch seine Vampirnatur verlangte, dass er seinen Anspruch auf mich mit Nachdruck geltend machte. Das wusste ich nur zu gut, hatte ich mich in Bezug auf Bones' Vergangenheit doch schon mehr als einmal auf der anderen Seite der Eifersuchtsmünze befunden.

»Wie geht's unserer dämonischen Hausbesitzerin?«, fragte ich und strich über seine Ketten.

»Sie ist zornig.« Drei Worte, abgehackt vom Gewicht von Emotionen, von denen ich spürte, dass er sie zurückzuhalten versuchte.

Ich lächelte. »Gut.« Dann holte ich den Schlüssel heraus und öffnete das erste von vielen Schlössern, die seine Ketten miteinander verbanden.

Anspannung schlüpfte durch die Mauer, die er um seine Aura herum errichtet hatte. »Was machst du da?«

Ich wickelte eine Kettenlänge ab und ließ sie zu Boden fallen. »Ich sorge dafür, dass ich besser an dich rankomme. Eine hin, ein halbes Dutzend im Sinn, und selbst dann wirst du noch außerstande sein, deine Arme oder Beine zu bewegen.«

»Tu's nicht.« Seine Augen loderten grün auf. »Sie ist zu gefährlich.«

Ich löste eine weitere Kette, bevor ich auf Zehenspitzen vor ihm stehen blieb und mit meiner Zunge langsam an seiner Ohrmuschel hinabfuhr. »Scheiß auf sie«, flüsterte ich. »Sie hatte dich schon viel zu lange für sich, und du gehörst *mir*.«

Weitere Ketten fielen ab. Sein Mund streifte über meine Wange, Kontrolle kämpfte gegen die Begierde an, von der ich spürte, dass sie in ihm aufstieg. »Es ist zu gefährlich«, unternahm er einen neuerlichen Versuch.

Ich lachte, bevor ich sein Ohr mit Fangzähnen umschloss, die durch mein zunehmendes Verlangen bereits herausgeschnellt waren. »Oh, Bones. Wann ist es bei uns mal nicht gefährlich?«

Als Antwort darauf erntete ich ein dumpfes Knurren. Dann riss die Woge der Lust die letzten Barrieren ein, die er um seine Gefühle herum errichtet hatte. Ich schwelgte in beidem, leckte seine Ohrmuschel aus und neckte dieselbe Stelle dann mit meinem Atem.

Er konnte mich nicht mit seinen Händen packen, doch seine Aura umschloss mich, hüllte mich in eine kribbelnde Wolke aus Energie und roher Begierde. Zwar fühlte sich das Ganze aufgrund seines andauernden Kampfes, den Dämon im Zaum zu halten, noch immer sonderbar bruchstückhaft an, aber ich hegte keinen Zweifel daran, dass er diesen Kampf gewinnen würde. Drei weitere Kettenlagen fielen von seiner Hüfte ab. Jetzt konnte ich durch die verbliebenen Kettenglieder greifen und sein Hemd aufreißen, um das feste Fleisch seiner Brust und seines Bauchs zu entblößen.

»Du hast mir gefehlt«, sagte ich und tauschte sein Ohr gegen seine Lippen.

Sein Mund schloss sich mit solcher Gier über meinem, dass sich meine Glut des Verlangens in einen Schmelzofen verwandelte. Er wartete nicht darauf, dass ich meine Lippen öffnete, sondern bahnte sich mit tiefen, suchenden Stößen seiner Zunge einfach den Weg hindurch. Ich stöhnte und zerrte fester an seinen Ketten. Weitere fielen, bis ich meinen Körper gegen seinen drängen konnte und die Beule von etwas anderem als Metall gegen mich pressen fühlte. Er ächzte, rau und guttural, als ich nach unten griff und meine Hand um ihn schloss.

Er riss den Mund von meinem fort; sein glühender grüner Blick durchbohrte mich mit seiner Intensität. »Zieh dich aus. Ich will dich sehen.«

Ich trat auf zittrigen Beinen zurück; die brüllende Lust, die durch mein Unterbewusstsein brandete, sorgte dafür, dass ich beinahe froh darüber war, dass er angekettet war. Er fühlte sich wild an, beinahe animalisch. Als würde er denken, dies wäre das letzte Mal, dass wir zusammen sein würden, und als habe er vor, dabei nichts zurückzuhalten, abgesehen von dem Dämon, der in seinem Innern tobte. Ich zog mir das Shirt über den Kopf und warf es beiseite; unter seinem begehrenden Blick kribbelte mein Körper vor Gänsehaut. Als Nächstes entledigte ich mich meines BHs; meine Nippel waren bereits schmerzhaft hart. Dann waren meine Jeans dran. Ich zog mein Höschen zusammen mit der Hose runter und kickte beides zur Seite.

»Atemberaubend.«

Sein Akzent war jetzt ausgeprägter, und er starrte mich an, als wolle er mein Fleisch mit seinen Augen verschlingen. Ich starrte zurück, nahm den Anblick von blassem kristallenem Fleisch in mich auf, das sich über Muskeln spannte, die sich gegen die Ketten wölbten und anspannten. Seine Gesichtszüge waren in ihrer wilden Schönheit beinahe furchteinflößend, sein Mund voller von unserem jüngsten Kuss, seine Augen grün glitzernd, sein Kiefer vor leidenschaftlicher Ungeduld verkrampft.

Auch ich war ungeduldig; in mir wogten Emotionen, die weit über Lust hinausgingen. Jemand versuchte, mir die wichtigste Person zu stehlen, die es für mich auf der Welt gab, und ich würde mir zurückholen, was mir gehörte. Sein Blick loderte heller auf, als ich zu ihm herüberkam und die letzte der Ketten um seine Hüften fortriss. Eine Fülle steifen Fleisches füllte meine Hände, als ein grobes Ziehen die Vorderseite seiner Jeans teilte. Dann stieg ich auf den ausrangierten Metallhaufen, um auf seine Höhe zu gelangen, und schlang meine Schenkel um seine Hüften.

Sein Mund verschloss den meinen, und seine Zunge malträtierte mich aufs Sinnlichste, als er vordrängte, um dieses harte Fleisch gegen meine Mitte zu schieben. Mir blieb nicht die Zeit, um runterzugreifen und ihm den Weg zu weisen, bevor ein kräftiger Stoß ihn in mich dringen ließ, wodurch sich mir ein Keuchen entrang, das sein Mund sogleich aufnahm. Sämtliche Nervenenden loderten vor Verlangen auf, als ein weiterer Stoß ihn tiefer hineingleiten ließ und dafür sorgte, dass weiteres Vergnügen durch mich hindurchtoste. Als er sich von Neuem bewegte, packte ich zwischen den Ketten hindurch seine Schultern, während er sich bis zum Heft in mich bohrte und dann auf eine Art und Weise über meine Klitoris rieb, dass krampfhafte Zuckungen durch meine Lenden schossen.

Als er das erneut machte, schrie ich auf, verschränkte meine Arme hinter seinem Hals, um mehr Halt zu haben, und ließ meinen anderen Schenkel weiter nach oben wandern, um mich fester gegen ihn zu drängen. Er begann, sich mit kräftigen, bedächtigen Stößen zu bewegen, die mich zwischen unseren Küssen nach mehr betteln ließen. Seine Energie glitt über meinen Rücken, umfing und stützte mich, um mich in der Luft zu halten und meine Hüften noch enger mit den seinen verschmelzen zu lassen, als es bloße Hände je vermocht hätten. Seine Stöße wurden stärker, um quälende Wogen der Glückseligkeit durch meinen Leib zu schicken. Mein Kopf fiel nach hinten, und ich lehnte mich in diesem unsichtbaren Griff zurück, während sich meine Lenden bei jedem tiefen, schnellen Stoß vor ungestümer Wonne zusammenzogen.

Sein kehliges Knurren und mein Stöhnen übertönten das rasselnde Geräusch der Ketten, als wir uns schneller bewegten, immer schneller, bis ich nichts mehr wahrnahm, außer den überwältigenden Empfindungen, die mich durchtosten und in einem Höhepunkt gipfelten, der mir einen heiseren Schrei entriss, während das Gefühl von Bones' unkontrollierten Spasmen gleichzeitig noch mehr Wogen der Ekstase durch meinen Körper sandte.

16

Ich sackte gegen ihn. Ich fühlte mich, als bestünden meine Arme und Beine aus Wackelpudding. Irgendwann hatte er sich so weit nach unten gebeugt, wie seine Ketten es zuließen, sodass kaltes Metall in meine Knie schnitt, als ich mit gespreizten Beinen auf ihm saß, doch das kümmerte mich nicht. Noch immer kribbelte alles an und in mir zu sehr, als dass es mir möglich gewesen wäre, mich auf den Mangel an Bequemlichkeit in unserer Umgebung zu konzentrieren.

»Ich will mich nicht bewegen … nie wieder«, brachte ich hervor.

Sein Atem war sanft, verrucht und frei von den Sorgen, die ihn noch fester im Griff hatten als die Ketten, die ihn an den Stützpfeiler fesselten. Das zu hören war eine weitere Art der Wonne, nur dass diese sogar noch tiefer in mir nachhallte als mein kürzlicher explosiver Höhepunkt.

Etwas Weiches berührte mein Bein. Ich schaute nach unten und sah, wie eine Decke an mir emporglitt, die eben noch in der Ecke gelegen hatte. Bones' Kräfte ließen sie höher rutschen, bis sie über meinen Schultern lag und die Kühle in der Luft vertrieb. Bloß ein weiterer Beleg dafür, dass allein sein Wille ihn im Zaum hielt, nicht all diese Ketten und Vorhängeschlösser, die Ian und ich um ihn geschlungen hatten.

»Angeber«, murmelte ich und zog die Decke über uns beide.

Er lächelte, doch ein Schatten huschte über seine Züge, von dem ich wusste, dass es sich dabei um den Dämon handelte, der sich von Neuem zwischen uns drängte. »Ich habe sie daran gehindert, diese Kraft einzusetzen, so gut ich eben konnte. Falls sie wieder die Kontrolle übernimmt, werden die Ketten sie hinreichend verlangsamen, dass du mich erschießen kannst. Zögere nicht. Dir bleiben bloß Sekunden.«

Ich schaute nicht hinter mich, nicht dorthin, wo wir die

Waffen deponiert hatten, doch sie befanden sich in Reichweite. »Das werde ich nicht, aber lass uns jetzt nicht darüber reden. Du solltest versuchen, ein bisschen zu schlafen.«

»Nein«, sagte er sofort. »Sie will, dass ich einschlafe, damit meine Entschlossenheit geschwächt ist und sie wieder die Kontrolle über mich übernehmen kann.«

Zorn loderte in mir, befeuert von meiner Liebe für Bones. Diese Dämonin würde nicht gewinnen. Sie würde dafür bezahlen, dass sie sich ausgerechnet meinen Ehemann ausgesucht hatte, um Besitz von ihm zu ergreifen. Ich würde sie bis in die Hölle und zurück jagen, wenn das nötig war, damit ich meine Rache bekam.

»Nun, darauf kann sie verflucht lange warten«, sagte ich und unterdrückte meine Wut genug, um zu lächeln. »Du schläfst ohnehin schon selten, und zwar immer dann, wenn du *nicht* gerade versuchst, eine Höllenschlampe zu zerquetschen.«

Er legte seine Stirn gegen die meine und schloss die Augen. »Schlaf du, Kätzchen. Du weißt, dass ich es liebe, dich im Arm zu halten, wenn du träumst.«

Er konnte mich nicht mit seinen Händen berühren, doch weitere Energiewellen schlossen sich um mich wie ein Kokon, irgendwie noch intimer als Fleisch. Ich hasste den Gedanken, dass er glaubte, dies könnte womöglich das letzte Mal sein, dass ich neben ihm einschlief, wie seine Emotionen es mir verrieten. Aufgrund des Dämons in ihm hatte Bones das Gefühl, als habe jeder Moment, den wir miteinander teilten, ein Verfallsdatum. Allerdings war ich gleichermaßen dickköpfig und entschlossen, sein Leben zu retten. Diese Dämonin wusste es noch nicht, aber sie hatte sich mit dem *falschen* Pärchen angelegt.

Ich schlang meine Arme um seinen Hals und schob mich hin und her, bis ich quer über seinem Schoß lag, anstatt breitbeinig auf ihm zu sitzen. Dann schloss ich die Augen und seufzte, als ich es mir so bequem wie möglich machte. Ich hatte keine Angst davor, neben ihm einzuschlafen, ganz gleich, ob er nun von einem Dämon besessen war oder nicht. Nichts auf dieser Welt oder darunter würde Bones dazu bringen, unachtsam zu sein und mich in Gefahr zu bringen, während ich angreifbar war.

»Ich liebe dich«, flüsterte ich und kuschelte meinen Kopf unter sein Kinn.

Just, als ich spürte, wie ich einnickte, kitzelte etwas mein Unterbewusstsein: Balchezek, der darüber sprach, wie verzwickt es war, von mehreren Vampiren gleichzeitig Besitz zu ergreifen. *Der Vorteil ist, dass man, wenn es einem gelingt, das hinzukriegen, nicht mehr darauf beschränkt ist, nur die menschliche Familie seines Hauptwirts zu kontrollieren. Man kann außerdem bis zur dritten oder vierten Generation der Zeugungsblutlinie seines Hauptwirts gehen …*

Wraith war der Hauptwirt der Dämonin, doch das bedeutete, dass sie anfangs eigentlich bloß hätte fähig sein dürfen, *Bones* zu übernehmen. Sobald sie sich in Bones eingenistet hatte, hätte sie sich aufspalten und die anderen Vampire übernehmen können; alle im Haus – mit Ausnahme von Denise – gehörten den ersten vier Generationen derselben vampirischen Blutlinie an. Allerdings hatte die Dämonin in diesem Hotelzimmer nicht Bones verstümmelt, um den Grundstein für ihre erste Simultaninbesitznahme zu legen. Dieses Schicksal war Annette zuteilgeworden, obgleich Wraith und Annette nicht so miteinander verwandt waren wie Wraith und Bones. Das hätte eigentlich nicht möglich sein dürfen, es sei denn …

Ich richtete mich ruckartig auf und starrte Bones an. »Was ist?«, wollte er wissen.

»Bones, ich … ich glaube, Annette könnte diejenige gewesen sein, die Wraith vor zwei Jahrhunderten zum Vampir gemacht hat!«

Die Sonne schickte sich gerade an unterzugehen, als Balchezek unvermittelt in unserem unterirdischen Versteck erschien.

»Gute Neuigkeiten«, verkündete er. Er mochte Geister vielleicht verachten, aber in puncto unerwartetes Auftauchen hatte er eine Menge mit ihnen gemeinsam. »Lass uns oben reden, damit wir ungestört sind.«

»Geh«, sagte Bones, als ich zögerte; ich hasste die Notwendigkeit, wegen des Feindes in seinem Innern so mit ihm umgehen zu müssen. Doch ich verdrängte diesen Gedanken und streifte einige Klamotten über, ehe ich mich draußen am Straßenrand zu Balchezek gesellte, wo es für Bones unmöglich war, uns zu belauschen. Ian war ebenfalls da und musterte den Dämon erwartungsvoll.

»Ich habe einige Nachforschungen darüber angestellt, wie ihr die Dämonin aus euren Freunden vertreiben könnt«, begann Balchezek. »Ich hatte recht! Abgesehen von der Knochenmesser-in-die-Augen-Methode gibt es noch eine andere Möglichkeit, und der Einzige, der dabei sterben muss, ist der Hauptwirt des Dämons.«

»Wraith«, sagte ich, hin- und hergerissen. »Wir müssen Wraith töten?«

Balchezek strahlte. »Na, wer ist euer Lieblingsdämon, hm? Ich sagte euch doch, dass ich den abartig hohen Scheck verdiene, den ihr mir geben werdet.«

»Aber vorher sagtest du, dass du Bones und alle anderen retten könntest, ohne sie zu töten«, erinnerte ich ihn.

»Ja, eure anderen *Freunde*.« Ein Schulterzucken. »Dachte nicht, dass du Wraith als deinen Freund betrachtest.«

»Das tue ich auch nicht, aber wenn er besessen ist, dann ist irgendwo da drin immer noch ein unschuldiger Mann, der zufällig der Bruder meines Gatten ist«, entgegnete ich scharf.

Balchezek seufzte. »Wenn du an den naiven Gedanken glaubst, dass *jeder* unschuldig ist, dann stimmt das wohl. Hör mal, ich hasse es zwar, ein Klischee zu bemühen, aber man kann kein Omelett machen, ohne ein paar Eier zu zerbrechen, okay? Du musst zwischen dem Leben all deiner Freunde oder dem Leben eines einzigen Fremden wählen, der zufällig mit euch verwandt ist.«

Ich sagte nichts, aber mein Kiefer verkrampfte sich – der einzige äußerliche Hinweis auf die brodelnden Emotionen, die mich durchtosten.

»Falls das hilft: Ich bezweifle, dass noch viel von seiner ursprünglichen Persönlichkeit übrig ist«, fügte Balchezek hinzu. »Ich sagte euch ja, dass Hazael bereits von ihrem Wirt Besitz ergriffen haben muss, als er noch ein Mensch war. Was denkt ihr, wie lange euer Junge schon ein Vampir ist? Denn so lange ist er bereits besessen. Vermutlich ist sein Verstand mittlerweile bloß noch Mus.« Ein Schulterzucken. »Wie ich schon sagte, wenn es so einfach wäre, sich bei eurer Spezies einzunisten, hätten meine Leute nicht solche Angst davor, euch zu verärgern. Dann hätten wir euch schon vor Jahrtausenden übernommen.«

Zwei Jahrhunderte der Besessenheit. Selbst wenn von Wraiths Bewusstsein noch irgendetwas übrig war, musste er verrückt sein, nachdem sein Wille so lange okkupiert gewesen war. Niemand konnte einem solchen Druck so lange standhalten und geistig gesund bleiben.

»Wenn es der einzige Weg ist, um die anderen zu retten, wird Wraith sterben«, erklärte Ian.

Ich wollte ihm widersprechen, einen anderen Weg finden, weil es schon schrecklich genug war, einen Unschuldigen für das übergeordnete Wohl zum Tode zu verurteilen, aber noch schlimmer war es, wenn es sich bei diesem Mann um den Bruder handelte, den Bones nie kennengelernt hatte. Trotzdem sagte ich nichts, und mein Schweigen verkündete mein Einverständnis.

Ich war froh, dass wir Bones nichts hiervon erzählen konnten. Er würde zwar denken, wir hielten Informationen zurück, weil wir nicht wollten, dass der Dämon in ihm unsere Pläne mit anhörte, doch ich wollte nicht, dass Bones diese Schuldgefühle mit sich herumschleppen musste. Er hatte an meinem Vater Rache geübt, damit ich es nicht tun musste. Das Mindeste, was ich tun konnte, war hinzunehmen, dass das Blut seines Bruders an meinen Händen klebte statt an seinen. Es gefiel mir vielleicht nicht, Wraiths Leben zu opfern, aber wenn ich mich zwischen ihm und Bones entscheiden musste, war die Sache für mich klar.

Und auch wenn dem Dämon das nicht bewusst zu sein

schien, hatte er uns gerade ein weiteres wichtiges Detail verraten. Ich tauschte einen Blick mit Ian, der beinahe unmerklich nickte; ihm war es auch aufgefallen.

»Wann schlagen wir zu?«, fragte ich.

»Wir müssen bis Mitte Dezember warten«, erwiderte Balchezek.

»Ausgeschlossen. Sie weiß, dass wir es auf sie abgesehen haben. Warum sollten wir ihr noch mal zwei Wochen geben, um Ränke gegen uns zu schmieden?«

»Wie oft muss ich euch noch sagen, dass ich die Regeln nicht mache?«, brummte Balchezek. »Mitte Dezember beginnen bei vielen der größten Weltreligionen die bedeutendsten Feierlichkeiten. Weihnachten, Chanukka, Wintersonnenwende, Muharram … Der Glaube ist dann so stark wie sonst nie. Das schwächt Dämonen. Wenn ihr diese Dämonenbruchstücke aus euren Freunden vertreiben wollt, habt ihr dann die größte Chance dazu.«

»Wenn sie weiß, dass sie in Kürze schwächer sein wird, was sollte sie dann daran hindern, alle umzubringen, bevor es so weit ist? Ich würde es jedenfalls so machen«, erklärte Ian mit schonungsloser Abgebrühtheit.

»Ihr Überlebensinstinkt«, entgegnete der Dämon. Er wandte mir ruckartig den Kopf zu. »Schon vergessen, wie dein Vampir die Kontrolle über seinen Körper zurückerlangt hat, anstatt sie zu töten, oder dass sie zusehen musste, wie du ihn scharf gemacht hast? Was denkt ihr, wird passieren, wenn der Dämon versucht, die Leute zu töten, die anderen Vampiren wichtig sind? Damit würde sie einen Massenaufstand auslösen, das ist mal sicher. Deshalb wird sie diese Vampire so lange bei der Stange halten, indem sie sich nicht mit denen anlegt, die sie lieben, bis sie alles arrangiert hat.«

Bis sie alles arrangiert hat. Für die Dämonin bedeutete das, dass sie sicherstellte, Bones' Linie zu übernehmen, wenn er starb. Er hatte mich zwar öffentlich verstoßen, doch falls es nötig war, würden wir das revidieren und uns den Konsequenzen stellen, zu denen seine Gegner und Leute gehörten, die wussten, dass ihre Linie jetzt kein Oberhaupt mehr besaß. Außerdem: Solange wir Bones hatten, konnte die Dämonin noch nichts gegen die anderen unternehmen. Sie würde sie brauchen, wenn sie versuchte, einen anderen Weg zu finden, um die Macht an sich zu reißen. Wir würden die Schlampe mit ihrem eigenen Plan schlagen.

»In Ordnung, dann eben Mitte Dezember.« Mein Lächeln war knapp. »Dann müssen wir Wraith also töten, und wir wissen, wie wir das anstellen. Aber wie bekommen wir die Dämonenbruchstücke aus Bones und den anderen raus?«

Balchezek verschränkte die Hände hinter seinem Kopf. »Da kommen eure durchscheinenden kleinen Freunde ins Spiel.«

21

Zwei Wochen vor Weihnachten kam Fabian mit den Neuigkeiten, auf die wir gewartet hatten, zu unserem neuen Quartier in einer heruntergekommenen Fabrik am Flussufer geflogen.

»Denise hat die Sprengladungen geholt und ist auf dem Boot.«

»Gott sei Dank ist es ihr gelungen zu entkommen«, keuchte ich. »Wie hat sie das geschafft?«

»Wraith war nicht bereit, sie gehen zu lassen, ganz gleich, welchen Vorwand sie vorbrachte, also hat Denise sich in ein Ebenbild deiner Katze verwandelt und an der Tür miaut, bis einer von ihnen sie schließlich rausließ. Sie hatten keine Ahnung, dass sie es war.«

In Fabians Stimme lag eine gewisse Bewunderung für Denises Gabe, ihre Gestalt zu verändern. Auch mir verschlug diese Fähigkeit noch immer die Sprache, obgleich ich ihr schon mehrere Male dabei zugesehen hatte.

Ian gluckste. »Cleveres Püppchen.«

Ich war zu angespannt, als dass ich zu Denises geschickter Improvisation ebenfalls meinen Senf hätte abgeben können. Bones war unten in dem ehemaligen Heizungsraum in seinen Ketten zusammengesackt, in einen Willenskampf mit einer Kreatur verwickelt, die Tausende Jahre alt sein konnte. Er konzentrierte so viel von seiner Willenskraft auf seinen inneren Kampf, dass er nicht einmal die Energie erübrigen konnte zu stehen. Die fünfzehn Tage, in denen er das jetzt schon tat, ohne sich auch nur einen einzigen Moment Schlaf zu gönnen, hatten einen brutalen Tribut gefordert.

Es hatte mich gequält zuzusehen, wie der Dämon ihn von innen heraus auffraß, ohne dass es mir möglich war, Bones zu helfen, doch endlich konnte ich handeln. Und das keinen Moment zu früh. Selbst in Anbetracht seiner außergewöhnlichen Willenskraft glaubte ich nicht, dass Bones noch länger durchhalten würde.

»Dann lasst uns die Sache ins Rollen bringen«, verkündete ich. »Fabian, du weißt, was zu tun ist. Ian, beschwöre Balchezek. Ich hole Bones.«

Ich ging nach unten, und mein Herz verkrampfte sich, als ich seinen dunkelhaarigen Kopf nach vorn gebeugt auf seiner Brust liegen sah. Seine Augen waren geschlossen, und kein Muskel seiner groß gewachsenen Gestalt regte sich. Ich seufzte innerlich. Er war eingeschlafen. Ich hatte gewusst, dass es bald passieren würde. Es war ohnehin ein Wunder, dass er so lange durchgehalten hatte, besonders da Bones keine Ahnung hatte, dass wir auf ein bestimmtes Datum gewartet hatten, um zu handeln. Wie hätten wir ihm das sagen können, wenn wir damit gleichzeitig auch den Dämon gewarnt hätten? Er hatte gekämpft, ohne dass ein Ende in Sicht gewesen war, und am Ende hatte sein Körper einfach schlappgemacht.

Nun, vielleicht hatten wir Glück und er würde lange genug schlafen, dass wir die Dämonin besiegt hatten, bevor er erwachte und sie die Kontrolle übernahm …

Seine Augen gingen auf, und ich erschrak. Sein unfokussierter Blick kam auf mir zu liegen.

»Kätzchen?«

»Bones?«, entgegnete ich mit demselben Maß an Fragestellung in meiner Stimme.

»Mmm.« Das war seine einzige Reaktion, als wären weitere Worte zu viel für ihn.

War er immer noch er selbst? Vielleicht hatte er die Augen geschlossen, um sich zu konzentrieren; ich hatte schon früher gesehen, wie er das machte. Allerdings hätte es mich in seinem gegenwärtigen Zustand überrascht, wenn es ihm möglich gewesen wäre, die Augen zuzumachen *und* nicht zu schlafen. Oder hatte er geschlafen, und dies war jetzt der Dämon, der vorgab, erschöpft zu sein, damit ich glaubte, Bones habe nach wie vor die Oberhand?

Ich musste auf Nummer sicher gehen. »Was habe ich als Erstes zu dir gesagt, als wir uns kennenlernten?« Die Dämonin hatte vielleicht seinen Körper infiziert, aber Bones hatte bestätigt, dass sie keinen Zugriff auf seine Erinnerungen hatte.

Er antwortete nicht, sondern starrte mich nur weiterhin mit diesem vagen Ausdruck in den Augen an. Ich schüttelte ihn grob an der Schulter, so heftig, dass die Ketten rasselten.

»Komm schon, Bones! Was habe ich als Erstes zu dir gesagt, als wir uns kennenlernten?«

Noch während ich sprach, zog ich meine Waffe. Ich hatte jetzt die ganze Zeit über eine bei mir, in dem Wissen, dass es bloß eine Frage der Zeit war, bis ich auf ihn schießen musste.

»Hallo, Hübscher«, murmelte er. »Lust zu ficken?«

Erleichterung durchflutete mich, und ich schob meine Waffe ins Holster zurück. Das waren die Worte, die ich zu ihm gesagt hatte, als ich noch eine unerfahrene Vampirjägerin gewesen war, die versuchte, Bones nach draußen zu locken, damit ich ihn töten konnte. Was mir an Charme gefehlt hatte, glaubte ich durch Deutlichkeit wettmachen zu können.

»Du musst noch ein bisschen länger durchhalten«, sagte ich zu ihm, während ich anfing, die Ketten zu lösen, die ihn an mehrere Rohrleitungen fesselten. »Wir ziehen um.«

»Kätzchen, ich kann … nicht mehr.«

Die Worte durchschnitten mich wie ein Dutzend Silberklingen. Er klang so furchtbar, dass ich ihn am liebsten in den Armen wiegen wollte, während er drei Tage am Stück durchschlief. Das hier war zu viel. Ich hätte nicht einmal halb so lange durchgehalten. Es war grässlich, noch mehr von ihm zu verlangen, doch obwohl es ungerecht war, musste ich all meine zärtlichen Gefühle beiseiteschieben.

»Du musst aber«, sagte ich scharf. »Hier sind wir nicht sicher, wir müssen verschwinden. Wag es ja nicht einzuschlafen, damit sie uns jetzt angreifen kann. Ich dachte, du liebst mich.«

Ich hasste mich selbst für jedes Wort. Wäre ich Bones gewesen, hätte ich zu mir gesagt, ich solle mich verpissen, um anschließend anzufangen zu schnarchen. Er jedoch schüttelte den Kopf, wie um ihn zu klären, und zwang sich dann irgendwie dazu, trotz der Hunderte Kilo schweren Ketten aufzustehen, die um ihn geschlungen waren.

Niemals würde ich ihn mehr lieben als in diesem Augenblick – oder entschlossener sein, dieses Miststück in ihm zurück in die Hölle zu schicken. »So ist es gut«, fuhr ich fort, während ich mir im Geiste schwor, es wiedergutzumachen. »Bleib wachsam.«

Mir kam weiterhin ein steter Wortstrom über die Lippen, die allenfalls ein Drill Sergeant als aufmunternd betrachtet hätte, während ich die Ketten entfernte, seine Arme jedoch in der Metallversion einer Zwangsjacke vor seine Brust gefesselt ließ. Dann steckte ich ihm Ohrhörer in die Ohren und stülpte ihm nach einer letzten schroffen Ermahnung, ja konzentriert zu bleiben, eine schwarze Kapuze übers Gesicht. *Herzloses Biest, solltest dich was schämen!*, dachte ich, aber wenn die Dinge nach Plan verliefen, würde er heute Nacht frei von dem Dämon sein. Als letzten Schritt meiner Vorbereitung befestigte ich mit Klebeband einen iPod an seinen Ketten und schaltete ihn ein. Laut.

Solchermaßen blind und taub, führte ich ihn die Treppe ins Erdgeschoss hinauf. Es wäre schneller gegangen, wenn ich ihn getragen hätte, doch ein abruptes »Nein«, das unter der Kapuze hervordrang, hielt mich davon ab, als ich mich gerade anschickte, ihn hochzuheben. Wie es schien, überlebte der männliche Stolz selbst einen vierzehntägigen Schlafentzug und den gnadenlosen Ansturm eines Dämons. Das war großartig. Sollte Bones mich ruhig als undankbares Miststück verfluchen, soviel er wollte, wenn ihm das die Kraft gab, die er brauchte, um noch länger durchzuhalten; dann würde ich ihn dabei sogar noch anfeuern.

Ian stand neben einer Reihe blutiger Symbole, Balchezek ihm gegenüber. Zu Füßen des Dämons stand ein Plastikbehälter von der Größe einer Handtasche, den er mit einem Lächeln aufhob.

»In Ordnung, Fangzähne. Schicken wir die Schnepfe in euren Freunden zurück in die Hölle!«

Ganz meine Meinung.

In diesem heruntergekommenen Teil der Stadt tummelten sich nur wenige Leute, was gut war. Falls uns irgendjemand dabei beobachtete, wie wir einen mit Ketten gefesselten Mann mit einer Kapuze über dem Kopf zum Wagen führten, würden sie die Polizei rufen und eine Entführung melden. Doch zum Glück hielt uns niemand auf, als wir in Richtung Ocean Isle Beach davonbrausten, wo in den stürmischen Gewässern der Küste von North Carolina ein Boot auf uns wartete.

22

Wellen ließen unser Speedboat tanzen wie einen Stein, der über einen Weiher hüpft, als wir auf das kleine Boot zujagten, das in der Ferne auf und ab schaukelte. Dank meines übersinnlich verstärkten Sehvermögens machte ich Denises dunkelhaarigen Kopf am Ruder aus; der Wind peitschte ihr Haar, sodass die Strähnen wie medusenartige Tentakel wirkten. Ich bremste unser Gefährt massiv ab, damit nur die Strömung uns leitete. Wir wollten nicht zu dicht heran. Auch Denise machte keine Anstalten, sich uns zu nähern. Sie sorgte dafür, dass ihr Boot dort blieb, wo es war, während sie selbst so reglos wie eine Statue am Steuer stand.

Weniger als eine Stunde später vernahm ich das Brüllen eines weiteren Motors, der sich vom Hafen her näherte. Angesichts der zunehmenden Dunkelheit, der eisigen Temperaturen und der Warnungen für kleinere Boote glaubte ich nicht, dass es sich dabei um eine Familie auf einem Vergnügungsausflug handelte. Ein schnittiges weißes Gefährt pflügte durch das Wasser, hielt auf Denises Boot zu, und die letzten Sonnenstrahlen illuminierten das helle Haar des Vampirs am Ruder.

Eines Vampirs, der eine bestechende Ähnlichkeit mit Bones hatte.

»Wenn du mir entkommen willst, hättest du bar zahlen sollen, anstatt dein Boot mit deiner Kreditkarte zu bezahlen!«, rief Wraith Denise zu. Seine Stimme drang über das Wasser zu uns herüber; sie klang weiblich und wies nicht die geringste Spur eines englischen Akzents auf. Er warf

kaum einen Blick in unsere Richtung, obwohl er uns bemerkt haben musste, da wir weniger als eine Viertelmeile
entfernt dahintrieben. Dass Wraith derart unbekümmert
war, konnte nur bedeuten, dass er nicht allein auf dem Boot
war.

Wie um meine Vermutung zu bestätigen, sah ich als
Nächstes einen blonden Kopf auftauchen, dann drei brünette und schließlich einen rotblonden. Offenbar hatte Wraith
die ganze Mannschaft mitgebracht. Ich hatte ohnehin nicht
angenommen, dass er das Risiko eingehen würde, sie unbe-
aufsichtigt zu lassen, nachdem wir ihm Bones direkt unter
der Nase weggeschnappt hatten. Doch als sich der ägyp-
tische Vampir in unsere Richtung wandte, verkrampfte ich
mich. Aufgrund der Entfernung und der Art und Weise, wie
unsere beiden Boote auf den Wellen tanzten, würde es mir
niemals möglich sein, ihn mit einem sauberen Kopfschuss
zu erwischen, doch Mencheres' Kräfte brauchten keine ruhige Meeresoberfläche und auch nicht weniger Abstand,
um ihre Wirkung zu zeigen.

»Jetzt!«, bellte ich in mein Handy.

Drei Dinge auf einmal geschahen. Geister schossen aus
dem Boden meines Bootes, um sich in so großer Zahl durch
Ian, Bones und mich zu winden, dass unsere Körper von ihren transparenten Formen umschlossen waren. Gleichzeitig klang der schlagartig aufgetretene zermalmende Druck,
den ich an meinem Hals fühlte, zu einem bloßen Würge-
gefühl ab, das zwar unangenehm, aber nicht tödlich war, da
ich nicht zu atmen brauchte.

Und Denises Boot flog mit einer spektakulären Explosion in die Luft.

Das *Kaboom*, gefolgt von Trümmern, die in alle Himmelsrichtungen davonschossen, beanspruchte Wraiths volle Aufmerksamkeit. Er versuchte, mit seinem Boot zu wenden, doch er hatte sich zu nah bei Denises Gefährt befunden, als es hochging. Brennende Wrackteile regneten auf ihn und die anderen Vampire herab; einige Stücke durchschlugen mit ihrer Wucht die Bordseite von Wraiths Boot. Der Druck um meinen Hals nahm sogar noch weiter ab.

»Kätzchen!«, rief Bones, dessen Aura von etwas durchflutet wurde, das sich wie ein Adrenalinschub anfühlte.

Ian riss ihm die Kapuze herunter und begann, die Ketten zu lösen.

»Mach dich bereit. Es wird Zeit, unsere Leute zurückzuholen«, sagte Ian mit grimmiger Zufriedenheit.

Mit einem gleichermaßen unbarmherzigen Grinsen schob ich den Gashebel des Speedboats nach vorn und raste geradewegs auf Wraiths Gefährt zu. Er versuchte weiterhin, die gefährlichen Trümmerteile von seinem Boot zu bekommen, fluchend über den Schaden, den die nahe Explosion angerichtet hatte. Wir waren bloß noch hundert Meter entfernt, bevor Wraith klar zu werden schien, dass wir nicht langsamer wurden.

Durch den nebelhaften Vorhang der Geister, die sich noch immer überall auf mir wanden und dafür sorgten, dass sich mein ganzer Körper wie elektrisch aufgeladen anfühlte, sah ich, wie Begreifen auf Wraiths Gesicht dämmerte.

»Halte sie auf! Töte sie!«, schrie er Mencheres zu. Dann gab er seine Bemühungen auf, klar Schiff zu machen, zog das Boot herum und gab Gas.

Der Motor stotterte; es klang, als hätte sich irgendwas

in den Stahlturbinen verfangen oder als wären sie bei der Explosion beschädigt worden. Unser Boot begann ebenfalls zu schaukeln, doch Fabian und Elisabeth hatten auch eine Menge von ihrer Art mitgebracht. Weitere Geister erschienen, umfingen das Speedboat mit ihren Leibern und fungierten als unternatürlicher Puffer gegen Mencheres' Kraft.

Die Fähigkeiten des einstigen Pharaos waren zwar atemberaubend, funktionierten jedoch nicht bei Wesen aus dem Totenreich. Ich dummes Ding hatte einen Dämon gebraucht, um mich daran zu erinnern. Balchezek und andere mochten sich vielleicht über meine Verbindung zu Geistern lustig machen, doch angesichts des Umstands, dass ihre Leiber als Energiefeld fungierten, um Mencheres' respekteinflößende Kräfte abzuwehren, war es gut, auch unter den Toten Freunde zu haben.

Ian nahm Bones die letzten Ketten ab und warf sie beiseite. »Wenn du ins Wasser eintauchst, schluck genug davon, um deinen Magen einreißen zu lassen, und schluck dann noch mehr«, sagte ich drängend, während ich ihm einen raschen Blick zuwarf. »Das ganze Salzwasser wird es einfacher machen, das Miststück aus dir rauszuzwingen.«

Bones streckte die Hand aus und zog mich an sich, um mir einen stürmischen Kuss zu geben. Noch immer wuselten Geister um uns herum und durch uns hindurch, doch es war die Berührung seiner Hände – die erste seit Wochen –, die meinen Körper vibrieren ließ.

Balchezek schob sich zwischen uns und murmelte: »Dafür ist jetzt keine Zeit.« Ich schaute zu Wraiths Boot hinüber, um zu sehen, wie dicht wir schon dran waren. Er hatte recht.

»Jetzt machen wir dich fertig, Schlampe!«, rief ich dem Dämon zu, der meinen Ehemann und unsere Freunde übernommen hatte. Unser Speedboat krachte gegen Wraiths Boot, bevor meine Worte verklungen waren.

Der Aufprall katapultierte uns aus dem Boot. Bones versank sogleich in den Wellen, aber Ian flog senkrecht nach oben und nahm Balchezek mit sich. Ich hingegen hatte eine andere Absicht. Ich hechtete durch die herabregnenden Trümmer der beiden ruinierten Boote, noch immer von Geistern umschwirrt und entschlossen, mir eine blonde Vampirin zu schnappen, bevor sie ins Wasser stürzte.

»Mencheres!«, brüllte ich, während ich die um sich schlagende Kira in meinem Griff hielt. »Gewinn die Oberhand über die Dämonin in dir, oder ich schwöre, ich werde sie töten!«

Bei diesen Worten rammte ich Kira ein Silbermesser in die Brust, sorgsam darauf bedacht, dass sich die Klinge nah beim Herzen befand, ohne es jedoch tatsächlich zu durchstoßen. Kira erstarrte, als wäre sie blitzgefroren, und stieß einen heiseren Schmerzenslaut aus, den ich über das Zischen und Blubbern der beiden versinkenden Boote hinweg eher spürte als hörte.

Ein schwarzhaariger Kopf durchbrach die Wellen; die strahlend grünen Augen fixierten mich mit einem Blick, der wahrlich furchteinflößend war.

»Wenn du zulässt, dass dieses Miststück mich mit deiner Kraft auch nur bespritzt, stirbt sie«, warnte ich ihn von Neuem und sah wieder zurück zu Mencheres.

Komm schon, drängte ich ihn im Stillen. Aus dem Augenwinkel heraus sah ich, wie Wraith auf den gekenterten Bootsrumpf krabbelte, aber er versuchte nicht, sich einzumischen. Jedenfalls nicht körperlich. Ich konnte die dämonische Energie beinahe spüren, die von ihm ausging und auf Mencheres zuwogte. Der Dämon wollte seine mächtigste Marionette nicht verlieren.

Ein weiterer Vampir sprang aus dem Wasser auf mich zu, doch bevor Spade mich erreichen konnte, fing Ian ihn mitten in der Luft mit einem Angriff ab, der sie beide aus meinem Sichtbereich taumeln ließ.

»Pass auf das Wasser auf!«, schnappte Balchezek, der nicht vor den für ihn schädlichen Auswirkungen des nassen Elements geschützt war, weil er ein leibhaftiger Dämon war und nicht im Körper eines anderen steckte.

Ich wagte nicht, meine Aufmerksamkeit von Mencheres abzuwenden. Um ihn herum knisterten Energieströme, und ich wusste, dass ich einen Kopf kürzer gewesen wäre, wäre die dichte Decke aus Geistern nicht gewesen, die mich wie ein Kokon umschloss.

Ich riss das Messer ein bisschen höher, sodass Kira erneut aufschrie, und etwas in Mencheres' Miene veränderte sich schlagartig. Für einen Sekundenbruchteil glaubte ich, dass nicht einmal die unzähligen Geister mich retten könnten, doch dann fühlte ich, wie er diese tödlichen Energieströme in sich *hineinsog*, anstatt sie nach außen – auf mich – zu schleudern. Wraith stieß ein gequält klingendes Heulen aus.

»Cat.« Mencheres' Stimme war abgehackt. »Ich bin es. Lass sie los.«

»Beweis es. Zwing Spade und Annette unter Wasser und sorg dafür, dass sie so lange Salzwasser trinken, bis sie schier davon überlaufen«, sagte ich.

»Nein!«, rief Wraith, der auf mich zusprang.

Eine Energiewand schleuderte ihn so hart auf die Überreste der Bootshülle zurück, dass die Oberfläche Risse bekam – genauso wie Wraiths Schädel. Blut troff auf die weiße Unterseite des Wracks, bevor es im Ozean verschwand. Wraith stöhnte mit einer schrilleren, femininen Stimme.

Dann hörte ich ein Platschen. Hörte Ian murmeln: »Schön trinken, Leute.« Und ich mutmaßte, dass Spade und Annette gerade unter Wasser gedrückt worden waren. Das waren alles vielversprechende Zeichen, aber ich ließ das Messer dennoch weiter in Kiras Brust gerammt. Der Dämon würde mit aller Macht gegen Mencheres kämpfen, und nichts würde den Vampir mehr dazu motivieren, die Kontrolle zu behalten, als die Angst um das Leben seiner Geliebten.

Natürlich bestand die Gefahr, dass Mencheres mich dafür, Kira verletzt zu haben, dennoch tötete, wenn dies alles vorbei war.

»Bring mich zu ihm … vorsichtig!«, schnappte Balchezek.

Ian schwebte zu der Stelle hinab, wo sich Wraith befand, den Dämon noch immer unter den Arm geklemmt wie einen großen Football. Als Wraith sie entdeckte, versuchte er, ins Meer zurückzugleiten, um zu fliehen.

»Halte ihn ruhig«, wies ich Mencheres knapp an.

Energie schoss vor, nagelte Wraith an den umgedreht im Wasser treibenden Schiffsrumpf. Ian umklammerte Balchezek jetzt an der Taille, sodass der Dämon mit freien Armen über dem gefangenen Vampir baumelte. Balchezek schenkte Wraith ein fröhliches Lächeln, bevor er Wraiths Hemd aufriss und die blasse feste Brust des Vampirs entblößte.

Als Balchezek ein Messer aus seinem Gürtel zog und anfing, Symbole in Wraiths Brust zu ritzen, schrie Wraith etwas in einer Sprache, die ich nicht verstand. Diese Symbole verschwanden durch Sofortheilung nicht gleich wieder, die Wellen schienen sie an Ort und Stelle zu fixieren, schienen die Symbole in seine Haut einzubrennen. Der Dämon war so tief in Wraith verwurzelt, dass dessen offene Wunden auf das Salzwasser in der gleichen Weise reagierten wie ein Vampir auf flüssiges Silber.

»Brennt, nicht wahr?«, merkte Balchezek inmitten des weiblich klingenden Kreischens an, das wie Musik in meinen Ohren war. *Nimm das, Schlampe!* Mir war nach Frohlocken zumute.

»Wie kannst du es wagen, für *die* eine deiner eigenen Art zu verraten?«, knurrte Wraith, diesmal auf Englisch.

Balchezek hielt nicht mit dem Einritzen inne. »Nur die Ruhe. Ich kriege eine Menge Geld dafür. Stell dir das nur mal vor: ein Dämon ohne Gewissen.«

Wieder blitzte sein Messer auf, und Kira erzitterte in meinen Armen. Eigentlich hätte ich gedacht, dass das von den Schmerzen herrührte, die ihr das Messer bereitete, das ich nach wie vor in sie gerammt hatte, doch dann sah ich, dass es Mencheres ebenso erging.

»Fast geschafft«, murmelte Balchezek und ritzte schneller. Kiras Zittern nahm zu, bis ich mich sorgte, dass das Zucken die Schneide des Messers zu dicht an ihr Herz heranbringen würde. Auch bei Mencheres zeigten sich weiterhin dieselben »Symptome«. Das Wasser um ihn herum begann zu schäumen.

»Fast«, sagte Balchezek erneut; das Messer blitzte jetzt so

rasch auf, dass es beinahe zu einem undeutlichen Schemen verschwamm. »Fertig!«, verkündete er.

Dieses einzelne Wort wurde von einer Druckwelle begleitet, die sich stärker anfühlte als die der Explosion, nur dass sich diese hier nicht in mehrere Richtungen gleichzeitig ausbreitete. Diese ganze unsichtbare Energie war auf Wraith gerichtet und sorgte dafür, dass selbst Mencheres' eisenharter Griff, mit dem er Wraith festhielt, nicht verhindern konnte, dass Wraiths Leib unter der Wucht des Ansturms für einen Moment durchgebogen wurde. Einen Augenblick lang glaubte ich, es würde ihn in Stücke reißen.

Dann jedoch verflüchtigte sich diese Energie abrupt. Wraith sackte in sich zusammen, bevor Mencheres' Griff ihn wieder bewegungsunfähig machte. Zwischen den verschiedenen Bootstrümmern, die rings um uns trieben, durchstieß Bones die Oberfläche. Obwohl er immer noch erschöpft wirkte, war das Lächeln, das er mir zuwarf, von grenzenloser Genugtuung erfüllt.

»Sie ist fort«, sagte er nur.

23

Obwohl die Symbole, die Balchezek in Wraiths Brust geritzt hatte, das ursprüngliche Ritual aufhoben und die Dämonenbruchstücke aus allen anderen heraus und wieder in Wraith fahren ließen, tranken Mencheres und Kira trotzdem so viel Salzwasser, dass ein normaler Mensch an Organrupturen gestorben wäre. Das Ziel war, die Körper aller so mit dieser Flüssigkeit zu füllen, dass sie für dämonische

Wiederinbesitznahme nicht infrage kamen, denn noch waren wir nicht fertig.

Denise kam rechtzeitig herübergeschwommen, um von dem jetzt nicht mehr besessenen Spade ungestüm umarmt zu werden. Sie war vom Boot gesprungen, bevor sie es zur Explosion gebracht hatte, doch da sie sich innerhalb des Detonationsradius befunden hatte, war ihr Oberteil zerfetzt, und Platzwunden verzierten ihr Gesicht. Gleichwohl, dank ihres Status als Beinahe-Unsterbliche würden ihre Verletzungen innerhalb weniger Stunden verheilt sein.

Ian hielt noch immer Balchezek in der Luft. Die Haut des Dämons war rot und gereizt von der Gischt des Ozeans, der er nicht gänzlich entgehen konnte, doch er hatte sich nicht nur vom Meer ferngehalten, weil das Salzwasser ihn verbrennen würde. Balchezek riss das Klebeband ab, mit dem der rechteckige Plastikbehälter an seinem Gürtel befestigt war, und öffnete die Verriegelung, um eine große Ratte aus dem Behälter zu ziehen. Der rasende Herzschlag des Nagers war selbst über die Geräusche der Wellen hinweg hörbar.

Balchezek grinste Wraith an. »Schau mal, dein neues Zuhause«, sagte er, während er die Ratte über das gebeutelte Gesicht des Vampirs hielt. Mencheres hielt Wraith noch immer in seinem Energiegriff, raubte Wraith sogar die Fähigkeit zu sprechen.

»Quäl das Geschöpf nicht«, schnappte ich und flog zu ihnen rüber.

Balchezek schnaubte. »Ach, *jetzt* hast du plötzlich Gewissensbisse wegen des Dämons?«

»Ich meinte die Ratte«, sagte ich. »Gib sie mir.«

Balchezek reichte mir den Nager mit einer gemurmelten Bemerkung über fehlgeleitete weibliche Rührseligkeit.

»Wird es den Dämon aus ihm heraus- und in das Vieh zwingen, wenn er genügend Salzwasser trinkt?«, fragte Bones mit einem Nicken in Richtung der Ratte.

Ich schloss kurz die Augen. Ich hatte gehofft, diesen Teil erledigt zu haben, bevor Bones wieder auftauchte, damit er nicht mit hineingezogen wurde, doch diese Möglichkeit war mir verwehrt geblieben.

Und jetzt musste ich ihm die Wahrheit sagen.

»Wraith ist nicht zu retten.« Ich wünschte, er hätte meine Gefühle »anzapfen« können, um zu wissen, wie leid mir das tat, doch diese Möglichkeit funktionierte bloß in umgekehrter Richtung. »Die Dämonin sitzt zu tief in ihm; selbst wenn sie es wollte, könnte sie sich nicht von ihm lösen. Der einzige Weg, sie aus ihm rauszubekommen, besteht darin, ihn zu töten.«

Kummer durchdrang meine Emotionen, vermischt mit einer erschöpften Resignation, die ich hasste, weil ich sie schon zu oft bei Bones gespürt hatte. In der Vergangenheit war das Leben häufig grausam zu ihm gewesen, und wie es schien, war auch Frau Fortuna mit ihren Streichen noch nicht am Ende.

»Das dachte ich mir schon, aber … ich hatte gehofft, es wäre nicht so.«

Diese leisen Worte brachen mir das Herz. Ich ging zu ihm rüber und zog mit grimmiger Entschlossenheit ein Silbermesser hervor. Für Bones und den Mann, der von der Dämonin besessen war, war es besser, wenn das hier schnell ging.

Ich nickte Ian zu. »Jetzt.«

Mit einem Mal ließ sich Ian in den Ozean fallen und zwang Balchezek mit sich runter. Balchezek tauchte bis zur Hüfte ins Wasser ein und schrie, als habe man ihn in Säure geworfen.

»Holt mich hier raus!«

»Nicht so hastig«, sagte ich kühl. »Warum sagst du uns nicht erst einmal den *wahren* Grund dafür, warum du uns geholfen hast, diesem Dämon zu Leibe zu rücken?«

»Weil ihr mich dafür bezahlt, verflucht noch mal!«, donnerte Balchezek; die Worte endeten mit einem weiteren gepeinigten Heulen.

Ich sah gnadenlos zu, wie seine Haut Blasen warf. Das Salzwasser würde ihn zwar nicht umbringen, möglicherweise jedoch den Wunsch in ihm wecken, tot zu sein. »Lügner. Du hast dich verplappert und sie Hazael genannt, obwohl keiner von uns ihren Namen kannte, und du hast behauptet, sie nicht zu kennen, obwohl das offensichtlich der Fall ist. Also, versuchen wir es noch mal. Warum hast du uns wirklich geholfen?«

Balchezek starrte mich finster an; das Wasser um ihn herum sah aus, als würde es kochen. Ich hielt seinem Blick unbeirrt stand. »Nur zu, lass dir Zeit. Es geht doch nichts über ein hübsches abendliches Bad im Meer.«

»Sie ist mein Ticket zu einem besseren Job«, knirschte er schließlich.

Ich hob die Augenbrauen. »Ich dachte, du wolltest Ians Schutz, weil du diesen Job hinschmeißen willst.«

»Um den Rest meines Lebens unter Fangzähnen zu verbringen?« Die Haut in seinem Gesicht fing an aufzuplatzen, aber er lächelte, auch wenn das es noch schlimmer machte.

»Lieber würde ich in diesem Ozean bleiben. Nein, ich verdiene mir meinen Aufstieg in die nächsthöhere Liga. Hazael dingfest zu machen garantiert mir meine Beförderung.«

»Dann wolltest du uns also die ganze Drecksarbeit erledigen lassen, während du dich mit der Beute aus dem Staub machst?« Bones stieß ein verächtliches Schnauben aus. »Du bist wirklich das Letzte. Warum ist Hazael deiner Art so wichtig, dass sie dir eine Beförderung einbringt?«

Ein weiteres groteskes Lächeln. »Kennt ihr die Liste der zehn meistgesuchten Verbrecher? Dämonen haben ihre eigene Version davon, und Hazael steht schon seit über zwei Jahrhunderten darauf. Vermutlich ist das der Grund, warum sie in einen Menschen gefahren ist, um sich zu verstecken. Sie muss gedacht haben, sie hätte den Jackpot geknackt, als ausgerechnet dieser Mensch in einen Vampir verwandelt wurde. Ich sagte euch ja, dass Dämonen die Vampirwelt im Allgemeinen meiden. Doch genauso, wie Gier und Überheblichkeit sie dazu verleitet haben, einen einflussreichen Gefallenen zu töten, muss Hazael es irgendwann leid gewesen sein, ein ruhiges Leben in dem Vampir zu führen, von dem sie Besitz ergriffen hatte. Vielleicht dachte sie, es wäre genügend Zeit vergangen, dass sie es riskieren könne, ihre Macht auszudehnen, ohne erwischt zu werden. Darum zog sie die Sache mit der Simultanbesessenheit durch; sie strebte danach, die Meisterschaft über eure Linie an sich zu reißen. Vermutlich hatte sie sogar noch weiter reichende Pläne, wenn ihr das gelungen wäre.«

Ich nickte Ian zu, der Balchezek aus dem Wasser zog. Seine Kleidung war so weit durchnässt, dass es ihm nicht möglich sein würde, sich in Luft aufzulösen, doch das bedeutete ebenfalls, dass seine Haut nach wie vor wirkte, als wäre sie gekocht worden.

»Ich habe eine gute und eine schlechte Nachricht für dich. Die gute Neuigkeit ist, dass ich unsere Absprache einhalte und dich mit einem dicken Scheck abziehen lasse, weil du uns geholfen hast, Hazael aus unseren Freunden rauszukriegen. Die schlechte Nachricht ist, dass das alles ist, was du bekommst, weil du sie nicht mitnehmen wirst.«

Dann reichte ich Spade die zappelnde Ratte, der den Nager mit angewiderter Miene entgegennahm.

»Ich will, dass du mit diesem Ding mindestens eine Meile weit wegfliegst.«

Spade hatte schon früher mit Dämonen zu tun gehabt, deshalb flog er davon, ohne die Anweisung infrage zu stellen. In der Nähe hielten sich keine weiteren Boote auf, sodass in einigen Sekunden nichts anderes mehr verfügbar sein würde, in das Hazael fahren konnte, sobald sie gezwungen war, Wraith zu verlassen. Ian und ich hatten unsere Schutztätowierungen. Denises Male machten sie für einen Dämon zu verbrannter Erde, und alle anderen Vampire und die Meereslebewesen in der unmittelbaren Nähe waren voller Salzwasser.

Damit gab es nur einen einzigen Ort, an den sich Hazael begeben konnte – geradewegs hinunter in die feurige Grube, und kein Dämon, von dem ich je gehört hatte, ging dort freiwillig hin. Es war der einzige Ort, den jeder Dämon wahrhaftig zu fürchten schien.

Balchezek begann, sich zu winden. »Das könnt ihr mir nicht antun. Ich habe meinem Boss bereits gesagt, dass ich mit ihr zurückkommen werde!«

»Dann hättest du das zu einem Bestandteil unseres Pakts machen sollen, anstatt zu lügen«, entgegnete ich in kühlem Ton. »Du kennst doch das alte Sprichwort: Reg dich nicht über die Konditionen auf, wenn die Rechnung schon überfällig ist.«

Der Dämon warf mir einen grimmigen Blick zu, als ich seine früheren Worte umformulierte, doch dann hörte er auf herumzuzappeln, als Ian das Knochenmesser hervorholte und es dicht vor Balchezeks Augen hielt.

»Bring mich nicht dazu, es zu benutzen. Ich kann dich immer noch ziemlich gut leiden.«

Er starrte mich weiter finster an, hielt jetzt aber die Klappe und fügte sich in sein Los. Ich suchte Bones' Blick und schloss meine Hand fester um das Silbermesser. »Lass mich das erledigen«, sagte ich leise.

Er sah den Vampir an, der sein Bruder war. Wraiths geweitete Augen verrieten mir, dass die Dämonin in seinem Innern mit aller Macht darum kämpfte, sich zu befreien, doch Mencheres' Kraft war zu stark für Hazael. Dem zornigen Geruch nach zu urteilen, der selbst angesichts des Umstands wahrnehmbar war, dass Mencheres im Meer trieb, hatte er offensichtlich nicht die geringsten Schwierigkeiten damit, Wraiths Leben ein Ende zu setzen, wenn das der Dämonin Schaden zufügte, die ihn wochenlang kontrolliert hatte.

Dann sah Bones mich wieder an, und sein Mund zuckte. »Nein, Liebes. Er ist der Letzte meiner Familie. Es ist meine Pflicht, ihm diesen letzten Dienst zu erweisen.«

Er nahm mir das Messer ab und blickte in Wraiths lebendige blaue Augen, als er durch das Wasser zu ihm hinüberwatete und die Klinge dann an Wraiths entblößter Brust ansetzte.

»Falls du mich trotz ihres Einflusses hören kannst, Bruder«, sagte Bones sanft, »sollst du wissen, dass es mir wahrhaftig leidtut, dass ich dich nie wirklich kennenlernen konnte.«

Dann stieß er die Klinge bis zum Heft hinein. Eine feste gründliche Drehung – erst nach links, dann nach rechts – sorgte dafür, dass das Licht in Wraiths Augen erlosch. Ganz langsam begann die Haut des Vampirs zu verschrumpeln, als mit dem wahren Tod der Alterungsprozess einsetzte, der jahrhundertelang hinausgeschoben worden war.

Und unmittelbar danach erfüllte plötzlich ein Brüllen die Luft, das klang, als würde es gleichzeitig von überall und nirgends kommen. Der Wind, der gleichzeitig einsetzte, stank nach Schwefel und blies mir das feuchte Haar aus dem Gesicht. Der Wind gewann an Stärke, peitschte die Wellen zu weißer Gischt und verscheuchte die Geister, die um uns herum verweilten. Der Sturm stach mir in die Augen, und das lauter werdende Kreischen ließ meinen Schädel knattern, aber die Dämonin war noch immer nicht gänzlich erledigt. Druck baute sich auf, bis es sich anfühlte, als würde mein Innerstes von der Belastung platzen.

Doch ich hatte keine Angst. Ich wusste, was das war – Hazaels letzte Momente auf Erden, und ich brüllte mit allem Zorn, der noch in mir war, in diesen verschwimmenden Wirbelsturm hinein.

»Sag der Hölle von mir Hallo, Schlampe!«

Dieses körperlose Heulen schwoll zu einem donnernden Crescendo an, das meine Trommelfelle zerriss. Eine Energiewoge traf mich mit der Wucht einer heranschwingenden Abrissbirne. Dann jedoch, so unvermittelt wie ein Blitz, war da bloß noch Stille. Der Sturm und der Druck verschwanden, die See um uns herum hörte auf zu schäumen, und obgleich ich spürte, wie Blut aus meinen Ohren sickerte, lächelte ich. Meine Trommelfelle würden bald wieder verheilt sein, und der Gedanke daran, was Hazael jetzt durchmachte, verschaffte dem schwachen Schmerz einen süßen Beigeschmack.

Bones schwamm näher, um seine Arme um mich zu schlingen. »Bist du in Ordnung, Kätzchen?«

Seine Stimme in meinen noch immer heilenden Ohren klang undeutlich, doch ich schmiegte mich mit einem tiefgreifenden Gefühl der Erleichterung in seine Arme. Jetzt war alles gut.

»Du kannst Balchezek jetzt loslassen«, erklärte ich Ian. Dann sagte ich zu dem Dämon: »Du bekommst deinen Scheck, sobald ich meinen Ring zurückhabe.«

24

Auf der Rückfahrt zum Haus schlief Bones ein. Er schlief die ganze Nacht durch, während ich beide Häuser von allem befreite, was nach seinem Bruder roch, bis zu dem Läufer, unter dem die Symbole für das Ritual verborgen gewesen waren, das Hazael in mehrere verschiedene Teile aufgespalten hatte. Die anderen waren froh, mir bei diesem Unterfangen helfen zu können, und vor Einbruch der Morgendämmerung waren die einzigen Hinweise darauf, dass

Wraith je hier gewesen war, das mit einem Laken abge-
deckte Porträt des Duke of Rutland und eine Schachtel, in
der sich die Ahnenurkunden der Familie Russel befanden.
Wraiths sterbliche Überreste waren im unteren Bereich des
Hügels vergraben, mit einem Holzkreuz versehen, in das
ein Abwehrzauber eingeritzt war. Das war die beste Methode, die ich kannte, um sicherzustellen, dass er in Frieden ruhte.

Außerdem beantworteten Ian und ich jedermanns Fragen dazu, wie es möglich gewesen war, dass ein Dämon von
ihnen Besitz ergriffen hatte, und warum Ian, Denise und ich
davon unbeschadet geblieben waren. Wir ließen bloß eine
Einzelheit aus, weil ich darauf warten wollte, dass Bones
aufwachte, bevor ich darauf zu sprechen kam. Ich zeigte
ihnen mein neues Abwehrtattoo, das sich an meiner Hüfte
befand, da ich kein Verlangen danach verspürte, noch mal
zu sehen, wie Ian seine Hose runterließ. Obgleich das Risiko, dass noch irgendwelche anderen in Vampire verwandelten besessenen Menschen in unserer Blutlinie Chaos und
Verwüstung anrichteten, unberechenbar gering war, wusste ich, dass in der nahen Zukunft auch alle anderen solche
Abwehrtätowierungen haben würden. Vorsicht ist schließlich die Mutter der Porzellankiste.

Dann, kurz nach Einbruch der Dämmerung, fiel ich neben meinem Mann ins Bett. Bones regte sich nicht, doch um
ihn herum kräuselten sich Energietentakel, die verrieten,
dass sich ein Teil von ihm meiner Gegenwart bewusst war,
selbst wenn der Rest von ihm in anderen Sphären weilte.
Ich rechnete nicht damit, dass er vor dem nächsten Abend
aufwachen würde, weshalb es mich überraschte, als ich nur

wenige Stunden später von Bones' erhobener Stimme geweckt wurde.

»... erklär mir gefälligst, *wie* du mir so etwas verschweigen konntest!«

Oh-oh. Ich eilte nach unten, um Annette auf dem Sofa sitzend vorzufinden, während Bones vor ihr hin und her tigerte. Sie trug ein Nachthemd, und er hatte noch immer dieselben von Salzwasser steifen Klamotten an, in denen er eingeschlafen war, was bedeutete, dass Bones aufgewacht sein musste, um sie anschließend sofort aus dem Bett zu zerren. In Anbetracht des Themas konnte ich ihm seine Ungeduld nicht verübeln.

»Du wusstest, dass ich einen Bruder habe.« Sein Finger stach in ihre Richtung, während er sprach. »Du wusstest es, weil du ihn in einen Vampir verwandelt hast; anderenfalls hätte sich Wraiths Dämon nicht zuerst in dir ausbreiten können. Deshalb frage ich dich nochmals, warum du mir das in den zweihundertzwanzig Jahren, die wir einander schon kennen, nie offenbart hast!«

Ich war nicht die Einzige, die von Bones' schneidender Stimme geweckt worden war. Ian kam ins Wohnzimmer, und hinter der Tür von Spade und Denise vernahm ich leises Gemurmel. Kira und Mencheres waren drüben im Gästehaus, doch wenn Bones so weitermachte, würde er sie ebenfalls wach machen.

Annette nahm einen tiefen Atemzug; ein gequältes Zucken huschte über ihre Züge. »Weil ich, als ich noch ein Mensch war, einen Schwur geleistet habe, dass ich dir niemals etwas von der Familie deines Vaters erzählen würde.«

Sein Blick war härter als Feuerstein. »Wem hast du diesen Schwur geleistet? Wer war diese Person, die du mehr schätzt als alles, was ich je für dich getan habe?«

Sie begegnete seinem Blick. »Es war Lucille, die Halbcousine deiner Mutter … und die Puffmutter des Bordells, in dem du aufgewachsen bist.«

Meine Augen wurden groß. Dem zufolge, was Bones mir vor Jahren erzählt hatte, war Lucille außerdem diejenige, die dafür verantwortlich gewesen war, dass er mit siebzehn zum Gigolo geworden war.

»Seine Cousine zweiten Grades war sowohl Bones' Zuhälterin als auch die seiner Mutter?«, fragte ich Annette ungläubig.

»Bei dir klingt das so geschmacklos«, murmelte Annette. »Du hast keine Ahnung, wie es war, im 17. Jahrhundert arm zu sein. Es gab keine Sozialhilfe, keine Essensmarken und keine Möglichkeit, es zu etwas zu bringen. Als Penelopes Vater das Geld des Duke of Rutland nahm und sie dann auf die Straße setzte, war Lucille die Einzige, die sich ihrer annahm. Konnte sie etwas dafür, dass die einzige Möglichkeit, die sie hatte, um Penelope zu helfen, darin bestand, ihr dieselbe Beschäftigung anzubieten, der sie selbst auch nachging? Genauso verhielt es sich, als Crispin älter wurde.«

»Pass auf, in welchem Ton du mit meiner Frau sprichst«, sagte Bones scharf, doch ich spürte die Emotionen, die in ihm aufstiegen. Schmerzliche Erinnerungsfetzen verrieten mir, dass Annettes düstere Einschätzung korrekt war. Das, was von meinem modernen privilegierten Standpunkt aus wie Kälte klang, mochte damals womöglich Güte gewesen sein.

»All das habe ich in Erfahrung gebracht, nachdem du wegen Diebstahls verhaftet wurdest«, fuhr Annette fort; jetzt klang ihre Stimme heiser. »Lucille war gewiss alles andere als fehlerlos, aber sie hat dich geliebt. Außerdem wusste sie um meine Zuneigung zu dir, deshalb kam sie zu mir, erzählte mir die Geschichte von deiner Abstammung und flehte mich an, mich wegen deiner Zwangslage mit dem Duke of Rutland in Verbindung zu setzen. Er hatte niemals bestritten, der Vater von Penelopes Baby zu sein, deshalb dachte Lucille, er würde vielleicht zu deinen Gunsten eingreifen. Täte er das nicht, würdest du mit Sicherheit hängen.«

Annette schloss die Augen und fuhr sich mit einer Hand durch ihr rotblondes Haar. »Ich arrangierte eine private Audienz beim Herzog, auch wenn ich gestehen muss, dass ich mich fragte, ob Lucille den Verstand verloren hatte. Das änderte sich in dem Moment, in dem er in den Raum kam. Du hast das Porträt gesehen, Crispin, also weißt du, wie sehr du ihm ähnelst. Ich legte ihm dein Dilemma dar und flehte ihn an, beim Richter ein gutes Wort für dich einzulegen, aber er lehnte ab. Er sagte, er habe bloß einen einzigen Sohn, seinen neuen rechtmäßigen Erben, und dann ließ er mich hinausbegleiten.«

Jetzt verstand ich, warum Annette Bones diesen Teil seiner Geschichte nie hatte erzählen wollen. Mein Dad war auch ein Arschloch, und obgleich ich niemandem ein gutes Verhältnis zu seinem Vater missgönne, überkommt mich manchmal ein wehmütiges Gefühl des Verlusts, wenn ich andere von einem Band sprechen höre, das ich selbst niemals kannte.

Annette wandte den Blick ab. »Du weißt ja bereits, dass ich den Richter selbst aufgesucht und ihn dazu überredet habe, dich in die Kolonien zu schicken, anstatt dich zum Tod durch den Strang zu verurteilen. Als ich zu Lucille zurückging und sie über alles informierte, ließ sie mich schwören, dass ich, solltest du jemals zurückkehren, dir niemals etwas von der Identität deines Vaters erzählen würde, oder darüber, was er dir angetan hat. Und so schwor ich bei deinem Leben, das nicht zu tun.« Eine Träne rann ihre Wange hinab. »Nichts anderes hätte mich dazu gebracht, dieses Versprechen so lange Zeit zu halten, Crispin.«

Jetzt konnte ich nichts mehr von Bones wahrnehmen. Er hatte seine Gefühle hinter einer undurchdringlichen Mauer verborgen. »Was ist mit Wraith?«

Sie seufzte. »In den fast zwanzig Jahren, die du fort warst, behielt ich ihn im Auge. Er schien ein anständiger Bursche zu sein. Dann, ein paar Jahre, nachdem du festgenommen wurdest, kam mir zu Ohren, dass er einer geheimen Sekte von Adeligen angehörte, die danach strebte, durch Okkultismus mehr Macht zu bekommen. Ich kehrte nach London zurück und stellte fest, dass das die Wahrheit war. Mittlerweile war dein Vater tot, ebenso wie der jüngere Bruder des Herzogs und Wraiths Mutter, sodass er außer dir keine Familie mehr hatte. Ich dachte … Ich dachte, dass sich Wraith möglicherweise zugunsten untoter Kräfte vom Okkulten abwenden würde, wenn ich ihn über uns Vampire ins Bild setzte. Also zeigte ich ihm, was ich bin, und erzählte ihm von dir. Er schien schrecklich aufgeregt zu sein und war entschlossen, dir als neuer Vampir gegenüberzutreten. Erst jetzt wird mir klar, dass ich damals womöglich mit dem Dämon gesprochen habe, nicht mit ihm.«

»Und dann hast du ihn verwandelt.« Bones' Stimme klang flach.

»Ja«, sagte sie und suchte wieder seinen Blick. »Nachdem er den Blutwahn überstanden hatte, wollte ich ihn dir eigentlich als Geburtstagsgeschenk präsentieren und vorgeben, zufällig auf eure familiäre Verbindung gestoßen zu sein, als ich seinen wahren Namen hörte. Doch als ich an jenem Tag bei seinem Haus eintraf, fand ich bloß eine Notiz, aus der hervorging, dass er nicht ertragen könne, was aus ihm geworden war, und er seinem Leben ein Ende setzen wolle. Ich suchte das Grundstück ab und entdeckte einen verbrannten Leichnam mit einem Silbermesser in der Brust. Ich glaubte, dass es sich um seine Leiche handelte, und hatte das Gefühl, das sei meine Strafe dafür, dass ich die Absicht hatte, den Schwur zu brechen, den ich Lucille gegeben hatte, dir nichts von der Familie deines Vaters zu erzählen.«

Annette stieß ein knappes Lachen aus. »Zweihundert Jahre später bekam ich einen Anruf von einem Mann, der behauptete, Wraith zu sein, und sagte, er wäre gewillt, seinen Bruder an seinem Geburtstag kennenzulernen, quasi als Geschenk. Ich glaubte ihm nicht, aber ich hatte niemandem von ihm erzählt. Deshalb wartete ich im Hotel, anstatt mit Ian und den anderen zusammen herzufahren, und … nun, was dann passiert ist, wisst ihr ja.«

Ja. Hazael tauchte auf, die sich in Wraiths Körper eingenistet hatte wie in einem Trojanischen Pferd, und ließ Annette so stark ausbluten, dass es ihr gelang, Annette den ersten Besessenheitssplitter der Dämonin einzupflanzen. Wäre Ians Geilheit nicht gewesen, hätten wir nie erfahren, dass Annette angegriffen worden war, und dann hätte ich wesentlich weniger Grund dafür gehabt, Wraith gegenüber anfangs misstrauisch zu sein.

»Ich erwarte nicht, dass du mir vergibst, Crispin«, sagte Annette, die ihre Tränen fortwischte. Ihre Stimme wurde barsch. »Ich erwarte eine Bestrafung.«

Ich persönlich fand, dass Annette schon genügend damit gestraft gewesen war, diese Geheimnisse über zweihundert Jahre lang für sich zu behalten. Alle Sünden, derer sie sich schuldig gemacht hatte, waren aus Liebe und ihrem eigenen Ehrgefühl heraus begangen worden, das vielleicht nicht das gleiche war wie das meine, aber dafür nicht minder aufrichtig. Allerdings war ich nicht ihr Meister, deshalb lag diese Entscheidung nicht bei mir.

Bones' Mund zuckte. »Was soll ich jetzt tun? Dich schlagen? Dich aus meiner Linie verbannen? Angesichts deines Wissens um meine Vergangenheit und meine Familie bist du das einzige Bindeglied, das ich noch zu dieser Vergangenheit habe.«

»Eigentlich«, sagte Ian, der zum ersten Mal das Wort ergriff, seit er den Raum betreten hatte, »stimmt das nicht ganz.«

Epilog

Heiligabend

Wegen der zusätzlichen Gedecke, die ich auf meinem Tisch im Esszimmer ausgelegt hatte, mussten wir uns dicht zusammendrängen, um Platz für alle zu schaffen. Nur eine der elf Personen hier aß, um sich davon zu ernähren, aber auf dem Tisch türmten sich dennoch die traditionellen Weihnachtsgerichte, und alle materiell Anwesenden taten zumindest so, als hätten sie Hunger darauf.

Bones schnitt den Truthahn an, während wir anderen Beilagen auf unsere Teller häuften. Eigentlich hätte es mir Spaß gemacht zu kochen, doch seltsamerweise – und ich weigere mich zu argwöhnen, dass das womöglich etwas mit meinen Kochkünsten zu tun hatte – hatten alle darauf bestanden, etwas zum Essen beizusteuern. Bones hatte den Truthahn gebraten; von Kira war die Soße; Denise hatte die Pasteten gemacht. Mencheres hatte einen orientalischen Nachtisch zubereitet; Spade steuerte den Kartoffelbrei bei; Annette hatte die Süßkartoffeln kandiert; meine Mutter buk die Grüne-Bohnen-Kasserolle, und Ian brachte den Wein mit.

Die Abwesenheit einer Person fiel mir heute ganz besonders auf. Zwischen meinem Onkel und mir herrschte nach wie vor Funkstille, aber ich war froh, dass meine Mutter hier war und Soße auf ihren Teller löffelte, bevor sie die Sauciere an Denise weiterreichte. Fabian und Elisabeth waren ebenfalls zugegen und schwebten über den beiden Stühlen, die wir für sie frei gelassen hatten. Immerhin waren sie mir genauso wichtig wie alle anderen am Tisch. Sie nahmen bloß nicht so viel körperlichen Raum ein.

Ich stieß mein Weinglas mit einer Gabel an; das klirrende Geräusch zog jedermanns Aufmerksamkeit auf sich. »Ich würde gern einen Toast ausbringen«, sagte ich, während ich mein Glas hob. »Auf die Familie, ganz gleich, ob durch Blut oder durch Liebe miteinander verbunden; ohne sie wären wir alle nicht die, die wir sind.«

Mehrere Gläser stießen gegeneinander, doch bevor ich wieder Platz nehmen konnte, ergriff Ian das Wort.

»Noch ein Toast, diesmal auf den ehrenwerten Viscount Maynard. Obgleich du dich als ausgemachter Drecksack erwiesen hast, der seiner eigenen Schwester Penelope nicht half, als sie von ihrem Vater rausgeworfen wurde, warst du zumindest ein geiler Bock, der das Serviermädchen geknattert hat, anderenfalls wäre ich jetzt nicht auf der Welt.«

»Hört, hört«, sagte Bones grinsend, als er mit Ian anstieß.

Jetzt wusste ich, warum Ian so geschockt gewirkt hatte, als Bones preisgab, dass seine Mutter in Wahrheit Penelope Maynard gewesen war, die Tochter des Viscounts. Ian war der uneheliche Sohn des jüngeren Viscounts Maynard, sodass er mit diesem Nachnamen fraglos einiges anzufangen wusste. Nachdem Penelope von ihrer Familie vor die Tür gesetzt worden war, hatte sie anscheinend den Nachnamen ihres einstigen Geliebten angenommen, sodass Bones als Crispin Phillip Arthur Russel der Dritte aufwuchs – mit jenem Namen, der ihn für die wenigen Leute, die ihn unter diesem Namen kannten, als erstgeborenen Sohn des Duke of Rutland auswies. Penelope hatte Bones vielleicht nichts von seinem leiblichen Vater erzählt, doch sie hatte ihm einen Hinweis darauf hinterlassen, der erst zweihundert Jahre später enträtselt worden war.

Manchmal war das Leben ausgesprochen hart, aber nicht jeder angeschnittene Ball, den es einem zuwarf, war schlecht. Typisches Beispiel: Immerhin verbrachte Bones die Ferien mit seiner Familie. Und dass diese Familie nun ausgerechnet aus einem verkommenen, selbstverliebten Vampir bestand, der mich regelmäßig zu Tode ärgerte … Tja, nun. Man kann sich eben bloß seine Freunde aussuchen, nicht seine Familie, und durch meine Heirat mit Bones gehörte Ian jetzt auch zu meiner Familie. Ich bin mir sicher, dass das Karma war, das mir in den Hintern biss, aber ich würde schon damit klarkommen. Mit Bones an meiner Seite konnte ich mit *allem* klarkommen.

Ich stieß mein Glas mit einem reumütigen Grinsen gegen das von Ian. »Fröhliche Weihnachten, Cousin.«

Er blinzelte. »Jetzt wirst du mich nie wieder los, Gevatterin.«

Vermutlich stimmte das sogar. Und da sich herausgestellt hatte, dass wir verwandt waren, hatte ich mich verpflichtet gefühlt, Ian ein Weihnachtsgeschenk zu besorgen. Unter dem Christbaum lag ein Stück Kohle in einer prächtig umwickelten Schachtel, auf der in großen Blockbuchstaben sein Name stand.

Ian mochte vielleicht zur Familie gehören, doch das änderte nichts daran, dass er dieses Jahr ein *sehr* unartiger Junge gewesen war.

Rache ist bitter

Prolog ────────────────

Eric Greenville schluckte den Rest seines Biers und stellte die leere Flasche dann auf den Bürgersteig. *Ist doch nicht meine Schuld, dass kein Abfalleimer in der Nähe ist,* dachte er, ohne auf den finsteren Blick zu achten, den der Fremdenführer ihm zuwarf. Die Brünette weiter rechts von ihm schien kein Problem damit zu haben. Sie lächelte ihn auf eine Art und Weise an, die dafür sorgte, dass er froh darüber war, seinen Kumpels abgesagt zu haben, um an dieser dämlichen Spukhaustour teilzunehmen.

»… befindet sich vor uns das LaLaurie-Haus«, fuhr der Fremdenführer fort, während er auf das große graue Bauwerk an der Ecke der Royal Street wies. »Hierbei handelt es sich angeblich um einen der spukaktivsten Orte im gesamten French Quarter. Hier wurden Mitte des 18. Jahrhunderts von Dr. Louis LaLaurie und seiner Frau Delphine unzählige Sklaven gefoltert und ermordet …«

Eric schob sich näher an die scharfe Brünette heran, die dem Führer genauso wenig Aufmerksamkeit zu schenken schien wie er. Sie war schlank, so wie er es mochte, und obwohl ihre Titten nicht sonderlich groß waren, hatte sie klasse Beine und einen netten Arsch. Und als er nun darauf achtete, fiel ihm auf, dass sie ebenfalls ein hübsches Gesicht hatte.

»Hey. Ich bin Eric. Und wie heißen Sie?«, fragte er, gegen

seine undeutliche Aussprache ankämpfend. *Lächle. Wirke interessant.*

»Wo sind Ihre Freunde?«, fragte sie. Sie hatte einen französisch klingenden Akzent, und das war eine seltsame Frage. Doch sie lächelte, als sie sie stellte, und ihre Augen glitten auf eine Art und Weise über ihn hinweg, dass sein Schwanz in Habachtstellung ging.

»Die sind im *Pat O'Brien's*«, sagte Eric, ein wenig wankend. Der Führer starrte ihn jetzt demonstrativer an, während er weiter über die medizinischen Experimente der La-Lauries an ihren Sklaven und anderen verrückten ekelhaften Scheiß laberte, den er sich nicht anhören wollte. »Haben Sie Lust, irgendwo was zu trinken?«

Die Brünette kam näher, bis sie direkt neben ihm stand und ihre Nippel praktisch seine Brust streiften. »Ich bin in der Stimmung für mehr als einen Drink. Du nicht?«

Oh, doch. In seiner Hose regte sich beträchtlich was. »Baby, so sehr, dass du es nicht glauben würdest.«

Eric schaute sich um und stellte fest, dass einige Leute ihn ansahen. Okay, das hatte er ein bisschen zu laut gesagt.

»Ich habe ein Zimmer im *Dauphine*«, versuchte er es von Neuem, leiser. »Da könnten wir hingehen …«

»Zu mir ist es näher«, unterbrach sie ihn und nahm seine Hand. Noch dazu mit festem Griff. »Komm mit mir.«

Sie führte ihn die Straße hinunter, schlängelte sich an Leuten vorbei und warf ihm immer wieder über die Schulter dieses Fick-mich-Lächeln zu. Eric war begeistert. Er war schon seit drei Tagen hier und hatte bislang noch nichts flachgelegt. Es wurde höchste Zeit, dass er auf dieser Reise einen wegsteckte.

Das Mädchen geleitete ihn durch eine Gasse; sie ging genauso schnell wie zuvor, auch wenn es ihm schwerfiel zu sehen, wo sie hinwollte. Er stolperte über irgendwas – vermutlich über eine Flasche –, doch sie zerrte just in diesem Moment an seinem Arm und hielt ihn so auf den Beinen.

»Hey.« Er grinste. »Gute Reflexe.«

Sie murmelte etwas, das er nicht verstand, und das nicht bloß, weil er betrunken war.

»Ist das Französisch?«, fragte Eric.

Ihr dunkles Haar schwang herum, als sie sich zu ihm umdrehte. »*Oui.* Ja.«

»Cool.«

Sie führte ihn eine Feuertreppe am Ende der Gasse hinauf, öffnete eine unverschlossene Tür auf dem Absatz und drängte ihn hinein. Die Lampen – wo immer die sein mochten – waren ausgeschaltet, aber das hier musste ihre Wohnung sein. Sie verriegelte die Tür hinter ihm, und dann wurde ihr Lächeln breiter.

»Ich werde dich fressen«, sagte sie mit einem sinnlichen Schnurren, das seinen Schwanz noch härter werden ließ.

Eric packte sie und knetete ihren wunderschönen Arsch, während er sie küsste. Sie öffnete ihren Mund, um seine Zunge ihren Rachen erkunden zu lassen, während er sich gegen sie presste. *Der Präser ist in meiner Gesäßtasche*, ermahnte Eric sich. *'ne Schnecke, die so leicht zu haben ist, hat vielleicht irgendwas Ansteckendes.*

Sie schlang ihre Arme um seinen Hals und hielt ihn so fest, als hätte sie es wirklich dringend nötig. Eric fummelte vorn an seiner Hose herum. *Gleich hier, gleich jetzt* war auch ganz in seinem Sinne.

Er hatte den Reißverschluss seiner Hose geöffnet und seine Hände unter ihren kurzen Rock geschoben, als sich ihre Zähne um seine Zunge schlossen. Und sie ihren Kopf ruckartig zurückkriss.

Eric schrie, starrte entsetzt auf das Blut rings um ihren Mund, während sie ihn wieder anlächelte. Seine Zunge brannte, als stünde sie in Flammen.

»Verrückte Schlampe«, wollte er sagen, doch das, was ihm über die Lippen kam, klang eher wie »werrüggde 'lambe«. Noch immer strömte Blut aus seiner Zunge, und als er nach seiner Zungenspitze tastete … war da keine mehr.

»Du verdammte Nutte!«, brüllte Eric, ohne sich darum zu scheren, ob sie die verstümmelten Worte verstand oder nicht. Seine Faust fuhr in die Höhe – und dann stürzte er, sich überschlagend, in die Tiefe, bis er mit einem dumpfen Aufschlag unten zu liegen kam; er fühlte sich, als habe ihm jemand den Schädel gespalten.

Einen Moment lang lag Eric benommen da. *Stufen,* dämmerte es ihm. *Die Schlampe hat mich eine Treppe runtergeschubst.* Er spürte, wie sich der erste Anflug von Furcht unter seinen Zorn mischte.

In dem Raum flammte flackernd eine Lampe auf, und Eric zuckte zusammen, für einen Augenblick geblendet von der Helligkeit, bevor sich sein Blick wieder schärfte.

Da war ein großer dünner Mann, der über eine Schaufensterpuppe gebeugt stand. Er sah aus, als würde er sie zusammensetzen, da ein Bein neben dem Mann auf dem Boden lag und ein Arm in zwei Teilen ein Stück weiter weg. Dann drehte die Schaufensterpuppe den Kopf. Ihre Augen blinzelten, ihr Mund öffnete sich …

Eric schrie, versuchte sich aufzurappeln, auf die Füße zu kommen, doch ein sengender Schmerz in seinem Bein hinderte ihn daran. Der große Mann ignorierte Erics Schreie und dessen panische Bemühungen zurückzuweichen, als er einen fragenden Blick die Treppe hochwarf.

»*Mon amour.* Ich habe mir schon Sorgen gemacht.«

Am oberen Ende der Stiege tauchte das Mädchen auf. »Warum? Niemand weiß, dass wir hier sind.«

Es gelang Eric aufzustehen. Quälende Pein schoss sein Bein hinauf, obwohl er den Großteil seines Gewichts auf das andere verlagert hatte.

»Rührt mich verflucht noch mal nicht an, ihr Freaks«, keuchte er, während er sich nach etwas – nach irgendetwas – umsah, das er dazu verwenden konnte, sie sich vom Leib zu halten.

Das Mädchen lächelte, als es die Treppe runterkam. Dank seines Blutes, das noch immer um ihren Mund herum verschmiert war, wirkte das Lächeln eher wie ein abscheuliches Grinsen.

»Dich anrühren? *Mon cher*, ich sagte es dir doch bereits: Ich werde dich fressen.«

I

Bones würdigte seine Umgebung keines Blickes, als er mit schnellen, ausladenden Schritten durch die Straßen des French Quarter marschierte. Gerüche stürmten auf ihn ein; unzählige Parfüms, Körpergeruch von Menschen, die es mit der Hygiene offenbar nicht so genau nahmen, Essen, das gerade zubereitet wurde – oder im Müll verfaulte. Jahrhunderte der Dekadenz hatten diesem Viertel einen ureigenen, allgegenwärtigen Gestank verliehen, den kein Vampir vollends ignorieren konnte.

Diese üblen Gerüche wurden durch nicht weniger lästige Geräusche ergänzt. Musik, Gelächter, Rufe und Unterhaltungen vermischten sich zu einem steten weißen Rauschen.

Als er um eine Ecke bog, fragte Bones sich von Neuem, warum Marie ihn gerufen hatte. Er hätte nicht zu ihr zu gehen brauchen; er gehörte nicht ihrer Blutlinie an, weshalb er ihr auch keine Treue schuldete. Doch wenn die Königin von New Orleans ihn sehen wollte, kam Bones der Einladung selbstverständlich nach. Zum einen, weil er Marie respektierte. Und zum anderen, weil er davon ausging, dass sein Kopf nicht mehr lange das Vergnügen haben würde, auf seinen Schultern zu sitzen, wenn er sie versetzte.

Er war gerade um eine weitere Ecke gebogen, als sein Instinkt ihm sagte, dass er beobachtet wurde. Er sprang abrupt zur Seite – und spürte in der nächsten Sekunde, wie siedender Schmerz gegen seinen Rücken krachte. Bones wirbelte herum und stieß Leute um, als er auf die nächstbeste Tür zuhastete. Den Rücken sicher gegen eine Wand gedrückt und den einzigen Eingang direkt im Blick, schaute Bones auf seine Brust hinab.

Ein Pfeil ragte daraus hervor, dessen breite Spitze dort, wo er seine Brust durchbohrt hatte, auf drei Seiten mit Widerhaken versehen war. Der Pfeilschaft lugte noch immer aus seinem Rücken. Er berührte die blutige Spitze und fluchte.

Silber. Fünf Zentimeter tiefer, und das Ding wäre geradewegs durch sein Herz gegangen, um seinem Leben auf sehr nachhaltige Art und Weise ein Ende zu bereiten.

»Hey, Kumpel«, rief jemand. »Alles in Ordnung?«

»Alles bestens«, stieß Bones hervor. Er sah, dass er in eine Bar gestolpert war. Die Gäste glotzten seine Brust an. Er hielt gerade lange genug inne, um den Pfeil aus seiner Brust zu ziehen, bevor er wieder zur Tür hinauseilte, in solchem Tempo, dass er für die Schaulustigen in der Bar allenfalls als vager Schemen erkennbar war. Allerdings machte er sich deswegen keine Sorgen. Seine Aufmerksamkeit war darauf gerichtet, den zu finden, der diesen individuell gefertigten Pfeil auf ihn abgefeuert hatte. Dem Winkel nach zu urteilen, in dem ihn das Ding erwischt hatte, war er von oben abgeschossen worden.

Ein senkrechter Sprung brachte ihn auf das Dach der Bar, wo er sich von Neuem hinkauerte, während er die nahe gelegenen Gebäude mit seinen Blicken absuchte. Nichts. Bones lief zwei Blocks weit über die Hausdächer, bis er sicher war, dass er dort stand, wo sich der Bogenschütze befunden hatte. Eine schwache nachhallende Energie hing in der Luft, die das bestätigte, was Bones bereits vermutet hatte: Wer auch immer diesen Pfeil abgefeuert hatte – es war kein Mensch.

Er nahm sich noch einen Moment Zeit, um sich einen Überblick über die Dächer ringsum zu verschaffen, doch es war niemand zu sehen. Er oder sie war schnell; von dem Moment, in dem der Pfeil auf ihn abgeschossen wurde, bis zu dem, an dem Bones an der Stelle stand, an der der Möchtegernkiller gehockt hatte, war weniger als eine Minute vergangen. Das war kein Amateur gewesen. Und um wen auch immer es sich handeln mochte, er (oder sie) hatte rasch von Bones' Anwesenheit im Viertel erfahren. Er war erst letzte Nacht hier eingetroffen.

Bones zuckte innerlich die Schultern, als er runter auf die Straße sprang, jetzt zwar mehr darauf bedacht, in einer Menschenmenge unterzutauchen, doch nicht im Mindesten bereit, seine Verabredung sausen zu lassen. Er war schon einmal gestorben. Anschließend verlor der Tod definitiv etwas von seiner Schärfe.

Bones wartete draußen vor dem schmiedeeisernen Tor des St.-Louis-Friedhofs Nr. 1. Er stand mit dem Rücken am Torpfosten und behielt die Dächer im Auge, bereit, beim geringsten Hinweis auf Bewegung aktiv zu werden.

Geister bevölkerten den Friedhof und die umliegenden Straßen wie spektrale Spinnweben. Bones achtete nicht auf sie, obgleich sie ebenso lärmend und lästig sein konnten wie Touristen. New Orleans war so ziemlich der letzte Ort auf Erden, an dem irgendjemand in Frieden ruhen konnte, seien es nun die Lebenden oder die Toten.

Es dauerte kaum fünf Minuten, bis ein riesiger Mann auf ihn zukam. Seine Aura verriet ihn als Ghul, auch wenn er nicht wie die Hollywood-Interpretation dieser Spezies aussah. Nein, er hatte glatte braune Haut, einen kahlen Schädel und eine fassartige Brust, der Inbegriff von Gesundheit und Vitalität – mal abgesehen von seinem Gang, dem eine merkliche Unbeholfenheit anhaftete, die im Widerspruch zur für gewöhnlich anmutigen Gangart der Untoten stand.

»Bones«, begrüßte ihn der Mann.

Es war zwar schon Jahrzehnte her, aber Bones erinnerte sich an seinen Namen. »Jelani.« Er nickte. »Ich bin auf Bitten Ihrer Majestät hier, um sie zu treffen.«

Jelani vollführte eine einladende Handbewegung. »Folge mir.«

Das Mondlicht spiegelte sich auf Jelanis schwarzen Handschuhen, deren Form zu perfekt und zu steif war. Prothesen. Seine beiden Beine unterhalb der Knie fehlten ebenfalls. Bones hatte keine Ahnung, wie Jelani seine Arme und Beine verloren hatte, aber er wusste, dass es passiert war, bevor Jelani zum Ghul wurde. Das Einzige, was nicht nachwuchs, wenn man es einem Vampir oder einem Ghul abtrennte, war der Kopf.

Was er hingegen nicht wusste, war, warum sie sich vom Friedhof entfernten, anstatt durchs Tor zu gehen.

»Du hast dich doch nicht verlaufen, oder, Kumpel?«, fragte Bones mit kühler Freundlichkeit. Er hatte schon zuvor Audienzen bei Marie wahrgenommen, die stets unter dem Friedhof stattfanden, genau dort, wo sich ihr leeres Grab befand. Wenn schon sonst nichts, so hatte Marie Laveau doch zumindest Sinn für Ironie.

Jelani drehte sich halb um, verlangsamte sein Tempo jedoch nicht. »Falls du Angst hast, mir zu folgen, steht es dir natürlich frei zu verschwinden.«

Als Bones stehen blieb, entfleuchte ihm ein Schnauben. »Hältst du mich etwa für beschränkt? Dann liegst du verdammt falsch. Vor einer halben Stunde hat jemand einen ziemlich ernsten Versuch unternommen, mich zu töten, und nun willst du, dass ich mich nicht am üblichen Ort mit Ihrer Majestät treffe. Sag mir, warum, oder ich *werde* verschwinden, und dann kannst du ihr erklären, warum du glaubtest, es sei unter deiner Würde, das zu verhindern.«

Jelani hielt inne, sein Gesicht noch immer im Profil. »Ihre Majestät ist nicht hier. Sie bat mich, an ihrer statt mit dir zu reden.«

Bones' Augenbrauen glitten in die Höhe. Marie war dafür berüchtigt, sich selbst um Gesuche, Drohungen oder Bestrafungen zu kümmern, und dennoch schickte sie ihren Lakaien Jelani? Das stachelte seine Neugierde herauszufinden, worum es hierbei eigentlich ging, nur noch mehr an.

»Also, gut«, sagte Bones. »Nach dir.«

Jelani führte ihn zu *Lafitte's Blacksmith House*, der ältesten Bar im Viertel. Bones bestellte sich einen Whiskey pur. Der Ghul orderte gar nichts. Sein Blick glitt unstet umher, entweder, weil er auf etwas wartete, oder weil ihm die Nerven flatterten. Bones platzierte seine Hand beinahe beiläufig in der Nähe seiner Taschen. Seine Hose und Ärmel verbargen mehrere Silbermesser, für den Fall, dass es Ärger mit Vampiren gab, auch wenn sich ein Ghul allein durch Enthauptung erledigen ließ.

»Also, wegen Marie …«, drängte Bones ihn.

»Ihre Majestät«, korrigierte Jelani unverzüglich.

Bones widerstand dem Drang, die Augen zu verdrehen.

Die Formalitäten sind vorbei, also zieh endlich den Stock aus deinem Arsch.

Stattdessen sagte er: »Was will sie von mir?«

Jelani griff in seine Jacke. Seine Bewegung wurde von seinen steifen Plastikhänden verlangsamt, sodass Bones nicht ganz so sehr auf der Hut war, wie er es bei dieser Geste normalerweise gewesen wäre. Dann zog Jelani einen braunen Briefumschlag hervor.

Bones nahm den Umschlag entgegen, ließ die Fotos diskret herausgleiten und nahm sich einen Moment Zeit, um sie sich durchzusehen, ebenso wie die beigefügten Seiten. Dann schob er alles in den Umschlag zurück und schaute den Mann ihm gegenüber mit hartem, unbewegtem Blick an.

»Was bringt euch auf den Gedanken, dass sie noch am Leben sind? Seit einem halben Jahrhundert hat man nicht das Geringste von den beiden gehört.«

Jelanis Augen waren dunkelbraun, beinahe von derselben Farbe wie die von Bones, und sein Blick war gleichermaßen hart. »Sie leben, und sie sind in der Stadt.«

»Wegen etwas Blut und ein paar Fetzen von Körperteilen, die in einem Apartment gefunden wurden?«, fragte Bones herablassend. »Dafür könnte genauso gut auch ein Mensch verantwortlich sein.«

»Das waren sie.« Jelanis Tonfall war teilnahmsvoll. »Sie wiederholen das, was sie vor vierzig Jahren getan haben. Damals hielt sich Ihre Majestät ebenfalls in Übersee auf, und sie kamen unmittelbar vor Mardi Gras hierher. Am Aschermittwoch sind fünfzehn Leute verschwunden. Jetzt ist die Königin wieder fort, und sie sind zurückgekehrt.«

Bones musterte ihn. Entweder war Jelani ein sehr guter

Lügner, oder er glaubte das, was er da sagte. Allerdings wurde es dadurch nicht wahrer.

»Ich brauche mehr Beweise als vermisste Touristen in Maries Abwesenheit. Warum ist mir nicht schon längst etwas darüber zu Ohren gekommen, dass sie nach New Orleans zurückgekommen sind, wie du behauptest? Immerhin ist es ja nicht so, als würden solche Neuigkeiten nicht die Runde machen, Kumpel.«

Auch Jelani war sorgsam darauf bedacht, ihre Namen nicht auszusprechen. »Ich habe sie beide Male gerochen«, entgegnete er, ohne sich die Mühe zu machen, Bones zu berichtigen, weil er die Königin erneut Marie genannt hatte. »Ihre Majestät möchte, dass du diese Angelegenheit diskret regelst. Sobald die Sache erledigt ist, wird sie sich ihre Bestrafung auf ihre Fahnen schreiben, damit es nicht den Anschein hat, als hätte sie zweimal zugelassen, dass Mörder in ihrer Abwesenheit in ihrer Stadt jagen.«

Bones kratzte sich am Kinn. Das würde kein einfacher Auftrag werden. Die LaLauries waren in der Geschichte der Menschen ebenso berüchtigt wie in der der Untoten. Es ging das Gerücht, dass Louis um die vierhundert Jahre alt und ein mächtiger Ghul war. Delphine war noch nicht ganz zweihundert, doch was ihr an Alter fehlte, machte sie durch ihre Boshaftigkeit wieder wett.

»Einhunderttausend Pfund«, sagte Bones.

Diese Summe war hoch genug, dass Marie nicht das Gefühl haben würde, ihm einen Gefallen zu schulden, aber immer noch so niedrig, dass sie wusste, dass es ein Freundschaftspreis war. In Wahrheit hätte er den Job vielleicht sogar umsonst gemacht. Die LaLauries waren ein widerwärtiges Pärchen, ebenso wie einige der anderen Fieslinge, die Bones kostenlos aus dem Verkehr gezogen hatte.

Jelani blinzelte nicht einmal. »Wenn du den Auftrag bis Aschermittwoch erledigst, gehört das Geld dir.«

Damit blieb ihm etwas über eine Woche. Bones leerte seinen Whiskey. Dann hatte er keine Zeit zu vergeuden.

»Ihr lasst mich frei in der ganzen Stadt agieren«, sagte er und stellte sein Glas ab. »Und ihr kommt mir nicht in die Quere, es sei denn, ich sage euch Bescheid. Sind wir uns einig?«

Jelani bedachte ihn mit einem dünnen Lächeln. »Wir sind uns einig.«

2

In dem Stadthaus roch es nach Tod, Blut, Urin und Polizisten – in dieser Reihenfolge. Bones grunzte, als er neben einem der rotbraunen Flecken auf dem Boden niederkniete.

»Angesichts all der verschiedenen Kupfergerüche hier drin wäre ich erstaunt, wenn es dir tatsächlich gelänge, den Geruch der LaLauries da herauszufiltern.«

Jelani blieb am oberen Ende der Treppe stehen, ohne sich runter ins Erdgeschoss zu wagen.

»Sie waren ja nicht nur dort unten. Sie haben in dem Bett hier oben geschlafen …« Jelani wies auf einen Raum den Flur entlang. »… und saßen auf diesem Sofa.« Dabei wies er mit einem steifen Finger auf das, von dem Bones annahm, dass es sich dabei um das Wohnzimmer handelte.

Bones atmete tief ein und erstellte im Geiste einen Katalog der unterschiedlichen Gerüche. Dann sprang er mit

einem einzigen Satz die Stiege hinauf, doch Jelanis unge-
wolltes Zusammenzucken entging ihm trotzdem nicht.

Stimmt. Es gab keinen Grund, den Burschen an das zu
erinnern, wozu er selbst nicht mehr fähig war.

»Das Bett und das Sofa, sagst du?«, fragte Bones, der
dazu überging, sich mit der Langsamkeit zu bewegen, die er
an den Tag legte, wenn er sich in Gegenwart von Menschen
aufhielt. Das Sofa war zur Flimmerkiste hin ausgerichtet,
und man konnte auf den Balkon links davon hinausblicken.
Bones ging zu dem Möbelstück hinüber und atmete wieder
ein, um die Unterschiede – und die Gemeinsamkeiten – zu
den Gerüchen unten in sich aufzunehmen.

»Die Besitzerin der Wohnung. Das Mädchen. Wurde ihr
Leichnam anderswo gefunden?«

Jelani schenkte ihm ein knappes Lächeln. »Was führt dich
zu der Annahme, dass hier nicht der Junge gewohnt hat?«

Bones warf Jelani einen gereizten Blick zu. »Überall in
diesem Apartment liegt ein femininer Geruch. Hier hat der
Junge nicht gelebt, obwohl das im Erdgeschoss größtenteils
sein Blut ist.«

»In ihrem Schlafzimmer steht ein Foto des Mädchens.«
Jelanis Stimme klang neutral, als würden sie sich übers
Wetter unterhalten. »Sie ist hübsch. Ich könnte mir vor-
stellen, dass sie noch lebt. Vorerst.«

Bones starrte Jelani an. All seine Instinkte sagten ihm,
dass ihm der Ghul irgendetwas verschwieg. Bones fragte
sich, ob er das Mädchen kannte. Jelani benahm sich, als würde ihn das alles nicht jucken, doch er roch nach Furcht …
und nach Hass. Wenn er eine emotionale Verbindung zur
Besitzerin der Wohnung hatte, würde das Sinn ergeben.

Oder er hatte einfach bloß Angst davor, was passieren würde, wenn es Bones nicht gelang, die LaLauries rechtzeitig vor Maries Rückkehr zu töten. Da Marie ihm die Verantwortung überlassen hatte, würde dieses Versagen auch Jelani angelastet werden.

»Du hast mir nie erzählt, wieso der Geruch von Delphine und Louis dir so vertraut ist, dass du ihn wiedererkennst«, merkte Bones an.

Irgendetwas zuckte über Jelanis Gesicht, bevor es wieder so glatt wie dunkles Glas wurde.

»In den Achtzehnhundertsechzigern war ich verheiratet«, entgegnete Jelani. »Sie diente als Sklavin im St.-Francisville-Haus, wohin die LaLauries zufällig flohen, nachdem sie das Quarter verlassen hatten. Während ich für die Unionsarmee kämpfte, folterten und fraßen Delphine und Louis mein Weib. Ich kehrte zu spät heim, um sie zu retten, aber ihren Geruch werde ich niemals vergessen.«

Bones verzog keine Miene. »Deine Arme und Beine?«

»Wurden mir nach der Schlacht von New Market Heights amputiert. Sie sagten mir, es sei ein Wunder, dass ich überhaupt überlebt hätte. Anschließend hat Ihre Majestät mich verwandelt, auf meine Bitte hin. Ich wollte lange genug leben, um die LaLauries eines Tages sterben zu sehen.«

Jelanis Antlitz spiegelte jetzt reinen Trotz wider, als erwartete er, Bones würde ihn dafür schelten, dass er sich allein aus Rache in einen Ghul hatte verwandeln lassen.

»Ich wurde gegen meinen Willen in einen Vampir verwandelt«, entgegnete Bones gelassen. »Hat mir eine ganze Weile mächtig gestunken, bevor ich darüber hinweggekommen bin. Wir können nicht ändern, wie wir zu dem wurden, was wir sind, also warum sich die Mühe machen, sich darüber den Kopf zu zerbrechen? Wenn du nach Absolution suchst, such woanders.«

Jelani wirkte überrascht. »Das wusste ich nicht von dir«, murmelte er.

Bones stieß ein flüchtiges Lachen aus. »Warum solltest du auch? Das ist nicht gerade die Art von Geschichte, mit der man rumprotzt, oder?«

»Hasst du deinen Herrn nicht dafür?«

Doch, das tat ich.

Jahrelang hatte Bones Ian dafür gehasst, dass er ihn zum Vampir gemacht hatte. Doch Ian hatte es nicht aus Boshaftigkeit getan – sondern aus einem verqueren Gefühl der Dankbarkeit heraus. Hätte Bones nicht sein mageres Essen mit ihm geteilt, wäre Ian auf dieser langen Reise von London zu den Strafkolonien in New South Wales, wo sie beide als Gefangene einsaßen, verreckt.

Doch Bones hatte nicht die Absicht, Jelani das zu erzählen. Es gab keinen Grund, diese Einzelheiten einem Ghul zu unterbreiten, den er kaum kannte.

»Inzwischen hasse ich ihn nicht mehr«, war alles, was Bones sagte.

»Du hast ein Haus in der Stadt«, merkte Jelani an, wie um das Thema zu wechseln. »Wirst du dort wohnen?«

Bones zuckte die Schultern. »Nicht nach dem heutigen Abend. Du kannst mich auf dem Handy anrufen, wenn du mich brauchst. Ich gebe dir Bescheid, wenn ich fertig bin.«

Jelani lächelte, und es war ein kaltes Lächeln. »Unterschätz die beiden nicht. Delphine hat den Jungen bei einer abendlichen Führung durchs Quarter aufgegabelt. Er wurde dabei gesehen, wie er mit einer dunkelhaarigen jungen Frau wegging, kurz nachdem die Touristengruppe bei ihrer ehemaligen Villa angehalten hatte.«

Sie hat offenbar einen kranken Sinn für Humor, dachte Bones sardonisch. Ihr altes Zuhause war so ziemlich der letzte Ort, von dem er erwartet hätte, dass die LaLauries dort auf die Jagd gehen würden, aber dennoch verriet dieser Umstand Bones einiges. Sie waren überheblich, was gut war. Überheblichkeit und das Gefühl von Unbesiegbarkeit waren zwei große Pluspunkte, die ihm von Nutzen sein würden.

»Wie viele Ghule und Vampire leben in der Stadt?«, fragte Bones.

Jelani ließ sich das einen Moment lang durch den Kopf gehen. »Ganzjährig ein paar hundert. Zu Mardi Gras sind mindestens doppelt so viele hier. Die Menschen sind nicht die Einzigen, die an dem Fest Gefallen finden.«

Scheiße. Was natürlich auch der Grund dafür war, dass dies für die LaLauries die ideale Zeit des Jahres war, um in ihrem alten Revier auf die Jagd zu gehen. Die Überfülle an Leuten, lebend und untot, machte es ihnen wesentlich einfacher, in der Menge unterzutauchen.

Selbstverständlich galt das genauso für Bones. Er war zuversichtlich, dass er sie erwischen würde. Was er hingegen nicht mit Sicherheit zu sagen vermochte, war, wie viele Menschen sie vorher vielleicht noch ermordeten.

»Ich rufe dich an, wenn es vollbracht ist«, wiederholte Bones, an Jelani gewandt, und verließ dann das blutdurchtränkte Stadthaus.

3

Die Nachmittagssonne spiegelte sich glitzernd in den unzähligen Perlen, die die Menschen um ihre Hälse trugen. Noch waren die Straßen nicht völlig verstopft. Sobald es dunkel wurde, würden sich noch viel mehr Leute hinauswagen. Es amüsierte Bones, dass ein Vampir zwar zu dieser Tageszeit hier draußen herumspazieren konnte, einige Menschen jedoch von ihren Exzessen der vergangenen Nacht so mitgenommen waren, dass sie bis zur Abenddämmerung in ihren Betten ruhten.

Bones' einzige Zugeständnisse ans Tageslicht bestanden darin, dass er eine Sonnenbrille und Sonnencreme trug. Er würde nicht in Flammen aufgehen, wenn die Sonne seine bloße Haut berührte, wie es die Filme so ulkig propagierten. Dennoch war eine Stunde in der Sonne für einen Vampir in etwa das Gleiche, als würde ein Albino den ganzen Tag am Strand verbringen. Er würde zwar fast augenblicklich wieder heilen, doch es machte keinen Sinn, seine Kraft für etwas so Triviales wie einen Sonnenbrand zu vergeuden.

Er hatte das Viertel bereits einmal der Länge nach durchquert, um die Unterschiede im Vergleich zum letzten Mal zu registrieren, als er hier gewesen war – vor drei Jahren? Nein, es waren vier, weil er hier den Jahrtausendwechsel gefeiert hatte. Verdammt, die Jahre rasten nur so dahin. Es war schon mehr als ein Jahrzehnt her, dass er zuletzt in London gewesen war. *Sobald ich die LaLauries getötet und Hennessey und die anderen elenden Mistkerle aufgespürt habe, mit denen er unter einer Decke steckt, kehre ich nach Hause zurück, beschloss Bones. Es ist zu lange her. Ich klinge inzwischen schon mehr wie ein Ami, nicht wie ein Engländer.*

Bloß ein paar Häuserblocks weiter befand sich das alte Zuhause der LaLauries. Selbst bei Tageslicht war das Gebäude von Schatten umfleucht. Zurückgebliebene Geister. Jedes Gespenst mit einem Funken Verstand, das dort gestorben war, hielt sich von dem Ort fern – nicht, dass Bones es ihnen verübeln konnte. Des Nachts wimmelte es in dem Haus nur so von den alten verzweifelten Energien aus dessen grausiger Vergangenheit. Es war kein Zufall, dass das Haus im Laufe der vergangenen hundertsiebzig Jahre so häufig den Besitzer gewechselt hatte. Nun stand es leer und wieder zum Verkauf. Die Menschen waren vielleicht nicht in der Lage, die Restmanifestationen zu sehen, aber sie konnten sie spüren, auf einer tieferen Bewusstseinsebene.

Und zumindest Delphine LaLaurie schien ebenfalls von dem Haus angezogen zu werden. Warum sollte sie ihre Opfer sonst während einer Fremdenführung direkt davor aufgabeln? Amüsierte sie bloß die Ironie dabei? Oder vermisste sie ihr altes Heim nach all dieser Zeit immer noch? War das der Grund dafür, dass die LaLauries trotz der Gefahr, Maries Zorn auf sich zu ziehen, immer wieder ins Quarter zurückkehrten?

Bones kam dem Haus näher. Aus einem Laden zu seiner Rechten wehte ihm der starke Geruch von Chemikalien entgegen. *Ein Friseur*, schlussfolgerte er, ehe er einen Blick auf sein Spiegelbild warf. Er trug sein Haar schon seit einer ganzen Weile braun. Doch da es offensichtlich irgendjemand auf ihn abgesehen hatte, konnte es nicht schaden, sein Aussehen zu verändern.

Er betrat den Salon, nicht überrascht darüber festzustellen, dass einige Leute warteten. Jedem Geschäft im Viertel verschaffte der Mardi Gras deutlich mehr Zulauf, mal abgesehen vielleicht vom Gottesdienst. Er setzte seinen Namen auf die Liste, nahm Platz und wartete. Vierzig Minuten später war er an der Reihe.

»Hi, was darf's sein?«, fragte die Friseuse freundlich.

»Färben, schneiden und waschen, wenn es Ihnen recht ist«, entgegnete Bones.

»Ihr Englisch hat einen schönen Akzent.« Sie lachte. »Dadurch klingt alles, was Sie sagen, so anständig.«

Nachdem sie ihm das Haar gewaschen hatte, führte sie ihn zu ihrem Arbeitsplatz. Bones las ihren Namen auf ihrem Kosmetikerinnenzertifikat und stieß ein amüsiertes Schnauben aus.

»Rebecca DeWinter. War diese Anspielung beabsichtigt?«

Sie sah ihn überrascht an. »Ja. Meine Eltern mochten dieses Buch sehr. Sie sind der Erste, der meinen Namen damit in Verbindung bringt. Nicht viele Leute heutzutage sind Freunde der älteren Klassiker.«

Bones verkniff sich ein nächstes Schnauben, da es zu vieler Erklärungen bedurft hätte, wenn er ihr erklärt hätte, dass er *Rebecca* nach wie vor als neueres Romanwerk betrachtete.

»Allerdings nennen mich viele auch Becca«, fügte sie hinzu und trocknete seinen Kopf ein letztes Mal mit dem Handtuch. »Also, welche Farbe darf's denn heute sein?«

Welchen Farbton hatte er in letzter Zeit nicht? »Machen Sie's blond.«

Sie blinzelte ihn im Spiegel an. »Wirklich?«

»Platinblond, das ganze Programm.«

Sie hatte ihre Hand noch immer in seinem Haar und befühlte gedankenverloren seine Locken. Bones suchte ihren Blick im Spiegel. Sie wandte sich rasch ab und warf ihm über die Schulter zu: »Ich rühre nur rasch die Farbe an.«

Ein Lächeln zierte seinen Mund. Was sein Aussehen betraf, gab er sich keiner falschen Bescheidenheit hin. Im 17. Jahrhundert, als er noch ein Mensch gewesen war und sich damit über Wasser gehalten hatte, seinen Körper an Frauen zu verkaufen, war das sein Kapital gewesen. Seitdem hatte sein Äußeres dafür gesorgt, dass er nicht allzu viele Nächte allein verbrachte, allerdings mit Damen seiner Wahl und nicht mehr, weil er das Geld brauchte. Und hin und wieder hatte er sich sein Aussehen zunutze gemacht, wenn er tödliche weibliche Beute jagte. Seine Optik war ein nützliches Werkzeug, auch wenn es Bones wesentlich wichtiger war, sich seinen Scharfsinn und seine Kraft zu bewahren.

Becca kam zurück und bestrich sein Haar mit der Farbe. Bones plauderte mit ihr, erfuhr, dass sie schon ein paar Jahre hier arbeitete, dass sie ein Stückchen außerhalb des Quarters wohnte und – höchst interessant – in der Nacht den Laden dichtgemacht hatte, als Eric Greenville ermordet worden war.

»… welch eine Schande«, fuhr Becca fort. »Ich kann Ihnen gar nicht sagen, wie oft ich diese Touristengruppen an unserem Schaufenster habe vorbeigehen sehen, während die Fremdenführer über dieses alte Haus sprachen. Sie können nicht an der Ecke da drüben stehen bleiben, da das Privatbesitz ist, deshalb hängen sie draußen vor dem Geschäft

herum. Wie schrecklich, dass jemand von einer Person aus-
geraubt und ermordet wurde, die er während einer Führung
getroffen hat.«

»Ist das, was in den Zeitungen steht, wahr?«, fragte
Bones, obgleich er die Antwort darauf bereits kannte.

Sie zuckte die Schultern. »Ja. An Mardi Gras passiert immer schräges Zeug.«

Das mochte stimmen, aber Bones interessierte sich mehr
dafür, ob Becca in jener Nacht möglicherweise einen flüchtigen Blick auf Delphine LaLaurie erhascht hatte, ob ihr das
nun bewusst war oder nicht. Er hatte die Absicht, den Fremdenführer von jenem Abend aufzuspüren, aus demselben
Grund, doch diese Person würde Delphine wesentlich leichter wiedererkennen. Becca war anonym. Sie konnte sich als
ausgesprochen nützlich erweisen, und ihrem Geruch und
den langen Blicken nach zu urteilen, die sie verstohlen in
seine Richtung warf, war sie nicht abgeneigt, mehr Zeit mit
ihm zu verbringen.

»Ich bin geschäftlich in der Stadt«, sagte Bones beiläufig.
»Sobald der Mardi Gras zu Ende ist, reise ich wieder ab, aber
ich habe mich gefragt, ob Sie vielleicht Lust hätten, mit mir
zu Abend zu essen?«

Während er die Frage stellte, hatte er sie im Spiegel beobachtet. Ihre Augen weiteten sich, ehe sie zu lächeln begann.

»Ähm, klar. Das wäre schön.«

Sie war ziemlich hübsch. Mit dem schulterlangen braunen Haar samt den blonden Strähnen, dem süßen vollen
Mund – und dem Po, für den dieselben Attribute galten –
sah sie aus, als wäre sie Ende zwanzig, also keine Debütan-
tin mehr, wenn es um Verabredungen ging.

Ungeheuer beißbar, beschloss Bones mit einem spekulativen Blick. »Haben Sie heute Abend Zeit?«

Sie schaute weg. Schon komisch, wie viele ansonsten selbstbewusste Frauen vor einem direkten Blick zurückscheuten.

»Ja. Ich habe in einer Stunde Feierabend, aber, wissen Sie, ich würde erst noch gern nach Hause gehen und mich umziehen …«

»Klasse. Dann hole ich Sie so gegen acht bei Ihnen zu Hause ab«, verkündete Bones und schenkte ihr sein einnehmendstes Lächeln. Es funktionierte. Sie widersprach ihm nicht.

Als er den Salon verließ, war sein Haar champagnerblond, er hatte Beccas Adresse in der Hand und einen vollkommen anderen Plan für diese Nacht, als er ursprünglich beabsichtigt hatte. *Möglicherweise erweist du dich als mein Peilsender, um Delphine aufzuspüren*, dachte Bones und gab Becca ein Bussi auf die Wange, während er versprach, sie später abzuholen. *Aber zumindest werden wir heute Abend beide etwas essen.*

4 ——————————————————————————

Becca bestellte als Hauptgang einen Salat. Bones, der an die verwirrende Tendenz von Frauen gewöhnt war, die bei der ersten Verabredung so taten, als würden sie nie etwas essen, sagte nichts dazu. Er bestellte bloß eine große Portion Hochrippen mit drei Beilagen und verleitete Becca dazu, die Hälfte von seinem Essen zu verzehren. Abgesehen davon, dass sie hagerer war, als er es bevorzugte, konnte Becca die Extraportion Eisen, die ihr das rote Fleisch verschaffte, gut gebrauchen, da Bones die Absicht hegte, ihre Blutmenge vor Ende des Abends um einen halben Liter zu reduzieren.

Nach dem Essen spazierten sie durch die Straßen des Viertels. Bones gab Becca seinen Mantel, da ihr kurzes Kleid mit den Spaghettiträgern nur wenig dazu beitrug, sie vor der Kühle zu schützen. Rings um sie wurde die Menge lebendiger, als sich Alkohol mit dem Schleier der Dunkelheit vermischte, und die urtümliche Atmosphäre der Stadt verleitete die Leute dazu, ihre üblichen Hemmungen abzulegen.

Das Brummen von Energie und Begeisterung, das von dem wogenden Bankett der Menschheit ausging, lockte auch die Untoten in Massen an. Unter dem Vorwand, sich den Festivitäten anzuschließen, kaufte Bones Masken für sich und Becca. Seine verbarg sein halbes Gesicht, doch ihre war ein albernes kleines Ding mit Federn, das bloß den Bereich rings um ihre Augen bedeckte.

Seine Energie-Aura sorgsam unter Kontrolle haltend, mit neuer Haarfarbe, Maske und der Attitüde, bloß ein weiterer Bluttrinker zu sein, der mit seiner künftigen Mahlzeit umherschlenderte, war Bones so gut getarnt, wie es eben ging. Irgendwo in dieser brodelnden Menschenmasse konnten die LaLauries auf der Jagd sein, sich ihr nächstes Opfer aussuchen. Zeit für Becca, ihm zu assistieren.

Bones zog sie ein paar Meter in die nächste Gasse hinein, an der sie vorbeikamen. Selbst über den rauen Lärm um sie herum hinweg konnte er hören, wie sich ihr Herzschlag beschleunigte, als er sich über sie beugte.

Gleichwohl, anstatt sie zu küssen, brachte Bones sein Gesicht dicht an das ihre und ließ das Grün seiner Augen heller erstrahlen, während er mit tiefer, nachhallender Stimme sprach.

»Erinnerst du dich an das Mädchen, Becca? An die Dunkelhaarige, die du in jener Nacht mit dem ermordeten Jungen weggehen sahst? Kannst du ihr Gesicht vor deinem inneren Auge sehen?«

Bones wusste, dass sie das konnte. Festzustellen, ob Becca Delphine zusammen mit Eric gesehen hatte, war das Erste gewesen, was er getan hatte, als er sie vorhin zu Hause abgeholt hatte. Ein paar Blitze aus seinen Augen, ein wenig Unterstützung, um sich an diesen Abend zu erinnern, und Bones war sich sicher, dass Becca einen deutlichen Blick auf die Ghul-Frau erhascht hatte. Jetzt ging es darum, Becca dazu zu bringen, sich auf Delphines Bild zu konzentrieren, damit sie sie sofort erkannte, wenn sie sie wiedersah.

Becca nickte, wie gelähmt von seinem Blick. Bones liebkoste ihre Wange.

»Wenn du sie wiedersiehst, wirst du es mir unverzüglich sagen. Sollte ich dann nicht bei dir sein, rufst du mich umgehend an, aber du wirst *nicht* mit ihr mitgehen, nirgendwohin, niemals.«

»Niemals«, echote Becca.

»An dieses Gespräch wirst du dich ebenfalls nicht entsinnen; du wirst dich bloß daran erinnern, dich so zu verhalten, wie ich es dir aufgetragen habe, wenn du sie siehst. Und ganz gleich, unter welchen Umständen, du wirst dir sicher sein, dass meine Augen braun sind und meine Zähne vollkommen normal, richtig?«

Ein weiteres Nicken. »Richtig.«

»Gut.« Bones lächelte. Das smaragdgrüne Leuchten schwand aus seinen Augen. Von ihrem fesselnden Schein befreit, blinzelte Becca, und ihr Bewusstsein kehrte zurück. Ihr Blick schnellte zu seinem Mund, und sie leckte sich die Lippen.

Bones überbrückte die paar Zentimeter zwischen ihnen, um seinen Mund für einen nachdrücklichen, gemächlichen Kuss auf den ihren zu drücken. Sie schmeckte nach Wein und Hochrippen, und darunter wartete ihr eigener Geschmack. Süß wie zerstoßene Blumen.

Ein kratzendes Geräusch über ihnen sorgte dafür, dass Bones fluchend zur Seite huschte. Irgendjemand war dort oben.

Im nächsten Moment versengte Schmerz seinen Rücken, nur wenige Zentimeter unter seinem Herzen. Als Bones herumwirbelte, entdeckte er einen rothaarigen Vampir, der auf der anderen Seite der Gasse auf dem Dach kauerte.

»Ralmiel«, murmelte Bones, der den anderen erkannte. Im nächsten Sekundenbruchteil sprang er beiseite, bevor ein weiterer Pfeil abgefeuert wurde, der diesmal in der Gebäudewand landete anstatt in seinem Fleisch.

»Hallo, *mon ami*«, rief der Vampir heiter. »Steh gefälligst still, damit ich dich töten kann.«

»Oh, mein *Gott*«, keuchte Becca.

»Misch dich sofort unter die Parade«, wies Bones sie an und stieß sie in die entsprechende Richtung.

Ein weiterer Pfeil sauste auf ihn zu, der ihn in den Arm traf, den er ausgestreckt hatte, um Becca in Sicherheit zu drängen. Bones riss den Pfeil heraus, wirbelte herum, um einem weiteren auszuweichen, und katapultierte sich senkrecht in die Luft empor. Da er sich in einer Gasse befand, würden die meisten Schaulustigen ihn nicht sehen, und diejenigen, die es taten, wären ohnehin zu betrunken, um sich deutlich daran zu erinnern.

Ralmiel gab ein wütend machendes Kichern von sich, als er davonsprintete, mit die Schwerkraft verspottenden, großen Schritten über die Dächer sprang. Bones nahm die Verfolgung auf und zog mehrere Messer aus seinen Ärmeln. Er schleuderte sie nach dem Rücken des Vampirs, doch bloß eins davon traf, aber nicht sein Herz. Der Bursche war flink.

»Du kannst mich nicht fangen, *mon ami!*«, lachte Ralmiel, der über das nächste Dach auf den Kirchturm der St.-Louis-Kathedrale hastete.

»Und ob ich das kann«, knurrte Bones, der dieselbe Entfernung mit einem Luftsprung hinter sich brachte. Er griff in seine Ärmel, packte zwei weitere Messer und warf sie mit voller Wucht nach dem Vampir.

Die Messer bohrten sich in Ralmiels Brust, aber er war in der letzten, lebensrettenden Millisekunde zur Seite getaucht, sodass sich die Klingen nicht in sein Herz bohrten, sondern sich weniger schädlich in sein Brustbein gruben.

»*Sacre bleu*«, fluchte Ralmiel, riss die Messer heraus und warf sie vom Dach herunter. Dann lächelte er Bones an. »Dicht dran, hm?«

Bones griff wieder in seine Ärmel – und seine Hände kamen leer wieder zum Vorschein. Richtig, er hatte Becca seinen Mantel gegeben, in dem sich seine übrigen Messer befanden.

Ralmiel zielte mit seiner Armbrust und stieß ein Schnauben aus, als er feststellte, dass ihm das Silber ebenfalls ausgegangen war.

»Normalerweise brauche ich nicht mehr als vier Pfeile, *mon ami*. Ich hatte nicht erwartet, dass du so schnell bist. Wir werden dies hier ein andermal fortsetzen müssen.«

Bones sprang auf das Kirchendach. »Wir können das auch ohne Waffen klären. Komm schon, Kumpel, hast du Angst, bei einem Kampf auf Leben und Tod bloß deine Hände zur Verfügung zu haben?«

Ralmiel stellte ein seltsames Grinsen zur Schau. »Ich denke, ich lasse dich heute Abend leben und töte dich morgen. Oder übermorgen. Ich kriege so oder so dasselbe dafür bezahlt.«

Bones stieß ein knappes Lachen aus. »Du hast beschlossen, dir eins der vielen Kopfgelder zu holen, die auf mich ausgesetzt sind, nicht wahr? Ich bin neugierig zu sehen, was *dein* Kadaver wert ist, nachdem ich dich umgebracht habe, Kumpel.«

Ralmiel zog eine Augenbraue hoch und zerdrückte irgendwas mit seiner Hand. »Das denke ich nicht.« Dann verschwand er direkt vor Bones' Augen.

Bones starrte die Stelle an, wo Ralmiel eben noch gestanden hatte. *Was war das denn für ein Trick?*

Da sie sich in New Orleans befanden, der Heimstatt von Magie und Voodoo, bestand die Möglichkeit, dass es sich dabei um so eine Art Zauber handelte. Bei den paar anderen Malen, bei denen Bones Ralmiel zufällig begegnet war, hatte Letzterer mit Sicherheit nicht die Macht besessen, sich aus eigener Kraft in nichts aufzulösen. Allerdings ging Bones ebenso wenig davon aus, dass er mit einer solchen Fähigkeit hinterm Zaun halten würde.

Das warf allerdings die Frage auf, warum Marie zuließ,

dass Ralmiel, ein bekannter Auftragsmörder, in ihrer Stadt Jagd auf den Jäger machte, den sie selbst angeheuert hatte. Falls Bones tatsächlich umkam, dann konnte er sich schließlich nicht um ihr Problem mit den LaLauries kümmern, oder? Er würde Jelani über diese neue Entwicklung informieren müssen. Womöglich wusste Marie ja überhaupt nichts von Ralmiels Anwesenheit.

Jetzt jedoch galt es erst einmal, Becca zu finden und all die Dinge aus ihrem Bewusstsein zu löschen, die sie gerade mit angesehen hatte.

5

Am nächsten Tag verließ Bones das Viertel, um einen Laden namens *Die Sumpfratte* aufzusuchen, wo er mit Belustigung die Schicht Ziegelerde zur Kenntnis nahm, die auf die Türschwelle gestreut war. Das war eine Voodoo-Verteidigungsbarriere, die angeblich imstande war, jeden draußen zu halten, der dem Ladenbesitzer Böses wollte. Zu schade, dass das nicht bei Leuten funktionierte, die nicht an Voodoo glaubten. Oder bei Vampiren.

Sobald er eintrat, drehte Bones das GEÖFFNET-Schild zu GESCHLOSSEN um und verriegelte die Tür hinter sich. Der hutzelige kleine Mann hinter dem Tresen schaute auf, blinzelte … und versuchte dann ausgerechnet, die Flucht zu ergreifen.

Bones war schneller quer durch den Raum und über den Tresen hinweg, als der ältliche Ladenbesitzer brauchte, um von einem Stuhl aufzustehen. Er gluckste, als der Mann auf

Kreolisch einen Schwall Flüche ausstieß, um Bones, seine Eltern und mehrere seiner Vorfahren zu verdammen.

»Vergiss nicht, Jean-Pierre, ich spreche Kreolisch, was bedeutet, dass alles, was du sagst, gegen dich verwendet werden kann.«

»Deufel«, sagte Jean-Pierre mit einem Zischen auf Englisch. »Ich 'atte gehofft, dich vor Jahren sum letzten Mal gesehen su 'aben.«

»Also, jetzt hast du meine Gefühle verletzt, Kumpel. Keine Ahnung, warum du so eine Abneigung gegen mich hegst. Dein Großvater und ich sind großartig miteinander ausgekommen, und ich kann sagen, dass es mich freut, *dich* immer noch hier vorzufinden.«

Jean-Pierres Augen schweiften unstet in dem Laden umher, der jedoch abgesehen von Bones und ihm selbst verwaist war. Das war nicht weiter überraschend; die Waren in den Regalen waren hässliche, schäbige T-Shirts und anderes Zeug, alles in fragwürdigem Zustand und teurer als bei den meisten seiner Mitbewerber.

Gleichwohl, Jean-Pierres wahres Geschäft war Voodoo. Die Läden im Quarter waren für die Touristen oder die Ungebildeten. Jean-Pierre versorgte den versierten, anspruchsvollen Käufer mit authentischen Ingredienzien, und seine Familie war praktisch bereits seit Gründung der Stadt in diesem Sektor tätig. Er war jemand, der viele der dunkelsten Geheimnisse der Stadt kannte. Und da Jean-Pierre den besonderen Wesenszug seiner Familie geerbt hatte, gegen Vampir-Gedankenkontrolle immun zu sein, konnte Bones nicht einfach seinen Blick einsetzen, um ihm Informationen zu entlocken, was wirklich schade war.

»Also, was wollte ich dich noch gleich fragen? Ach, ja, es gibt da so einen rothaarigen Burschen, der auf den Namen Ralmiel hört. Ein Vampir, etwa so groß wie ich, der das erstaunliche Kunststück beherrscht, sich in Luft auflösen zu können. Was weißt du über ihn?«

Dem Ausdruck auf Jean-Pierres Gesicht nach zu urteilen wusste er zwar etwas über Ralmiel, wollte diese Informationen aber nicht mit ihm teilen.

Bones' Lächeln ließ nicht eine Winzigkeit nach. »Soll ich dich erst ein bisschen verprügeln, bevor du mir antwortest? Soll mir recht sein. Lass mich einfach wissen, welchen Knochen ich dir zuerst brechen soll, und ich tue dir sofort den Gefallen.«

»Deufel«, zischte Jean-Pierre. »Nichts als Grabgänger, ihr beide, bloß dass nicht einmal die Erde eusch 'aben will.«

Bones winkte mit der Hand. »Ja, richtig, wir sind alle verflucht, von Gott und Mutter Natur höchstselbst im Stich gelassen, und jetzt spuck's schon aus.«

Bones verspürte wirklich nicht den Wunsch, dem kleinen Mann eine Tracht Prügel zu verpassen. Das würde zu lange dauern.

»Der rothaarige Deufel, er kommt 'in und wieder vorbei«, sagte Jean-Pierre, der die Worte förmlich ausspie. »Er lässt sich Fetische anfertigen, praktiziert Magie.«

»Vampiren ist es verboten, Magie auszuüben. Das ist eins der wenigen Gesetze, die Kain seinem Volk auferlegt hat. Ich bin überrascht, dass Ralmiel so unverfroren dagegen verstößt.«

Jean-Pierre zog eine Schnute. »Kain. Gott 'ätte ihn dafür vernichten sollen, Abel ermordet su 'aben, anstatt ihn stattdessen sur Strafe su einem Vampir su machen. Was Ralmiel betrifft, so leben diejenigen, die Seuge werden, wie er Magie einsetzt, nicht lange genug, um davon su berichten, denke isch.«

Das würde dafür sorgen, dass die Sache nicht allgemein bekannt wurde, keine Frage. Doch abgesehen von Jean-Pierre mussten noch ein paar Leute mehr darüber Bescheid wissen. »Diese Magie, die Ralmiel benutzt – wer versorgt ihn damit?«

»Weiß isch nischt.«

Bones bedachte Jean-Pierre mit einem bedächtigen, starren Blick. »Es wird mir zwar keine Freude bereiten, aber entweder werde ich die Antwort aus dir rausprügeln, oder ich nehme dich mit und labe mich an deinem fraglos grässlich schmeckenden Blut, bis du es irgendwann leid bist, mir als Appetithäppchen zu dienen, und mir sagst, was ich wissen will.«

»Isch 'offe, sie lässt dein Blut zu Staub gerinnen«, spie Jean-Pierre hervor, doch er nannte Bones einen Namen. Und wo er sie finden konnte.

»Ruf mich an, wenn du Ralmiel noch mal siehst«, wies Bones Jean-Pierre an und schrieb seine Nummer auf die Rückseite eines der mit einem Slogan versehenen Untersetzer, die auf dem Tresen zum Kauf auslagen. Auf diesem hier stand der Spruch: »Die Muschi leckt sich nicht von selbst!« Wohl wahr.

»Und bring mich nicht dazu, meine lange freundschaftliche Beziehung zu deiner Familie zu beenden, indem du irgendwas Dummes machst«, fügte Bones hinzu, um seine Augen grün aufblitzen zu lassen, als er ihm den Untersetzer reichte.

Jean-Pierre nahm ihn entgegen. »Isch lege misch nischt mit Deufeln an. Zu viel schlechtes Juju anschließend.«

Bones nickte bloß, als er hinausging. Auch das war wohl wahr.

Es war Bones' vierter Tag in der Stadt, als ein weiterer Mord entdeckt wurde. Wie zuvor begab sich Bones zum Tatort, um zu sehen, ob es dort irgendetwas gab, das er sich zunutze machen konnte, um die LaLauries aufzuspüren.

Jelani sprach mit dem Detective, der für den Fall zuständig war. Ihrer in gedämpftem Ton geführten Unterhaltung konnte Bones entnehmen, dass der Detective glaubte, Jelani sei der Sozius von einem der größten Geldgeber der Stadt, und Bones ein Privatdetektiv.

Bones ließ Jelani die Wohnung räumen, bevor er selbst hineinging, ohne auf den Schwachsinn zu achten, den der Detective darüber plapperte, er würde den Tatort verunreinigen. Er würde den Tatort garantiert weniger durcheinanderbringen als diese Typen.

Sobald er allein war, ging er durch das Apartment und atmete alle paar Sekunden tief ein. *Derselbe Männer- und Frauengeruch wie in der anderen Wohnung. Allerdings haben sie hier weniger Zeit verbracht und in ihrer Eile eine ziemliche Schweinerei angerichtet. Diese Blutspritzer stammen von einer durchtrennten Arterie; die Spur ist breit genug, dass das Mädchen gelaufen sein muss, als sie ihr die Kehle aufrissen. Es war allerdings nicht dasselbe Mädchen, das sie in der Küche erledigt haben. Sie war das arme Ding, das in der anderen Wohnung lebte, und sie hatte keine Beine mehr, mit denen sie hätte wegrennen können.*

Der Junge hat zugesehen. Sein Blut ist frischer als ihres, und der Gestank seiner Furcht ist überall in beiden Zimmern verteilt. Seinen oberflächlichen Wunden nach zu urteilen, war er vermutlich noch am Leben, als sie seine Arme auffraßen …

Bones spürte die Luftverschiebung, unmittelbar bevor Ralmiel hinter ihm auftauchte. Er wirbelte herum, sein Messer blitzte auf, doch diesmal richtete der andere Vampir keine Waffen auf ihn. Nein, Ralmiel ließ den Blick beinahe traurig über das Massaker in dem Raum schweifen.

»*Mon Dieu*«, keuchte er, ehe er einen tadelnden Blick auf das Messer in Bones' Hand warf. »Steck das weg. In diesem Zimmer hat es schon genug Tod gegeben, *oui*?«

Unter gewöhnlichen Umständen wäre Bones da anderer Ansicht gewesen und hätte einfach wie von Sinnen auf Ralmiel eingestochen. Doch die Gerüche, der Anblick und die Aura verzweifelten Entsetzens in der Wohnung sorgten dafür, dass auch er kein Verlangen danach verspürte, dem noch mehr hinzuzufügen. Bones ließ sein Messer sinken, ohne es jedoch aus der Hand zu geben. Er war nicht so mitgenommen, dass er den Verstand verloren hätte.

»Was willst du hier, wenn du ausnahmsweise mal nicht vorhast, mich zu töten?«

Ralmiel ging im Raum umher und atmete genauso regelmäßig ein, wie Bones es getan hatte. Er hielt eine kleine dunkle Tasche in der Hand. Ah ja, das musste dann wohl Ralmiels Voodoo-Version eines Teleporters sein.

»Dies hier ist kein Werk von Menschenhand. Es ist eine Sache, jemanden wie dich oder mich zu töten …« Ralmiels geringschätziger Wink unterstrich ihrer beider Wertlosigkeit noch. »… aber das sind Unschuldige. Das ist nicht richtig.«

Bones verdrehte beinahe die Augen. Ein Killer mit Gewissen. Wenn Ralmiel nicht die Absicht hatte, ihn umzubringen, würde er ihm einen Drink spendieren, und dann konnten sie sich übers Geschäftliche unterhalten.

»Hast du nichts von den anderen Morden gehört? Du solltest aufmerksamer sein, Kumpel.«

»Ich habe vom letzten gehört, wusste jedoch nicht, dass unsere Art dafür verantwortlich ist. New Orleans ist meine Stadt. Sie hat ihre dunklen Seiten, aber nicht so was wie das hier. Weißt du, wer dies getan hat?«

Bones wich den grünen Augen des anderen Mannes nicht aus. »Ja, weiß ich.«

Ralmiel wartete. Bones sagte nichts weiter. Schließlich warf Ralmiel Bones einen abwägenden Blick zu.

»Aber du bist hier, um sie zu töten, *non*? Du kannst nicht allzu helle sein, wenn du glaubst, dass Marie dir hinterher dafür danken wird, dass du sie um ihre Vergeltung gebracht hast.«

Bones zuckte die Schultern. »Ich erledige die Sache trotzdem. Diese Woche ist nicht sonderlich viel los, geschäftlich betrachtet.«

Ralmiel lachte, doch dem Lachen haftete eine schroffe Schärfe an. »Sag mir, wer hinter den Morden steckt, damit du in Frieden ruhen kannst, wenn ich dich vernichte, in dem Wissen, dass ich verhindern werde, dass so etwas noch mal geschieht. Du hast mein Wort darauf.«

»Besten Dank auch, aber darauf lasse ich es ankommen«, entgegnete Bones; seine Augen funkelten grün.

Ralmiel wusste dies nicht, aber seine magischen Beutel waren gezählt. Bones hatte gestern Georgette einen Besuch abgestattet, die den Hokuspokus für Ralmiels raffinierte Abgänge herstellte, und sie dazu überredet, die Zutaten für Ralmiels neue Lieferung ein wenig zu verändern. Er brauchte ihr kaum zu drohen, um sie dazu zu bringen. Georgette wusste, dass es gegen das Vampirgesetz verstieß, Magie zu praktizieren, und als Lieferantin des Produkts machte sie sich damit der Mittäterschaft schuldig. Sobald Ralmiel die echten Fetische ausgingen, würde Bones ihn genau da haben, wo er ihn haben wollte. Dann war er gezwungen zu kämpfen – und würde sterben.

Ralmiel verneigte sich. »Wie du wünschst.« Dann drückte er seinen Beutel zusammen und verschwand von dort, wo er gestanden hatte.

Bones betrachtete die leere Stelle und lächelte. *Wieder zwei weniger, Kumpel. Ich schätze, deine Flaschengeistnummer hat bald ein Ende.*

6

Becca kaute auf ihrer Unterlippe herum. »Du bist so still heute Abend.«

Bones schaute auf. »Tut mir leid, Liebes. Ich bin bloß mit den Gedanken woanders.«

Sie schob ihren Teller von sich. Nach drei Tagen hatte sie endlich aufgehört, so zu tun, als wäre eine Schüssel Kopfsalat alles, was sie essen wollte.

»Probleme mit deinem Klienten?«

Becca glaubte, er arbeite als Berater für ein Unternehmen, das darauf spezialisiert war, Geld einzusparen, indem Stellen reduziert wurden. Auf eine verquere Art und Weise kam das der Wahrheit sogar recht nahe.

»So etwas Ähnliches.«

Das wahre Problem bestand darin, dass Bones noch keinen Schritt näher daran war, die LaLauries zu finden. Sie schienen keine eigene Unterkunft zu besitzen, sondern zogen einfach von der Wohnung eines Menschen, den sie ermordeten, in die eines anderen.

Und obwohl er in den letzten drei Nächten mit Becca jede Straße im Viertel hinauf- und hinabmarschiert war, hatte sie keine Spur von Delphine LaLaurie entdeckt. Bei diesen Ausflügen war Bones auf mehrere Ghule gestoßen, die sich jedoch bloß ein bisschen harmlosen Spaß gönnten. Sie waren nicht darauf aus, schonungslos den Erstbesten in Stücke zu reißen, der dumm genug war, ihnen in eins der Gebäude zu folgen.

Becca streckte ihre Hand aus und berührte die seine. »Weißt du, wohin es dich als Nächstes verschlagen wird, nach diesem Job? Und, ähm, wirst du sofort abreisen, wenn du alles erledigt hast?«

Er wusste, was sie ihn damit eigentlich fragen wollte. »Wenn ich fertig bin, reise ich unverzüglich ab. Durch meine Arbeit komme ich auf der ganzen Welt herum, sodass für andere Dinge nur schrecklich wenig Zeit bleibt.« *Ich bin nicht das, wonach du suchst, Becca.*

Einen Moment lang flackerte Schmerz über ihr Gesicht, den sie allerdings rasch hinter einem falschen Lächeln versteckte. »Klingt aufregend.«

*Tut es das? Eigentlich kann sich das extrem einsam an-
fühlen.*

»Weißt du«, sagte Becca, als sich das Schweigen dahin-
zog, »ich hätte Verständnis dafür, wenn du mich nach dem
Essen einfach zu Hause absetzen möchtest …«

»Nein«, sagte Bones sofort und ließ seinen Tonfall wei-
cher werden, als sie angesichts seiner Nachdrücklichkeit
blinzelte. »Tut mir leid, ich war heute vielleicht ein ziemlich mürrischer Bursche, aber ich würde heute Abend gern
noch mehr Zeit mit dir verbringen. Wenn du möchtest.«

Beinahe hoffte er, sie würde sagen, dass sie das nicht wolle. Wären die Umstände nicht so grässlich gewesen, hätte
Bones Becca zu Hause abgesetzt und sie dazu gezwungen,
keinen Fuß in die Stadt zu setzen, bis diese Sache vorüber
war.

Doch die Aussicht darauf, über dem nächsten frisch an-
gekauten Leichnam zu stehen und zu wissen, dass er imstande gewesen wäre, das zu verhindern, hinderte ihn daran. Bones konnte sie nicht erschnuppern, nicht in dem
Strom von Menschen, der sich in den Straßen drängte, doch
er konnte dafür sorgen, dass Becca einen deutlichen Blick
auf jeden weiblichen Ghul erhaschte, den er fand. Irgendwann würden sie Delphine entdecken.

»Ich würde wirklich gern noch mehr Zeit mit dir verbringen, solange ich hier bin«, sagte Bones und schenkte
Becca ein Lächeln voller Möglichkeiten.

Sie lächelte zurück, und der Geruch des Unbehagens fiel
von ihr ab.

»Das würde ich auch gern.«

Du verfluchter Mistkerl, dachte Bones. Er ließ allerdings

nicht zu, dass sich irgendetwas davon in seinem Gesicht widerspiegelte. Stattdessen winkte er nach der Rechnung.

Energie sorgte dafür, dass sich die Härchen in seinem Nacken aufstellten. Bones drehte sich um und murmelte einen Fluch, als er ein vertrautes Gesicht entdeckte, das in ihre Richtung kam.

»Entschuldige mich«, raunte er Becca zu und stand auf.

»'allo«, rief Ralmiel, der auf den Platz gegenüber von Bones glitt. Er schenkte Becca ein charmantes Lächeln. »Wer sind denn Sie, *ma belle chérie?*«

»Niemand, der dich zu kümmern braucht«, sagte Bones barsch.

Beccas Mund klaffte auf. Ralmiel wirkte beleidigt. »Als müsstest du eine so hübsche Blume vor mir beschützen. Ich bin nur hier, um mich um *dich* zu kümmern, *mon ami*. Nicht um Leute, die du zufällig bei dir hast.«

Ralmiel hatte nicht den Ruf, unschuldigen Unbeteiligten zu schaden, doch Bones war nicht sonderlich erfreut darüber, dass Becca mit ihm gesehen worden war. Diese ganze Situation brachte sie in größere Gefahr, als er beabsichtigt gehabt hatte. Er würde seine Pläne für die nächste Nacht ändern müssen. Aber eins nach dem anderen.

Bones nahm Platz und behielt seine Hände dicht bei den Silbermessern in seinem Mantel.

»Ist alles in Ordnung?«, fragte Becca, die zwischen ihnen hin- und herschaute.

»Durchaus«, entgegnete Bones, ohne seine Augen von Ralmiels abzuwenden. »Mein Freund hat bloß ein wenig seine Manieren vergessen.«

»Eigentlich wollte ich draußen auf dich warten«, sagte

Ralmiel, der sich gemächlich auf seinem Stuhl zurücklehnte, »aber als ich deine *chère amie* gesehen habe, entschied ich, unser Geschäft auf morgen zu verschieben. Nachdem ich mehr über diese *la belle* hier erfahren habe.«

»Ich mag es nicht, wenn man über mich spricht, als wäre ich nicht anwesend«, sagte Becca mit einem scharfen Blick auf Ralmiel.

Der Kellner brachte die Rechnung. Bones ließ achtlos mehrere Geldscheine auf den Tisch fallen; er war nicht gewillt, seine Aufmerksamkeit auch nur einen Sekundenbruchteil länger von Ralmiel abzuwenden als absolut nötig.

»Kommst du mit raus?«, fragte Bones mit einer hochgezogenen Augenbraue.

Ralmiel nickte. »Natürlich.«

Becca nahm ihre Handtasche, während sie sie weiterhin mit argwöhnischen Blicken bedachte. »Wollt ihr zwei euch eine Minute allein unterhalten?«

Nein, dachte Bones gelassen. *Aber ich hätte gern eine Minute allein mit ihm, um ihn zu töten.* Er nahm sein Whiskeyglas auf, stellte zufrieden fest, dass es noch fast voll war, und stand vom Tisch auf.

»Alles bestens, Liebes. Dauert bloß einen Augenblick.«

Bones und Ralmiel ließen einander nicht einen Moment lang aus den Augen, als sie nach draußen gingen. Die Anspannung zwischen ihnen war so dicht, dass man sie schneiden konnte. Beinahe beiläufig nahm Bones einen Schluck von seinem Whiskey. Neben ihnen vergnügte sich eine Gruppe Raucher mit ihren Glimmstängeln.

»Was hast du vor, Kumpel?«, fragte Bones. »Willst du mir hinterherschleichen und auf deine beste Chance warten?«

Ralmiel grinste. »*Non, mon ami.* Ich werde ihr nach Hause folgen und dir *dann* hinterherschleichen.«

Becca keuchte. Bones lächelte bloß. »Das denke ich nicht.« Dann schleuderte er Ralmiel seinen Whiskey entgegen und schnappte sich das Feuerzeug des Rauchers, der ihm am nächsten war, um Ralmiel in Flammen aufgehen zu lassen.

Ralmiel schrie und schlug auf das Feuer ein, das seine Vorderseite emporloderte. Auch mehrere Zuschauer schrien. Bones wartete nicht, um sein Werk zu bewundern. Er riss Becca mit sich durch die Menge, ohne auf ihr entsetztes Plappern zu achten. Sobald er eine Gasse fand, katapultierte er sich in die Nacht hinauf, während er sie beide mit seinem Mantel bedeckte. So war das Risiko geringer, entdeckt zu werden, da sein Mantel mit dem Nachthimmel verschmolz.

Ralmiel würde niemandem folgen, nicht in seinem Zustand.

Beccas Schreie darüber, durch die Luft zu fliegen, brachen abrupt ab, als Bones ihr eine Hand auf den Mund legte. Diesmal hielt er sich nicht mit den Dächern auf, sondern flog über das Viertel hinweg und noch weiter. Er sah sich ein paarmal um, doch da war keine fliegende Gestalt, die ihnen folgte. Zwar wäre es zu viel des Guten gewesen zu hoffen, dass Ralmiel tot war, weil es ihm nicht gelungen war, das Feuer zu löschen, doch zumindest würde er jetzt nicht erfahren, wo Becca wohnte.

Sie wand sich und trat die gesamte Strecke über um sich, machte verängstigte grunzende Laute hinter seiner Hand. Als er ihre Gegend erreichte, schaute Bones sich um, sah niemanden in der Nähe herumlungern und landete vor ihrer Haustür auf dem Boden.

»Schsch, alles ist gut, Becca«, sagte er, während er sie mit seinem Blick bannte. »Ich habe dich nach dem Essen heimgefahren, und es ist nichts Ungewöhnliches passiert.«

Sie lächelte ihn an; die Furcht schwand aus ihrem Gesicht.

»Danke für den schönen Abend«, sagte sie. »Möchtest du noch auf einen Kaffee mit reinkommen?«

Bones seufzte; wieder bedauerte er die Notwendigkeit, sie benutzen zu müssen. *Wenn das hier vorüber ist*, versprach er ihr im Stillen, *wirst du eine große Einzahlung auf deinem Bankkonto vorfinden. Das ist verflucht noch mal das Mindeste, was ich tun kann.*

»Nein, Liebes, vielen Dank«, entgegnete er und strich mit seinen Lippen über die ihren.

Eigentlich hatte er die Absicht gehabt, ihr nur einen flüchtigen Kuss zu geben, doch sie öffnete ihren Mund und schlang ihre Zunge um seine, und der Duft des Verlangens ging von ihr aus.

Bones küsste sie intensiver, ließ seine Hände zu ihrer Taille gleiten. Sie keuchte, und dann stöhnte sie, als seine Hüfte gegen ihre rieb.

Ich kann ihr nicht bloß Geld geben, dachte Bones. Becca wollte nicht, dass er sie heute Abend an ihrer Haustür verließ. Das schrien ihr Herzschlag und ihr Geruch ihm zu.

Sie zog sich lange genug von ihm zurück, um zu flüstern: »Komm rein.«

Wiederum war das das Mindeste, was er tun konnte.

7

Begleitet vom Lärm des Jubels bog der Festwagen um die erste Straßenecke. Der Wagen zeigte die Attrappe einer Opernbühne mit einem Balkon und einem Klavier im Vordergrund. Becca, kaum wiederzuerkennen mit der Lockenperücke, der Theaterschminke und dem langen viktorianischen Kleid, strahlte die Menge an. Bones, der am Klavier saß, ließ seine Finger über die Tasten gleiten, derweil die Musik aus dem *Phantom der Oper* aus den Lautsprechern des Umzugswagens plärrte.

Die Schaulustigen am Straßenrand jubelten noch mehr, besonders, als Bones aufstand und sich verbeugte. Er trug einen schwarzen Smoking, während die charakteristische Halbmaske die Hälfte seiner Gesichtszüge verbarg, und hatte eine schwarze Perücke auf dem Kopf. Die anderen Akteure auf dem Wagen mimten eine Musical-Probe, als Bones mit der verführerischen Art – und der Besessenheit – des Phantoms auf Becca zupirschte.

Es war nicht schwierig gewesen, dafür zu sorgen, dass Becca und er die Plätze des ursprünglich für diesen Umzugswagen vorgesehenen Paares einnehmen konnten. Bloß ein paar Blitze aus seinen Augen, und diese Leute tranken lieber fröhlich Rum, anstatt Christine und das Phantom zu spielen. Auch keiner der anderen Akteure erhob Einwände dagegen. Es gab Tage, an denen es gut war, ein Vampir zu sein.

Von dem Balkon des Festwagens aus, auf dem sie kauerte, hatte Becca von oben – quasi aus der Vogelperspektive – einen guten Blick auf die Leute, die die Straßen rauf- und runterscharwenzelten. Dieser Umzug führte quer durchs ganze Viertel, und selbst Ralmiel würde einige Mühe haben, sie in ihren Kostümen zu erkennen. Becca war so unkenntlich gemacht, wie es Bones möglich war. Sie ahnte, dass sie die Gesichter in der Menge unterbewusst nach dem von Delphine absuchte.

Nachdem er zusammen mit Becca lippensynchron einen Ausschnitt aus »Die Musik der Nacht« zum Besten gegeben hatte, sprang Bones zu Boden und ging außen um den Festwagen herum. Auf diese Weise blieb Beccas Aufmerksamkeit da, wo sie sein sollte; weg von ihm und auf die ihr zugewandten Gesichter gerichtet. Falls das von der planmäßigen Nummer auf dem Festwagen abwich, dann ließ sich das nicht ändern. Bis Faschingsdienstag waren es bloß noch drei Tage. Bald würden die LaLauries ihre mörderische Fresstour beenden und aus der Stadt verschwinden. Es standen wichtigere Dinge auf dem Spiel, als ein Paradeprogramm einzuhalten.

Es war nach elf Uhr nachts, was bedeutete, dass die Stimmung der Menge auf dem Siedepunkt war. Der Umzug befand sich gerade mitten in der Bourbon Street, als Becca mit einem Mal aufhörte zu winken und Perlen zu werfen. Ein glasiger Blick trat in ihre Augen, als die Anweisungen griffen, die Bones ihr vor einer Woche eingetrichtert hatte, und endlich Früchte trugen.

»Die Frau aus jener Nacht. Da ist sie.«

Becca schien sich nicht einmal darüber im Klaren zu sein, dass sie etwas gesagt hatte. Bones' Blick schnellte in die Richtung, in die Becca starrte, während er das Menschengewühl um sich herum verfluchte. Da war ein Meer von Gesichtern, die Hälfte davon Frauen, von denen jede Dritte

dunkles Haar hatte. Er sprang hoch zu Becca und murmelte: »Zeig sie mir.«

Becca ignorierte alles um sich herum, auf die Befehle fi-
xiert, die Bones ihr zuvor aufgezwungen hatte: *Finde die
Frau aus jener Nacht.* Mit einer steifen Geste wies sie auf
die Menge. Bones suchte die Gesichter vor ihnen ab, hielt
Ausschau nach dieser blassen verräterischen Luminanz von
untotem Fleisch.

Ungefähr zehn Meter entfernt drehte sich gerade eine
Frau um. Ihr Haar war schwarz und gelockt, ihr Lächeln
war breit, und ihre schönen Züge wurden von ihrer blei-
chen perfekten Haut nur noch mehr betont.

Delphine.

Delphine bemerkte ihn ebenfalls. Zuerst glitt ihr Blick
desinteressiert über ihn hinweg, doch dann hielt sie inne.
Kniff ihre Augen zu Schlitzen zusammen. Dann wandte sie
sich um und versuchte zu verschwinden.

»Bleib hier«, wies Bones Becca an, während er in seinen
Mantel griff, um ein großes, geschwungenes Messer hervorzuholen. Die Menge keuchte, in der Annahme, das ge-
höre zur Darbietung. Er ignorierte sie, als er wieder nach
unten sprang und die Leute grob aus dem Weg stieß.

Ihr dunkles Haar ging in der Menge unter, als sie sich
duckte und außer Sicht verschwand. Bones beschleunigte sein Tempo, schleuderte die Menschen jetzt beinahe zur
Seite. In Kürze würde die Polizei auf die Unruhe aufmerk-
sam werden, doch das kümmerte ihn nicht. Er hatte bloß
ein Ziel. *Lass Delphine nicht entkommen.*

Wieder erhaschte er einen flüchtigen Blick auf sie, wie sie
mit gesenktem Kopf rasch durch die Menschentrauben eil-

te. Delphine schaute über ihre Schulter zurück, und wieder trafen sich ihre Blicke. Sie lächelte, liebreizend und böse. Dann versetzte sie der Person, die ihr am nächsten war, einen Hieb und rannte los.

Bones gab es auf, so zu tun, als wäre er ein Mensch. Er jagte mit seiner ganzen übernatürlichen Geschwindigkeit hinter Delphine her. Im nächsten Moment war er bei dem jungen Mann, den Delphine attackiert hatte. Der Mann hockte auf den Knien; Blut strömte zwischen seinen Händen hervor, die er gegen seinen Bauch gedrückt hatte. Sie hatte ihm einen so festen Schlag versetzt, dass sie dem Burschen förmlich die Eingeweide aufgerissen hatte. Die Verletzung war tödlich – es sei denn, Bones blieb stehen, um ihn zu retten.

Er traf seine Entscheidung innerhalb eines Lidschlags und lief weiter. Einen Unschuldigen zu opfern war vertretbar, um unzählige andere zu retten.

Ein weiterer Geschwindigkeitsschub ließ ihn noch weiter zu ihr aufschließen. Delphine war flink, aber er war schneller. Grausame Erwartung erfüllte ihn. Seine Hand umklammerte sein Messer. *Beinahe geschafft …*

Just als Bones fast bei ihr war, bohrte sich ein Pfeil durch seine Brust, der eine Explosion des Schmerzes mit sich brachte. Er brüllte, als er das Geschoss herausriss und nun geduckt durch die Menschenmassen hindurchpflügte, um sein Herz zu einem schwierigeren Ziel zu machen. *Ralmiel.* Er würde diesen Mistsack für sein schlechtes Timing umbringen.

Ein weiterer Pfeil bohrte sich in seinen Rücken und verfehlte zwar von Neuem sein Herz, zeigte jedoch, dass Ralmiel nicht aufgegeben hatte. Das Silber brannte, doch Bones wurde trotzdem nicht langsamer, um es herauszuziehen. Er konnte es nicht riskieren, Delphine zu verlieren, Schmerzen hin oder her.

Allerdings fühlte es sich so an, als würde jede Person in der Menge, die er anrempelte, den Pfeil kräftig in der Wunde drehen. Bones biss die Zähne zusammen und hastete weiter, verfluchte die Leute, die ihm in die Quere kamen, die plärrende Musik, die blutigen Perlen, die Milliarden Düfte, die es unmöglich machten, Delphine anhand ihres Geruchs auf der Spur zu bleiben, und den Cajun-Auftragskiller, der entschlossen war, ihn sich an seine Trophäenwand zu hängen.

Bones bekam einen weiteren Pfeil in den Hals, der ihn geradewegs durchbohrte und ihn zornig herumwirbeln ließ. Verflucht noch mal, gleich würde Ralmiel mit einem seiner Schüsse Glück haben, und wenn er selbst tot war, konnte Bones Delphine nicht umbringen.

Er nahm sein Messer und hackte die Spitze des Pfeils ab, ehe er ihn aus seiner Kehle riss. Einen Moment lang brannte feuriger Schmerz, ehe die Wunde heilte. Bones lief weiter, im Zickzack, bis er die Seite eines Gebäudes erreichte und dann senkrecht nach oben schoss. Sobald er auf dem Dach war, riss er seine Maske herunter; sein Blick war von loderndem Smaragdgrün, als er sein Ziel ins Auge fasste.

Ralmiel befand sich auf dem Dach auf der anderen Straßenseite über dem Werbeschild für MAISON BOURBON. Diesmal lächelte der Cajun nicht oder riss irgendwelche Witze. Er legte einen weiteren Pfeil in seine Armbrust ein und feuerte.

Bones wirbelte nach links, sodass der Pfeil an ihm vorbeizischte, ehe er wieder herumschnellte, als Ralmiel rasch ein zweites Geschoss abfeuerte. Und noch eins.

Jetzt reicht's, dachte Bones. Er verschränkte einen Arm vor seiner Brust und katapultierte sich dann zu Ralmiel; seine andere Hand hielt das geschwungene Messer. Ralmiel feuerte zwei weitere Pfeile ab, die jedoch nur Bones' Arm trafen, nicht sein Herz. Dann sprang Ralmiel zurück, aber zu langsam. Ein wuchtiger Hieb spaltete die Armbrust in zwei Hälften. Ein weiterer Schlag schlitzte Ralmiel die Brust auf. Die Klinge bestand aus Stahl, nicht aus Silber, da Bones sie eigentlich dafür eingesteckt hatte, einen Ghul zu enthaupten, anstatt einen Vampir zu töten.

Trotzdem war die Wunde tief. Ralmiel zappelte herum, versuchte erfolglos, sich loszureißen. Bones hielt ihn fest und hob von Neuem das Messer. *Jetzt schneide ich dir den Kopf ab*, dachte Bones grimmig und schwang die Klinge. *Und das bringt jeden um, nicht wahr?*

Stattdessen jedoch zischte das Messer durch leere Luft. Bones knurrte frustriert; seine Knie krachten auf das Dach, als der Vampir unter ihm verschwand. Er wirbelte herum, nur für den Fall, dass der Kerl vorhatte, hinter ihm wieder aufzutauchen, mit Silber im Anschlag, aber da war nichts.

Kalter Zorn erfüllte Bones. Er hackte das Ende des Pfeils ab, der noch immer in seinem Rücken steckte, ehe er den Rest ebenfalls aus sich herausriss, ohne auf die Supernova des Schmerzes zu achten, die darauf folgte. Entweder würden Ralmiel in Bälde die magischen Beutel ausgehen, oder Georgette hatte sich entschlossen, die Zutaten darin doch nicht auszutauschen. Darum würde er sich allerdings später kümmern. Zuerst musste er versuchen, Delphine wiederzufinden, und möge Gott Ralmiel beistehen, wenn er ihm noch einmal in die Quere kam.

Bones lief über eine Stunde lang über die Dächer des Viertels, um sich den erhöhten Blickwinkel zunutze zu machen und die Gesichter der Leute unter ihm besser erkennen zu können. Keine Spur von Delphine. Er verfluchte sich dafür, dass er nicht einfach über die Köpfe der Menge hinweggeflogen war, um schneller zu ihr zu gelangen, doch das Geheimnis seiner Spezies zu bewahren war so tief in ihm verwurzelt, dass sein erster Instinkt darin bestanden hatte, ihr zu Fuß zu folgen. Und wäre Ralmiel nicht gewesen, hätte das auch funktioniert. Verdammter Bastard.

Aber zumindest wusste Bones jetzt, wie sie aussah. Endlich war Beccas Rolle bei dieser Sache vorüber. Bones würde später noch einmal versuchen, das Quartier zu durchkämmen, in der innigen Hoffnung, dass Delphine nicht aus der Stadt verschwunden war.

Bones verließ das Viertel und begab sich zu seinem Hotel in einem der Außenbezirke der Stadt, wobei er mehrmals Umwege einschlug, um sicherzustellen, dass er nicht verfolgt wurde. Dank seiner ganzen Umwege ging schon fast die Sonne auf, als er endlich in seinem Zimmer ankam. Er streifte seine Kleider ab und setzte sich aufs Bett, um sein Laptop zu mustern. Besser, er schaute jetzt gleich nach, ob er irgendwelche wichtigen Nachrichten bekommen hatte. Der Schlaf konnte noch ein bisschen warten.

Bones loggte sich in seine Mailbox ein und überflog rasch seine Nachrichten. »Verdammt noch mal«, fluchte Bones, als er zur letzten E-Mail kam. *Was führte dieser Ghul bloß im Schilde?*

8

An diesem Nachmittag öffnete Bones die Seitentür seines Stadthauses, um Jelani reinzulassen. Er ging durch die Diele und lauschte dem Klicken von Jelanis Plastik-und-Metall-Beinen, als ihm der andere Mann folgte. Bones blieb im Innenhof des Hauses stehen. Der Hof besaß einen großen Brunnen in der Mitte und war von Blumen umgeben, die auch im Winter blühten.

»Sehr hübsch«, lobte Jelani, als er sich umschaute.

Bones schwieg. Jelani wartete einige Minuten, doch dann gewann seine Ungeduld die Oberhand.

»Du sagtest, du hättest gewisse Neuigkeiten?«, forschte der Ghul.

Bones schenkte ihm ein dünnes Lächeln. »Die habe ich in der Tat. Über dich.«

Dann überbrückte Bones die Distanz zwischen ihnen und packte Jelani, um den kräftigeren Mann mehrere Zentimeter vom Boden hochzuheben.

»Dies ist deine einzige Chance, mir die Wahrheit zu sagen. Wenn du mich belügst, töte ich dich auf der Stelle. Seit meiner Ankunft ist Ralmiel hinter mir her, der keine Angst davor hat, dass Marie ihn dafür zur Rechenschaft ziehen könnte. Seltsam. Außerdem hat deine Geschichte einer Überprüfung nicht standgehalten. Hast du gedacht, ich würde mich einfach auf dein Wort verlassen und keine eigenen Ermittlungen anstellen? Es gibt keine Aufzeichnungen, die belegen würden, dass die LaLauries jemals im St.-Francisville-Haus waren, weshalb sie dort auch nicht deine Frau ermordet haben können. Was für ein Spiel spielst du?«

Jelani machte sich nicht die Mühe, nach Ausflüchten zu suchen. Dank seiner falschen Arme und Beine war er Bones gegenüber so hilflos wie ein Mensch.

»Ich war der Sklave der LaLauries«, spie er hervor. »Sie haben meine Frau und mich kurz nach ihrem Umzug ins Quartier gekauft. Die Geschichten über die Gräueltaten, die sie ihren Sklaven antaten, schildern nicht einmal die halbe Wahrheit. Meine Frau und ich versuchten zu fliehen. Doch sie fingen uns wieder ein und folterten mich. Schnitten mir die Arme und Beine ab und aßen sie vor meinen Augen, aber das war nicht das Schlimmste.«

Jelani wandte den Blick ab. Der Geruch reinster Qual ging von ihm aus, doch Bones lockerte seinen Griff nicht.

»Sprich weiter.«

»Delphine verwandelte mich in einen Ghul«, fuhr Jelani fort; seine Stimme zitterte, als er sich erinnerte. »Dann hat sie mich tagelang auf diesem höllischen Dachboden angekettet, bis ich vor Hunger fast verrückt war. Schließlich brachte sie meine Frau nach oben und kettete sie ebenfalls an, damit sie nicht fliehen konnte. In dieser Nacht brachte ich meine Frau um. *Ich brachte meine Frau um und fraß sie.*«

Bones ließ ihn runter. Jelani wankte einen Moment lang auf seinen Beinprothesen, bis er das Gleichgewicht wiederfand. Als es so weit war, stieß er Bones von sich.

»Tut mir leid, Kumpel«, sagte Bones leise. »Aber du weißt, dass das nicht deine Schuld war. Sie haben diese Untat begangen, nicht du.«

Jelani gab ein verbittertes Schnauben von sich. »Oh, ich weiß, dass sie für ihren Tod verantwortlich sind. Doch jedes Mal, wenn ich schlafen gehe, kann ich meine Frau in meinen Träumen immer noch schreien hören, mehr als hundert Jahre danach.« Jelani sah Bones unbeirrt in die Augen. »Ich will, dass das ein Ende hat. Ich will, dass das alles ein Ende hat.«

Bones stieß ein langsames Seufzen aus. »Marie hat keine Ahnung, dass die LaLauries hier sind, oder? Deshalb ist Ralmiel auch so frech hinter mir her. Er hat keine Angst vor ihren Repressalien.«

»Als Delphine und Louis vor Jahrzehnten in der Stadt jagten, trug Ihre Majestät mir auf, nichts zu unternehmen, bis sie zurück sei. Sie wollte nicht, dass irgendjemand davon erfuhr, aus Furcht, dass es ihre Macht schwächen würde, wenn diese Nachricht die Runde machte. Doch die LaLauries verschwanden wieder, bevor Ihre Majestät heimkehrte. Dieses Mal konnte ich nicht riskieren, sie erneut entkommen zu lassen. Deshalb habe ich dich angelogen, als ich dich hierherrief.«

Bones fuhr sich frustriert mit einer Hand durchs Haar. »Dafür wird Marie dich umbringen. Aber das weißt du mit Sicherheit selbst.«

Die Schultern des großen Mannes sackten nach unten. »Du hast keine Ahnung, wie es ist, dergestalt verkrüppelt unter unserer Art zu leben. Ihre Majestät hat meinen Zustand für mich erträglich gemacht, aber sobald die LaLauries tot sind, möchte ich ebenfalls sterben. Ich hoffe nur, dass Ihre Majestät so gütig ist, den Tod als Strafe für meinen Verrat walten zu lassen, anstatt mich ohne ihren Schutz davonzujagen.«

Einmal mehr wanderte Bones' Blick über die Stümpfe, die Jelanis Arme und Beine gewesen waren. Jelani konnte kein Messer führen, um sich seines Lebens zu erwehren oder das von Marie zu verteidigen, womit er in jeder Untoten-Ahnenlinie eine Ausnahmestellung einnahm. Er konnte nicht einmal gehen, wenn irgendjemand diese Prothesen unter ihm wegfegte – und das wäre das Erste, was ein ihm feindlich gesonnener Vampir oder Ghul tun würde, wenn es hart auf hart kam.

Objektiv betrachtet war das Einzige, was Jelani Ihrer Majestät im Gegenzug für ihren Schutz bieten konnte, seine Loyalität, und die hatte er gerade verspielt, indem er es hinter ihrem Rücken auf die LaLauries abgesehen hatte. Selbst wenn Marie Verständnis dafür hatte, warum er es getan hatte, blieb ihr dennoch keine andere Wahl, als ihn dafür zu töten. Nicht, wenn sie nicht als schwache Anführerin gesehen werden wollte.

Und wenn Bones pragmatisch war, würde er jetzt, wo er wusste, dass nichts von alldem von Marie sanktioniert worden war, noch heute Nacht die Stadt verlassen. Wenn Jelanis Taten anschließend bekannt wurden, konnte Bones glaubhaft behaupten, nichts vom Verrat des Mannes gewusst zu haben.

Doch wenn er das nicht tat, würde er sich für alles Weitere, was er unternahm, vor der Königin der Stadt verantworten müssen. Bones war ein unbefugter Eindringling, der ohne ihre Erlaubnis in Maries Revier jagte. Er wusste, dass sie das nicht einfach freundlich abtun würde. Außerdem bot er, solange er hier war, ein verflucht gutes Ziel für Ralmiel.

Ihm blieb nur eine Möglichkeit, oder nicht?

Bones starrte Jelani an, ohne zuzulassen, dass sich auf

seinem Antlitz irgendeine Emotion zeigte. »Ich glaube nicht, dass wir uns wiedersehen werden, Kumpel, aber eins verspreche ich dir – du wirst deine Rache bekommen.«

Jelani schenkte ihm ein knappes Lächeln. »Es wird nicht nur meine Rache sein, sondern auch die meiner Frau und aller anderen, die durch ihre Hand starben.«

Bones ging davon, ohne etwas zu erwidern. Er würde den Tod bringen, ja. Im Augenblick wünschte er allerdings, er hätte ebenso Hoffnung spenden können, auch wenn es für Jelani keine gab und möglicherweise auch nicht für ihn selbst.

9

Bones marschierte die Straße zu Beccas Friseursalon hinauf. Er hatte vorhin versucht, sie auf dem Handy zu erreichen, aber sie ging nicht ran. Vermutlich war sie sauer auf ihn, weil sie glaubte, er wäre gestern Abend einfach abgehauen. Oder sie war beschäftigt, weil sie Kundschaft hatte, sodass es ihr nicht möglich gewesen war, ans Telefon zu gehen. So oder so fand er, eine Geste des guten Willens sei angebracht, deshalb hatte er unterwegs ein Dutzend Rosen besorgt.

Und nur für den Fall, dass sich Ralmiel auf einem der Dächer tummelte und mit einer Armbrust auf ihn angelegt hatte, trug Bones unter seinem Hemd und dem Mantel eine Kevlarweste. Sollte Ralmiel ruhig versuchen, *da* einen Pfeil durchzuschießen! Bones hatte die Absicht, ihm den Kopf von den Schultern zu trennen, wenn dieser niederträchtige Mistkerl das nächste Mal Houdini spielte und aus dem

Nichts auftauchte. Wenn er außerdem Delphine und Louis erledigen konnte, würde er den heutigen Abend als rundum gelungen betrachten.

Bones war noch ein paar Geschäfte von dem Salon entfernt, als er es roch. Er atmete ein, bloß um sicherzugehen, und beschleunigte dann sein Tempo, lief das kurze Stück zum Salon und riss die Tür auf.

Das Mädchen hinter dem Tresen schaute überrascht auf. Bones ignorierte sie, hastete durch den Salon und riss jede geschlossene Tür auf – sehr zum Entsetzen einer Kundin, die im Hinterzimmer eine Massage bekam.

»Becca ist nicht da«, rief das Mädchen.

Bones eilte zu ihr hinüber und ließ die Rosen zu Boden fallen, als er sie packte.

»Wann ist sie gegangen? War sie allein?«

»Hey, nicht so grob«, protestierte sie.

Bones ließ sie los und fragte sehr präzise: »Wo ist Becca?«

»Sie hat sich krankgemeldet. Allerdings hat sie vorhin ihre neue Mitbewohnerin rübergeschickt, um zu sagen, dass sie heute zwar nicht zur Arbeit kommt, ich dir aber sagen solle, dass du zum Essen rüberkommen sollst, wenn du dich blicken lässt. Deshalb nehme ich an, dass Becca nicht *so* krank sein kann.«

Obgleich er es bereits wusste, wollte er dennoch die Bestätigung für seine Annahme. »Dieses Mädchen … Wie sah sie aus?«

Ein Schulterzucken. »Lockiges schwarzes Haar, dünn, etwa in meinem Alter. Hatte einen Akzent, ich glaube, französisch …«

Bones ging zur Tür, doch das Mädchen rief ihm hinterher:

»Sagen Sie Becca, dass sie Ärger mit unserem Geschäftsführer hat. Es ist Mardi Gras; wir können es uns nicht leisten, dass sie einfach beschließt, einen Tag blauzumachen.«

Also war Delphine letzte Nacht nicht einfach weggerannt. Nein, sie hatte seine Witterung aufgenommen und war dabei auf Becca gestoßen.

Sobald er draußen war, atmete Bones erneut tief ein. Selbst angesichts der Geräusche unzähliger Menschen, die die Luft erfüllten, konnte er Delphine riechen. Es war, als habe sie sich absichtlich an der Ladenwand gerieben, um sicherzugehen, dass er sie witterte. Bones ging quer über die Straße, um zur alten Villa der LaLauries emporzustarren. Dann ging er zum Tor und nahm einen weiteren langgezogenen Atemzug.

Auch hier war sie gewesen. Wiederum war die Fährte so deutlich, dass sie absichtlich hinterlassen worden sein musste. Bei all den anderen Malen, die Bones bereits an diesem Haus vorbeimarschiert war, war Delphines Geruch nicht da gewesen. Und jetzt konnte er einen Herzschlag in dem normalerweise verwaisten Herrenhaus hören.

Becca. *Komm zum Essen rüber*, hatte Delphine gesagt, und sie sorgte dafür, dass Bones wusste, wo das Essen stattfinden würde.

Ein bitteres Lächeln verzog seinen Mund. *Nein, Delphine. So einfach mache ich es dir nicht. Ghule sind am Tage stärker, Vampire hingegen schwächer. Ich werde bis nach Sonnenuntergang warten, ehe ich deiner Einladung nachkomme. Es ist ja nicht so, als hättest du die Absicht, Becca gehen zu lassen, sobald ich auftauche, du mordgieriges Miststück.*

Bones machte auf dem Absatz kehrt und ging davon, während er sich fragte, ob Delphine oder Louis ihn wohl beobachteten.

Als Bones zurückkam, war es nach neun. Sein Mantel war mit mehreren Messern bestückt, sowohl aus Stahl als auch aus Silber. Er hatte keine Ahnung, ob Delphine und Louis möglicherweise vampirische Hilfe bei sich hatten, deshalb war es am besten, für alle Eventualitäten gewappnet zu sein. Er trug noch immer die Kevlarweste unter seinem Hemd, auch wenn sie seine Bewegungen ein bisschen beeinträchtigen würde. Dennoch überwog ihr Nutzen immer noch ihre Nachteile.

Bones studierte das alte Haus der LaLauries. Selbst in diesem ganzen Lärm um ihn herum, von Feiernden, die die letzten Tage des Mardi Gras genossen, konnte Bones leise den Herzschlag im Innern des Hauses vernehmen, wenn er sich konzentrierte. Gewiss, es bestand die Möglichkeit, dass das überhaupt nicht Beccas Herzschlag war, aber vielleicht war sie ja doch noch am Leben.

Jetzt wurde es Zeit für den letzten Teil seines Outfits.

Bones drehte sich um und mischte sich unter die feiernde Menge, zog die ersten paar Leute, die er in die Finger bekam, aus dem Gewühl der Partygänger heraus und hypnotisierte sie mit seinem Blick. Der Alkohol, den sie konsumiert hatten, half ihm dabei, da im Augenblick keiner von ihnen imstande war, mental Widerstand zu leisten. Bones kümmerte es nicht, ob sich irgendjemand, der zufällig herschaute, wunderte, warum seine Augen grün leuchteten. Sollten sie ruhig denken, dass es sich dabei um einen

Spezialeffekt der *Phantom-der-Oper*-Maske handelte, die er trug, wenn sie sich überhaupt die Mühe machten, sich darüber Gedanken zu machen.

Nachdem er den drei verzauberten Menschen ihre Anweisungen erteilt hatte, kehrte Bones in die Menge zurück und zog drei weitere aus dem Gewühl, um das Prozedere mit ihnen zu wiederholen. Und dann noch mal drei und noch mal drei, bis er mehr als ein Dutzend fügsame Schaulustige um sich versammelt hatte. Schließlich ging Bones die Straße hinunter, um an der Ecke vor dem Haus stehen zu bleiben.

Die Schatten rings um das Gebäude waren jetzt dunkler, beinahe als wüssten sie, dass ihre einstigen Peiniger zurückgekehrt waren. Bones nahm seine Maske ab, ehe er seinen Kopf auf den Schultern kreisen ließ.

»Jetzt«, sagte er zu den wartenden Männern und Frauen hinter ihm und katapultierte sich in die Luft hinauf.

Unter ihm begannen sie, auf die Vorderseite des Hauses zuzugehen und Dinge dagegenzuschmeißen. Bierflaschen, ihre Schuhe, ihre Masken; was immer sie in die Hände bekommen konnten, warfen sie auf das Gebäude. Im Erdgeschoss und im ersten Stock gingen Fenster zu Bruch, doch das Geräusch von zersplitterndem Glas wurde von den Schreien und dem Gebrüll der Leute übertönt. Allerdings gingen sie nicht näher als vier Meter an das Haus heran. Nein, sie hielten sich gerade weit genug davon fern, dass jeder, der sie aufhalten wollte, herauskommen und sie holen musste.

Doch es ging nicht darum, Delphine oder Louis herauszulocken; vielmehr kam es Bones auf den Lärm an, den sie verursachten, während sie das Haus mit Wurfgeschossen bombardierten. Hinter dem Schornstein eines angrenzenden Dachs verborgen wartete Bones auf seine Chance. Als zwei Fenster gleichzeitig zerbarsten, sprang Bones vor, streckte seinen Körper lang aus und hechtete durch eins der Fenster im ersten Stock.

Sobald er auf dem Boden aufkam, rollte Bones sich ab; er hielt sich geduckt und suchte den Raum ab, sorgsam darauf bedacht, seine Augen nicht aufblitzen zu lassen. Er hatte nicht die Absicht, es ihnen einfacher zu machen, ihn zu finden, falls sie zu dem Schluss gelangten, dass er das Geräusch verursacht hatte, das sie gerade gehört hatten, nicht Gegenstände, die durch die Fenster geworfen wurden.

Abgesehen von einigen Möbeln war der Raum leer. Bones atmete ein, versuchte, Becca anhand ihres Geruchs zu lokalisieren, und fluchte dann. In dem Zimmer stank es nach Einbalsamierungsflüssigkeit, ein widerlicher Geruch, der nahezu alles andere übertünchte. *Clevere Mistkerle*, dachte er. Aber das war schon in Ordnung; er konnte immer noch den Herzschlag als Signalfeuer nutzen, auch wenn es jetzt, wo er sich im Innern des Hauses befand, beinahe so klang, als würde es sich um zwei Herzen handeln. Beide kamen aus entgegengesetzten Richtungen.

Er entschied sich für den, der kräftiger klang. Da Becca ihr jüngstes Opfer war, machte es Sinn, dass der andere, schwächere Herzschlag jemandem gehörte, den die LaLauries vor ihr in ihre Gewalt gebracht hatten. Und obwohl Bones Mitleid für diese unbekannte Person empfand, galt seine Sorge in erster Linie Becca.

Er schlich tief geduckt vorwärts. Das Licht war ausgeschaltet, aber es war ja auch nicht so, als bräuchten Ghule Helligkeit, um etwas zu sehen. Abgesehen von diesen

Herzschlägen, seinen eigenen verstohlenen Bewegungen und dem gelegentlichen Krachen der Gegenstände, die immer noch gegen die Fenster geschleudert wurden – worum auch immer es sich dabei handeln mochte –, war in dem Gebäude kein Laut zu vernehmen.

Dessen ungeachtet konnte Bones die Energie im Haus spüren. Delphine und Louis waren hier. Warteten. Was für eine Falle sie ihm auch immer gestellt haben mochten, sie war in dem Moment zugeschnappt, als Bones das Haus betreten hatte. Alles, was er jetzt noch tun konnte, war, die Sache bis zum Ende durchzuziehen. *Irgendwann stirbt jeder,* sinnierte Bones mit grimmiger Entschlossenheit. *Kommt schon, ihr Schweine. Schauen wir mal, ob ihr diesen Tag zu meinem Tag machen könnt.*

10

Bones schlich den Flur entlang, auf das Geräusch des Herzschlags zu, sorgsam auf sämtliche Anzeichen eines unmittelbar bevorstehenden Angriffs achtend. Bislang hatte er niemanden zu Gesicht bekommen, doch all seine inneren Alarmglocken läuteten. Die Falle würde sich dort befinden, wo Becca war, gewiss, aber er konnte sie nicht einfach im Stich lassen. Immerhin war es seine Schuld, dass Delphine sie überhaupt verschleppt hatte.

Der Herzschlag kam aus dem Zimmer am Ende des Korridors. Zwischen ihm und diesem Raum befanden sich vier bedrohliche offene Türen. Bones zog zwei Messer aus seinem Mantel, eins aus Stahl, das andere aus Silber. Er umklammerte mit jeder Hand eins, während er geduckt weiterschlich. *Kommt raus, kommt raus, wo immer ihr seid ...*

Alles in ihm spannte sich an, als er sich an die erste Tür heranpirschte. Bones sprang in den Raum, dafür gewappnet, einen Angriff abzuwehren – aber es kam keiner. Hier gab es nichts außer noch mehr Möbeln mit Polsterhüllen darüber und diesem widerlichen Gestank von Einbalsamierungsflüssigkeit, der seine Fähigkeit zunichtemachte, irgendetwas zu wittern.

Eine hin, drei im Sinn.

Bones wiederholte dasselbe Vorgehen bei der nächsten Tür. Diesmal streiften Spinnweben sein Gesicht, aber das war auch schon das Bedrohlichste, was ihn hier erwartete. Der dritte Raum war leer und das vierte Zimmer auch, abgesehen davon, dass hier Blut zu sehen war. Eine Menge Blut.

Bones kniete sich neben einen der großen Flecken und roch daran. Trotz der chemischen Dämpfe im Raum wusste er, dass es sich um Beccas Blut handelte. Was bedeutete, dass die Knochenstücke, die fast beiläufig in die Ecke geworfen worden waren, ebenfalls von ihr stammten.

Er stand auf, und die Woge mörderischen Zorns in ihm machte ihn ruhiger, nicht ungestümer. Bones näherte sich dem letzten Raum, aus dem der Herzschlag kam, genauso langsam und vorsichtig, wie er es zuvor bei den anderen getan hatte. Falls die LaLauries geglaubt hatten, dass die grausige Zurschaustellung von Beccas sterblichen Überresten ihn dazu bringen würde, leichtsinnig hereinzustürmen, um sie zu retten, irrten sie sich.

In diesem Raum gab es keine Möbel, abgesehen von einem langen dunklen Sarg, aus dem der Herzschlag drang.

Bones wartete, bevor er eintrat, seine Sinne so geschärft, dass ihm kein Laut und keine Bewegung entging. Doch da war nichts. Andererseits atmete ein Ghul nicht und konnte so reglos verharren wie eine Statue, wenn es nötig war. Delphine und Louis konnten beide da drin sein, auf ihn warten.

Bones hechtete in den Raum und rollte sich unverzüglich über die Schulter ab, um jeden möglichen Frontalangriff abzuwehren, während die Klingen in seinen Händen nach Fleisch suchten, in das sie sich graben konnten. Nichts. Nicht einmal ein Flüstern, abgesehen von dem steten Herzschlag. Der Wandschrank im Raum hatte keine Türen, sodass sich niemand darin verstecken konnte, und sofern sich Delphine und Louis nicht Ralmiels Verschwinde-Trick zu eigen gemacht hatten, waren sie nicht in diesem Zimmer.

Er näherte sich dem Sarg und nahm einen weiteren tiefen Atemzug. Da waren die Gerüche von Einbalsamierungsflüssigkeit, von Beccas Blut und noch von etwas anderem. Von etwas Metallischem, auch wenn der Geruch zu schwach war, als dass er ihn über den Gestank der Chemikalien hinweg identifizieren konnte. Aus dem Innern des Sarges drangen gedämpfte *Hmpff-hmpff!*-Laute, die von abgehacktem Atmen durchsetzt waren. Wer auch immer da drin war, lebte noch. Und war, wie es sich anhörte, geknebelt.

Bones fuhr mit der Hand den Sargdeckel entlang. Das war zu einfach. War Delphine da drin, zusammen mit Becca, darauf lauernd, ihm Silber ins Herz zu rammen, sobald Bones den Deckel anhob?

Falls dem so war, würde sie gleich feststellen, wie müßig das war.

Er öffnete den Deckel einen Spaltbreit, vernahm ein leises Klicken, gefolgt von einer Explosion – und warf sich dann im letzten Moment zur Seite. Überall in seinem Rücken steckten Silbersplitter von der handgefertigten Bombe. Genau wie die Körperteile jener unglücklichen Seele, die in diesem Sarg gelegen hatte. Allein Bones' Kevlarweste verhinderte, dass die gezackten Silberstücke sein Herz durchbohrten. Einen Moment lang lag er benommen auf dem Boden, während er im Geiste eine Bestandsaufnahme seiner Verletzungen durchführte. Dann stürmten Delphine und Louis in den Raum, Silbermesser schwingend.

Bones rappelte sich wankend auf und zuckte bei dem Schmerz in seinen Beinen zusammen, aus denen die Bombe Fleischbrocken herausgerissen hatte. In seinem Schädel klingelte es; etwas von dem Silber musste sich in seinen Schädel gebohrt haben. Er wirbelte herum und sorgte so dafür, dass der Stich, den Louis auf sein Herz gerichtet hatte, stattdessen seine Schulter aufschlitzte. Gleichwohl, das war ein Fehler, da sich die Klinge tief in seine Haut bohrte, anstatt einfach von dem Kevlar über seiner Brust abzurutschen. Bones schüttelte den Kopf, um ihn zu klären, während er sich im Geiste selbst ohrfeigte. *Hör auf, dich so dämlich aufzuführen, sonst wird dir nicht mehr viel Zeit bleiben, um es zu bedauern.*

Bei der Explosion waren ihm die Messer, die er in den Händen gehalten hatte, abhandengekommen. Bones musste zwei weitere tiefe Schnitte einstecken, ehe er eine Klinge wieder an sich bringen und den Angriff erwidern konnte. Louis LaLaurie war schnell, wich der Klinge aus und trat Bones gegen den Oberschenkel, wo noch immer ein besonders großes Stück Silber hervorlugte.

Er wirbelte von Neuem herum, um Delphines Attacke von hinten zu entgehen. Ihre Klinge hackte in seinen Oberarm anstatt durch seinen Hals; allerdings drang sie tief ein, trennte beinahe die Gliedmaße ab. Delphine war stark, und sie kämpfte nicht wie eine blutige Anfängerin. Sie hieb nach ihm, während Louis ihn von vorn attackierte. Das viele Silber in seinem Fleisch brauchte seine Kraft auf, da sein Körper automatisch versuchte, sich selbst zu heilen; und es kamen immer noch neue Verletzungen hinzu.

Delphine und Louis zwangen ihn rückwärts, brachten ihn dazu, beinahe über einen Haufen Schutt zu stolpern. Sein linker Arm, der bloß noch an ein paar Sehnen baumelte, brauchte einige Sekunden, um sich zu regenerieren, doch diese Sekunden waren kostbar. Bones konnte den Arm nicht zum Kämpfen benutzen, und das nutzten Louis und Delphine zu ihrem Vorteil. Noch mehr Silber bohrte sich in ihn, bis sich jeder Quadratzentimeter seines Körpers anfühlte, als stünde er in Flammen, und sein Blut den Boden um sie herum befleckte, was ihn noch weiter schwächte.

Delphine, die fühlte, dass der Sieg nah war, sprang auf seinen Rücken, um sowohl mit ihren Zähnen als auch mit ihren Messern wie wild an ihm zu reißen. Bones konnte sie nicht abschütteln und gleichzeitig Louis in Schach halten. Er bekam nicht einmal ein weiteres seiner Messer zu fassen, da es Delphine gelungen war, ihm im Zuge ihres rabiaten Angriffs seinen Mantel runterzureißen. Er schaffte es auch nicht, an die Messer zu kommen, die um seine Beine geschnallt waren, ohne dass Louis die Chance bekam, ihm den Kopf abzutrennen, sobald Bones sich bückte.

Louis lächelte, animalisch und zufrieden, als ein Aufwärtsschlag so tief in Bones' Eingeweide drang, dass er sich in der Explosion der Qual, die seinen Leib durchtoste, ganz instinktiv zusammenkrümmte. Delphine verdoppelte ihre Bemühungen und konzentrierte sich auf seinen Hals, als ihr klar wurde, dass es ihr nicht gelingen würde, das Kevlar auf seinem Rücken oder auf der Brust zu durchdringen.

Ein verschwommener Schemen in der Ecke des Raums sorgte dafür, dass sich Bones auf ein Knie fallen ließ. Louis stieß ein triumphierendes Lachen aus, doch Bones kniete sich nicht hin, weil er aufgab. Sondern weil er etwas gesehen hatte, das Louis, der der Zimmerecke den Rücken zugekehrt und seine Aufmerksamkeit auf Bones gerichtet hatte, nicht bemerkt hatte.

Delphine sah es ebenfalls. Sie setzte zu einem Schrei an, als Bones bereits zurücksprang und seine beiden Angreifer gegen die Wand hinter sich donnerte – während eine lange geschwungene Klinge in hohem Bogen Louis LaLauries Hals durchtrennte.

Louis' Kopf drehte sich nach rechts und dann noch weiter, um von seinen Schultern herunterzurollen, indes sein Leib nach vorn sackte; dort, wo eben noch LaLauries Haupt gewesen war, klaffte nun ein dunkles übles Loch. Ralmiel hinter ihm hielt eine rotverschmierte Klinge in der Hand.

Delphine schrie von Neuem, ein durchdringendes Heulen voller Zorn und Kummer. Bones zögerte nicht. Er griff in seine Stiefel und zog die beiden länglichen Behälter hervor, die darin steckten, riss die Deckel ab und rammte sie ihr in die Brust.

Die beiden Leuchtfackeln loderten explosionsartig auf, steckten ihre Kleidung in Brand, während sie sie von innen nach außen verbrannten. Bones hielt sie fest, stieß sie gnadenlos noch tiefer hinein. Im Körper eines Ghuls steckte nicht genügend Blut, um sie erlöschen zu lassen. Delphines Schreie wurden rasend vor Pein; ihre Arme und Beine schlugen wie wild um sich, als sie zu fliehen versuchte. Bones nagelte sie auf dem Boden fest, ohne auf die Flammen zu achten, die an ihm leckten, während sie weiter brannte. Er hatte sich heute tagsüber gut genährt; so leicht wie sie würde er nicht in Brand geraten. Das Feuer breitete sich in Delphines Körper aus, und ihre Haut platzte schneller auf, als sie heilen konnte.

Irgendetwas Grausames in Bones wollte, dass er die Sache noch weiter in die Länge zog. Er wollte so lange Fackeln in Delphine rammen und sie verbrennen, bis von ihr bloß noch Asche übrig war, doch dafür war nicht genügend Zeit. Sirenen heulten, wurden lauter. Bald würde die Polizei hier sein. Obgleich diese Bombe relativ klein gewesen war, war die Explosion nicht unbemerkt geblieben.

Bones zog ein langes Messer aus seinem Stiefel und ließ Delphine das glänzende Metall sehen, als er die Klinge vor sie hielt. Dann schnitt Bones tief durch Delphines Kehle; er empfand bloß wenig Befriedigung, als ihr Kopf über den Boden rollte, um neben Louis' enthauptetem Leichnam zum Liegen zu kommen. Nach all den Gräueltaten, die diese beiden begangen hatten, war ihr Ende viel zu schnell und zu gnädig gewesen.

Aber zumindest hast du jetzt endlich deine Rache, Jelani.

Ralmiel kam zu ihm herüber und streckte ihm eine Hand entgegen. Nach einem Moment ergriff Bones sie und ließ sich von dem anderen Vampir auf die Füße ziehen.

»Solltest du nicht eigentlich versuchen, mich umzubringen?«

Ralmiel lächelte nicht. Er schaute zur Decke empor und schüttelte den Kopf. »Ich bin über den Dachboden reingekommen und habe sie dort gesehen. Ihr bleibt nicht mehr viel Zeit.«

Becca.

Bones lief aus dem Zimmer, um dem Geräusch des anderen, schwächeren Herzschlags zu folgen. Was das betraf, hatte die Explosion tatsächlich ihr Gutes gehabt. Der Mauerbrocken, den die Detonation aus der Flurwand gerissen hatte, hatte eine Metalltreppe im Innern der Mauer freigelegt; hier drinnen klang Beccas Herzschlag lauter. Bones riss noch mehr von der Trockenbauwand ein, um durch die Öffnung zu gleiten, und hastete dann die schmale Stiege hinauf. Er stieß die Klappe am oberen Ende der Stufen auf, um in einen kleinen kastenförmigen Raum oben auf dem Dach des Hauses zu gelangen.

Becca lag auf einem Arbeitstisch. Bones' Gesicht zuckte, als ein rascher Blick das Ausmaß der Misshandlungen deutlich machte, die sie hatte erdulden müssen. Er kniete neben ihr nieder und drehte ihren Kopf so, dass sie ihn ansehen konnte.

Sie war wach, obgleich das in ihrem Zustand eher ein Fluch denn ein Segen war. Bones starrte sie an, nahm mit der Macht seiner Augen ihren Verstand gefangen. In ihrer Verfassung dauerte das ein paar Sekunden. Er wartete, murmelte: »Alles ist gut, Liebes. Du bist jetzt in Sicherheit«, bis das Grauen und das Entsetzen aus ihrem Blick schwanden und sie aufhörte zu versuchen, sich zu bewegen oder zu sprechen.

Zu beidem war sie ohnehin nicht in der Lage. Ihre Lippen waren mit etwas zusammengenäht, das wie Angelschnur aussah, und ihre Arme und Beine waren fort. Der einzige Grund dafür, dass sie noch lebte, war die Tatsache, dass Louis und Delphine etwas von ihrem eigenen Blut benutzt hatten, um die klaffenden Wunden zu versiegeln, die sich dort befanden, wo vormals ihre Gliedmaßen gewesen waren. Jetzt waren von ihren Armen und Beinen bloß noch scheußliche glatte Stümpfe übrig.

Bones schloss die Augen. Er konnte Becca das Leben retten … indem er es ihr nahm. Wenn er versuchte, sie zum Vampir zu machen, würde sie die Verwandlung nicht überleben, aber er konnte sie zu einem Ghul machen. Dafür musste sie nur etwas von seinem Blut trinken, bevor sie starb, und bis dahin würde es nicht mehr lange dauern. So, wie die Dinge lagen, war der Tod nicht mehr fern.

Er dachte an Jelani. Daran, wie der Ghul die Qual eingestanden hatte, die es ihm bereitete zu versuchen, ein Leben als jemand zu führen, der selbst verglichen mit den Schwächsten seiner Art stets hilflos sein würde. Und Becca wusste nicht, dass am Rande ihrer eigenen noch eine andere Welt existierte. Wie konnte Bones sie dazu verdammen, gefangen in diesem Körper aufzuwachen, in etwas verwandelt, von dem sie bislang nicht einmal gewusst hatte, dass es so etwas überhaupt gab?

Ein langgezogenes Seufzen kam über seine Lippen, ehe er sich zwang zu lächeln. Sein Blick hellte sich auf, während er seine ganze Energie aufwandte, um Becca glauben zu machen, dass alles, was er gleich sagen würde, der Wahrheit entsprach.

»Alles ist gut«, sagte Bones wieder und streichelte ihr Gesicht. »Du bist in Sicherheit, Becca, und du hast keine Schmerzen mehr. Du bist nicht verletzt. Du bist nicht einmal hier. Du stehst auf einer wunderschönen Wiese, mit Blumen überall um dich herum. Kannst du sie sehen, Becca?«

Sie nickte; ihre Gesichtszüge glätteten sich zu entspannten Flächen, die in vollkommenem Widerspruch zu den zackigen Nähstichen rings um ihren Mund standen.

»... dir ist warm, und du liegst auf dem Boden und schaust zum Himmel empor ... Sieh ihn dir an, Becca. Sieh nur, wie blau er ist ...«

Ihr Blick wurde noch starrer. Bones beugte sich vor und legte seinen Mund an ihre Kehle. Ihr Puls war so schwach, dass er ihn kaum an seinen Lippen fühlen konnte.

»Schlaf jetzt, Becca«, flüsterte Bones und biss ihr tief in den Hals.

II

Ralmiel wartete vor dem Friseursalon auf ihn, in dem Becca arbeitete. Von dort aus hatten sie einen guten Blick auf die Polizei, die in das alte Haus der LaLauries schwärmte, und auf das Bombenkommando, das gerufen worden war. Die Typen wollten nicht riskieren, dass in dem Gebäude noch irgendetwas anderes explodierte, was Bones ihnen nicht einmal verübeln konnte.

Nach einigen Minuten des Schweigens wandte Bones sich an Ralmiel. »Warum bist du heute Nacht dort gewesen?«

Ralmiel zuckte die Schultern. »Jelani hat angeboten, mir

das Doppelte des höchsten Kopfgeldes zu zahlen, das auf deine Leiche ausgesetzt ist, wenn ich dich stattdessen am Leben lasse. Deshalb dachte ich, es wäre eine gute Idee, dir dabei zu helfen, den Abschaum zu töten, der meine Stadt besudelt hat. Es war leicht zu erraten, wo du steckst, *mon ami*, sobald es *bumm* machte.«

Bones konnte sein Schnauben nicht unterdrücken. »Kumpel, ich habe schlechte Neuigkeiten für dich. Jelani ist pleite, und Marie hat nichts von dem genehmigt, was er in den letzten paar Tagen gemacht hat, also erwarte nicht, dass sie dich stattdessen entschädigt.«

Ralmiel starrte ihn an. »Es gibt kein Geld?«

»Ich fürchte, nicht.«

»Er hat mich belogen. Ich werde ihn umbringen«, sagte Ralmiel empört, zog einen Beutel aus seiner Tasche und drückte ihn.

Nichts geschah. Ralmiel blickte überrascht nach unten und drückte den Beutel noch mal. Und noch mal.

Über Bones' Antlitz breitete sich langsam ein Lächeln aus. »Scheint, als hättest du Probleme, hm?«

Auf Ralmiels Gesicht zeichnete sich Begreifen ab. »Du hast Georgette gefunden«, murmelte er.

»Unterschätze deinen Gegner niemals«, entgegnete Bones. »Du weißt doch, dass du nicht mit Magie herumhantieren sollst, und falls Georgette irgendetwas zustoßen sollte, weil sie zur Vernunft gekommen ist und sich weigert, sich länger an deinen Verbrechen zu beteiligen, sähe ich mich gezwungen, die Sache publik zu machen.«

Ralmiel schwieg eine ganze Weile. Bones wartete, während er sich fragte, ob Ralmiel es jetzt, wo er wusste, dass er keine Mücken dafür einstreichen würde, Bones am Leben zu »lassen«, wagen würde, ihm in einem fairen Kampf die Stirn zu bieten, ohne die Möglichkeit, auf magische Weise zu flüchten, wenn's brenzlig wurde.

Schließlich umspielte ein schwaches Lächeln Ralmiels Mund. »*Non, mon ami.* Diese Zeiten sind vorbei. Geld ist nicht alles, *oui*? Außerdem kannst du mir ja vielleicht eines Tages zur Hand gehen.«

Bones neigte sein Haupt. »Ich hoffe, du sagst die Wahrheit. Ich mag dich irgendwie, aber falls ich dich jemals wieder auf der anderen Seite einer Silberwaffe sehe, mache ich dich einen Kopf kürzer.«

Ralmiel zuckte die Schultern. »Verstanden.« Dann nickte er zu der Masse von Leuten auf der Straße. »Durstig?«

Bones entwich ein weiteres Schnauben. Wollte er sich tatsächlich in diese Menge stürzen und sich an den Kehlen namenloser unzähliger Menschen laben, die nicht einmal wissen würden, dass sie gebissen worden waren, wenn er mit ihnen fertig war? Nein. Er wollte Becca zu seinem Stadthaus bringen, ihren Leichnam reinigen und sie dann in seinem Innenhof begraben, damit ihr weitere Demütigungen erspart blieben.

Doch das konnte er nicht. Beccas Familie hatte das Recht, sie zu begraben, nicht er. Das Beste, was Bones tun konnte, war, Becca dort zu lassen, wo sie sich befand. Die Polizei würde die Ermittlungen aufnehmen, den Fall mit den anderen Morden in Verbindung bringen und womöglich zu dem Schluss gelangen, dass sie es mit einem Nachahmungstäter zu tun hatten, der seine Obsession für die dunkle Geschichte der LaLauries zu weit getrieben hatte. Da die Leichen von

Delphine und Louis im Tode so weit zerfallen waren, wie es ihrem wahren Alter entsprach, würde die Polizei vermutlich glauben, dass es sich bei ihnen um alte Opfer handelte, die von der Explosion in dieser versteckten Kammer freigelegt worden waren. Sie würden nie erkennen, dass sie die Mörder selbst vor sich hatten.

Unterm Strich bedeutete das, dass er in Wahrheit gar nichts anderes zu tun hatte, *als* sich in die Menge zu stürzen, die nichts von den Schrecken ahnte, die sich bloß einen Block entfernt abgespielt hatten. Abgesehen davon bestand die Möglichkeit, dass Marie vielleicht versuchen würde, dafür zu sorgen, dass dies sein letzter Mardi Gras war. Welches Ausmaß ihre Vergeltung haben würde, musste sich noch zeigen. *Esst und trinkt, denn morgen sterben wir*, dachte Bones süffisant.

Er bedachte Ralmiel mit einer einladenden Geste. »Nach dir, Kumpel.«

12

Die Luft unter dem Friedhof war klamm und kühl, erfüllt von intensivem Schimmelgeruch. Auf dem Boden stand das Wasser nahezu zwei Zentimeter hoch. Diese Tunnel waren nie komplett trocken, ganz gleich, wie fleißig die Pumpen arbeiteten. Eine einzelne Kerze durchbrach die Dunkelheit, erhellte das Gesicht der Frau, die in dem einzigen Sessel in der Kammer saß.

Jelani kniete vor ihr, was in Anbetracht seiner Beinprothesen keine leichte Übung war. Nun jedoch spiegelte sein gewaltiger Leib Unterwerfung und Resignation wider. Er hatte gerade seine Verbrechen gestanden und wartete auf ihr Urteil.

Und nach ihm war Bones dran.

Als sie auf ihn hinabblickte, war Marie Laveaus Miene ausdruckslos, ohne etwas von den Gedanken preiszugeben, die durch ihren Verstand wirbeln mochten. Nach mehreren angespannten Minuten erhob sie sich.

»Du hast mich hintergangen.«

Ihre Stimme war so geschmeidig wie ihre Haut, was es schwierig machte, ihr Alter zu schätzen.

»Ja, Majestät«, murmelte Jelani.

Energie strahlte von ihrer Gestalt aus, als ihr Temperament mit ihr durchging. Bones reagierte nicht, doch er hatte das Gefühl, als wäre die Luft mit einem Mal von unsichtbaren Rasierklingen erfüllt, die in seine Haut schnitten.

»Aber es tut dir nicht leid.«

Ungeachtet des Umstands, dass ihr Zorn die Luft elektrifizierte, lächelte Jelani, als er den Kopf hob.

»Nein, meine Königin. Das tut es nicht.«

Himmel, dachte Bones. *Du willst unbedingt mit einem Knall abtreten, was?*

Irgendetwas huschte über Maries Gesicht, zu schnell, als dass Bones zu bestimmen vermochte, ob es sich dabei um Mitleid oder Zorn handelte.

»Gut. Wenn man schon für etwas sterben muss, das man getan hat, sollte man seine Taten zumindest nicht bedauern.«

Ihr Arm zuckte vor, so schnell, dass Jelanis Lächeln nicht einmal die Chance hatte zu vergehen; es zierte noch immer sein Gesicht, als sein Kopf von seinen Schultern rollte und sein Körper nach vorn sackte.

Marie rührte sich nicht vom Fleck, obwohl sich Jelanis Halsstumpf, aus dem es gemächlich heraussickerte, jetzt gegen den Saum ihres Kleides drängte. Die lange geschwungene Klinge lag immer noch in ihrer Hand, als ihr Blick auf Bones traf.

»Was ist mit dir? Tut es *dir* leid?«

Bones dachte über die Frage nach, und das nicht bloß, weil er wusste, dass möglicherweise sein Leben von seiner Antwort abhing.

»Es tut mir leid, dass ich die LaLauries nicht eher getötet habe«, sagte er schließlich, während er Maries starrem Blick unbeirrt standhielt. »Es tut mir leid, dass ein unschuldiges Mädchen ein grässliches Ende fand, weil ich mich mit ihr eingelassen habe. Es tut mir leid um den Burschen zu Euren Füßen, der fand, dass Vergeltung mehr wert sei als sein Leben. Aber wenn Ihr wissen wollt, ob ich alles noch mal genauso machen würde, um Delphine und Louis aufzuhalten … dann lautet die Antwort Ja. Und das tut mir nicht leid.«

Marie tippte mit dem Messer gegen ihr Bein. Bones warf einen raschen Blick darauf und sah ihr dann wieder in ihre dunklen Augen. *Wenn du meinen Kopf willst, werde ich mich nicht hinknien, damit du ihn dir nehmen kannst,* dachte er kühl. *Du bist nicht meine Herrin, und ich habe dich nicht hintergangen, deshalb wirst du um meinen Kopf kämpfen müssen.*

Mit einem wissenden Blick wackelte Marie mit dem Messer. »Denkst du, ich brauche das, um dich zu töten? Denkst du, ich brauche dazu überhaupt eine Waffe?«

Sie ließ das Messer fallen und umrundete Jelanis Leichnam. Die Luft um sie herum veränderte sich, verdichtete sich vor Energie, wurde eisig, verzweifelt und wütend. Ein leises, wehklagendes Geräusch schien von überall und nirgends gleichzeitig zu kommen.

»Weißt du, was geschieht, wenn eine Voodoo-Königin zur Untoten wird?«, fragte Marie. Ihre Stimme hallte wider, als würden irgendwie mehrere Leute gleichzeitig sprechen. »Meine Bande zur Anderswelt wurden gestärkt. Jene, die dem Grab übergeben wurden, haben mich mit ihrer Macht erfüllt. Hör, wie sie brüllen.«

Marie öffnete ihren Mund, und da *war* ein Brüllen, voller Zorn und so unheimlich, dass Bones erschauderte. Dunkle Wirbel erschienen rings um sie herum, als habe sich ihr Schatten vervielfacht. Diese Wirbel bewegten sich, um Bones zu umschlingen, um mit frostigen, boshaften, hungrigen Klauen nach ihm zu langen. Unter ihrer Berührung schien ihn alle Kraft zu verlassen, während die Erinnerung an seinen so lange zurückliegenden Tod in seinem Verstand aufloderte. Er fühlte sich genauso wie damals; kalt und schwach fügte er sich in diesen unvermeidlichen Übergang ins Nichts.

Dann verblasste die Energie um Marie. Diese schauerliche Totenklage hörte auf, die Schatten zogen sich in sie zurück, und schlagartig kehrte die Kraft in Bones' Körper zurück.

Marie musterte ihn, ein kleines sprödes Lächeln auf den Lippen. »Ich wünschte, du hättest mich angelogen. Dann hätte ich eine Rechtfertigung dafür gehabt, dich zu töten.«

Bones hatte sich so weit wieder gefangen, um mit den

Schultern zu zucken. »Ihr kanntet die Wahrheit bereits. Zu lügen wäre für uns beide eine Beleidigung gewesen.«

Sie betrachtete ihn von Neuem, ohne dass ihre Miene irgendetwas von dem verriet, was in ihr vorging. »Du wirst fünf Jahre lang aus New Orleans verbannt«, erklärte sie schließlich. »Solltest du gegen diesen Bann verstoßen, werde ich dich töten. Solltest du mit irgendjemandem über diese Vorfälle sprechen, werde ich dich töten. Soweit es alle anderen betrifft, wird sich ihnen die Angelegenheit so darstellen, dass ich dich angeheuert habe, damit du dich um die LaLauries kümmerst, während ich nicht in der Stadt war, und dass Jelani von ihnen umgebracht wurde, als er versuchte, seine Stadt vor ihnen zu schützen. Darüber hinaus stehst du mit etwas in meiner Schuld, das so viel wert ist wie ein Leben, da ich das deine verschone.«

Bones widersprach Maries Behauptung nicht, dass sie ihn töten konnte, wenn sie wollte. Ihre Machtdemonstration wenige Minuten zuvor hatte deutlich gemacht, dass es in Zusammenhang mit der Königin von New Orleans Dinge gab, über die nur wenige Leute Bescheid wussten — und noch am Leben waren, um davon zu berichten. Alles in allem bekam Bones einen Klaps auf die Finger. Andererseits war es jedoch auch in Maries bestem Interesse, Bones am Leben zu lassen, um ihre Version der Vorfälle zu bekräftigen.

Was Jelani betraf, so hatte Marie ihm zumindest einen ehrenvollen Abgang gewährt. Es gab schlechtere Dinge, als für eine Rache zu sterben, die einem so lange verwehrt geblieben war. Früher oder später starb jeder. Manchmal brauchte der Tod einfach bloß länger, um noch einmal bei denjenigen vorbeizuschauen, die er schon besucht hatte, wie Vampire und Ghule.

»Abgemacht«, sagte Bones.

Marie senkte ihren Blick, um den toten Mann unweit ihrer Füße anzusehen. »Verschwinde.«

Jetzt klang ihre Stimme belegter. Sie kniete neben Jelanis zerfallender Gestalt nieder, um seine Schulter zu streicheln. Obgleich sie ihn umgebracht hatte, war ihre Trauer offenkundig. Diese Art von Unbarmherzigkeit in Verbindung mit ihrer gewaltigen Macht war es, die Marie so furchteinflößend machte. Hätte Jelanis Tod ihr nichts ausgemacht, hätte sie Bones keinen kalten Schauder über den Rücken gejagt. Doch obwohl es sie geschmerzt hatte, Jelani zu töten, hatte sie das nicht daran gehindert, es zu tun.

Ja. Besser, er machte sich schleunigst aus dem Staub.

Bones ging, ohne noch einmal zurückzublicken. Sein Flug aus der Stadt war bereits gebucht. Heute Abend würde er auf dem Weg nach Ohio sein, um den untoten Buchhalter aufzuspüren, dem er auf den Fersen gewesen war, bevor er in diesen Schlamassel verwickelt worden war.

Dieses Abenteuer war vorüber, aber es wurde Zeit für die nächste Jagd.

Teufel im Leib

Sobald Blake die Männer sah, wusste er, dass die heutige Nacht mit dem Tod enden würde. Das Problem war, dass Blake nicht glaubte, dass sie mit *seinem* Tod enden würde.

»Ich will keinen Ärger«, sagte er, während ihm zugleich die Dummheit seiner Worte bewusst wurde. Es war nach Mitternacht; er befand sich in einer schäbigen Gasse, mit Crack im Wert von dreitausend Dollar in den Taschen –, und das waren noch die guten Neuigkeiten.

»Hast du dich verlaufen?«, fragte einer der Männer beim Näherkommen.

Die anderen drei auf der gegenüberliegenden Seite der Gasse kamen ebenfalls näher. Es gab keinen Ausweg. Blake konnte spüren, wie *er* erwachte, als er die Gefahr spürte. Ihm blieb nicht viel Zeit.

»Ihr solltet verschwinden«, sagte Blake, und Furcht beschlich ihn, als er diesen vertrauten summenden Ruck in seinem Kopf spürte.

Ein anderer von ihnen lachte. »Gib uns diese Beutel, die du gerade gekauft hast, Penner, und wir verschwinden.«

Einen Sekundenbruchteil lang zögerte Blake. Er hatte das Crack mit seinem letzten Geld gekauft, und er brauchte es. Nicht, weil er süchtig war; in seinem ganzen Leben hatte Blake noch nie Drogen angerührt. Nein, er hatte die Absicht, dass seine erste Drogenerfahrung auch das Letzte war, was er jemals tat.

Allerdings wurde dieses Brummen in seinem Kopf zusehends lauter. *Nein. Noch nicht. Nicht, bevor ich weg von diesen Leuten bin …*

»Nehmt es und lasst mich in Frieden«, knurrte Blake und riss die Beutel aus seinem Mantel hervor.

Einer von ihnen nahm die Beutel und schubste Blake dann. Er taumelte, stürzte hin und schmeckte Blut, als sein Mund gegen eine Feuerleiter krachte.

Das Geräusch in seinem Kopf wurde lauter. Es war zu spät.

»Tötet mich«, keuchte Blake.

Verwirrung prägte die Gesichter derer, die ihn anstarrten. »Der ist ja irre«, murmelte einer.

Blake schaute sich um. Keiner hatte eine Waffe oder ein Messer gezogen. Dies war eine dunkle, von Banden verseuchte Gegend in Columbia Heights, im US-Bundesstaat Washington. Konnte ihn nicht einer von denen erstechen oder erschießen?

Blake fing an, das Beleidigendste zu brüllen, was ihm einfiel. »Was stehst du da rum und glotzt blöde? Erkennst du mich nicht von gestern Abend, als ich deine Mutter gefickt habe?«

»Oh, *Hölle*, nein«, sagte einer von ihnen.

Sie umzingelten ihn und traten auf ihn ein. Blake wurde herumgestoßen, machte jedoch keine Anstalten, sich zu verteidigen. Stattdessen warf er sich den Schlägen schier entgegen. Seine Furcht nahm zu, jedoch nicht die davor zu sterben.

Brecht mir das Genick, dachte Blake wild. *Oder nehmt ein Rohr und schlagt mir den Schädel ein!*

Das taten sie nicht, obgleich einer von ihnen Blake den

Fuß ins Gesicht rammte und ihm die Nase brach. Blake spuckte Blut, noch während sich sein gesamter Leib verkrampfte. *Er* war jetzt fast da. Blake versuchte, ihn zurückzudrängen, aber *er* war zu stark.

»Was ist los mit euch?«, brüllte Blake mit letzter Kraft. »*Tötet* mich!«

Ein wuchtiger Tritt warf Blakes Kopf nach hinten, bevor seine Welt weiß wurde. Einen kurzen glückseligen Moment lang dachte Blake, es wäre ihm endlich gelungen zu sterben, und überwältigende Erleichterung überkam ihn.

Gleichwohl, als Blake in die Realität zurückkehrte, war überall Blut. Einige Leute hatten sich am Ende der Gasse versammelt. Blake wusste nicht, wie lange sie schon dastanden, aber ihre Augen waren groß und ihre Gesichter kalkweiß vor Entsetzen. Vermutlich hatten sie noch nie etwas Derartiges gesehen, nicht einmal hier, in einer der schlimmsten Gegenden des Bezirks.

Blake stieß ein verzweifeltes Heulen aus, als er das dickflüssige rote Blut anstarrte, das seine Hände und die Leichen um ihn herum bedeckte. *Verdammt sollst du sein*, schrie er das Monster in seinem Innern stumm an. *Fahr zur Hölle!*

Aber genau das war das Problem. Die Hölle – von dort kam der Teufel, der in Blake steckte.

Elises Wohnzimmer begann zu erzittern, doch sie bemerkte es kaum. Sie war so an die Vibrationen gewöhnt, die sich jedes Mal einstellten, wenn ein Zug vorbeidonnerte, dass es ihr eher auffiel, wenn es längere Zeit ruhig war.

Der Fünfzigerjahresong »Jump, Jive and Wail« lief auf

ihrem iPod, den sie unlängst von ihrem Meister Mencheres geschenkt bekommen hatte. Elise hätte auch weiterhin der Musik von ihren Schallplatten gelauscht, ganz gleich, wie oft die Züge dafür sorgten, dass die Nadel sprang und über das Vinyl kratzte, doch eine von Mencheres' wichtigsten Lektionen war, die sich wandelnde Welt zu akzeptieren. Wenn sie älter wurden, zogen sich einige Vampire von der Gesellschaft zurück und wurden einsiedlerisch, klammerten sich an Dinge aus ihrer ursprünglichen Epoche. Am Ende waren diese Vampire so von ihrer Umgebung entfremdet, dass der Hass auf die sich stetig weiterentwickelnde Welt zu einer Begleiterscheinung wurde.

Elise war bereits eine Einzelgängerin. Sie lebte unter einem U-Bahn-Tunnel, gab sich weder viel mit anderen Vampiren *noch* mit Menschen ab und zog Bigband-Sound dem Radiogeplärre dieser Tage eindeutig vor. Alles in allem hatte Mencheres Grund dazu, sich Sorgen zu machen, dass sie diese Einsiedlerstraße einschlug, aber ihre Lebensweise hatte nichts damit zu tun, dass sie die moderne Welt oder ihre Veränderungen hasste. Sie war einfach bloß lieber für sich allein.

Die Wände wackelten von Neuem, um die Ankunft des Achtzehn-Uhr-fünfzehn-Zuges kundzutun. Elise legte ihr Buch mit einem Seufzen beiseite. Zeit zu duschen und zu essen – Tätigkeiten, die es erforderlich machten, ihr bequemes Zuhause zu verlassen.

Sie streifte ein Unterhemd und Hosen über und zog trotz der warmen Temperatur draußen einen Blazer darüber. Weniger Klamotten bedeuteten mehr Aufmerksamkeit, und Elise wollte mit so wenigen Leuten wie möglich reden. Sie band ihr Haar zu einem Pferdeschwanz zusammen, setzte eine Baseballkappe auf und öffnete die knarzende Metalltür.

Eine Woge unterschiedlichster Gerüche schlug ihr entgegen, als sie in die Tunnel hinaushuschte, die den nicht mehr genutzten Bereich der U-Bahn, in dem sie lebte, mit den in Betrieb befindlichen Metrotunneln weiter oben verbanden. Wenigstens brauchte sie nicht zu atmen; die hartnäckigen Gerüche der Obdachlosen, die diesen Ort vorübergehend als Zuhause und Badezimmer nutzten, kombiniert mit dem Gestank von verfaultem Essen, toten Ratten und anderen Tieren – das war schon schlimm genug.

Die wenigen Penner, die sich zu dieser Stunde in den Tunneln aufhielten, sahen Elise nicht an, als sie vorbeiging. Hin und wieder trat ein Neuankömmling an sie heran. Einer, den die anderen entweder noch nicht vor ihr gewarnt hatten oder der nicht zugehört hatte. Elise labte sich nicht an irgendwelchen neugierigen Frischlingen – sie zu riechen war bereits schlimm genug; stattdessen verpasste sie ihnen einfach eine mit der Macht ihres Blickes und nötigte sie dazu, sie in Ruhe zu lassen. Falls irgendjemand dumm genug war, sie anzugreifen, tja … dann würde dieser Jemand nicht lange genug leben, um es zu bereuen.

Heute Nacht waren bloß die üblichen Besucher hier, sodass Elise sie ohne Zwischenfälle passierte. Sie verließ den Tunnel und überquerte den Zugsteig der Station, wobei sie ihren Kopf gesenkt hielt, da sie nicht hinsehen musste, um ihren Weg zu finden, der ihr so vertraut war, dass sie ihn ebenso gut auch im Schlaf hätte gehen können.

Sobald sie der vertrauten Umgebung den Rücken zugekehrt hatte, wurden Elises Schritte länger und entspannter. Sie summte sogar vor sich hin, als sie die Connecticut Avenue runter zum Fitnessclub ging. Das Mädchen hinter dem Tresen warf Elise kaum einen Blick zu, als sie hereinkam, doch ihr Nicken wies darauf hin, dass Elise ihre Mitgliedskarte nicht vorzuzeigen brauchte. Sie war hier ein so bekannter Anblick, dass nur noch wenige Mitarbeiter darum baten, die Karte sehen zu dürfen.

Elise ging die Treppe hoch zu einer Vielzahl unterschiedlicher Übungsgeräte. Ihre Kleidergröße würde genau dieselbe bleiben wie jetzt, aber die Clubmitarbeiter stellten zu viele Fragen, wenn sie nicht wenigstens vorgab zu trainieren. Nach zwanzig Minuten auf dem Laufband ging Elise zum Ankleideraum. Sie zog sich aus und duschte, ehe sie sich mit der Zahnbürste die Zähne putzte, die sie zusammen mit einigen anderen Dingen in einem der Spinde verwahrte. Nachdem sie sich rasch das Haar geföhnt hatte, war sie bereit, sich dem nächsten Punkt ihrer Tagesordnung zuzuwenden.

In einigen Nächten – wenn Elise Glück hatte – labte sie sich an einer, die allein im Umkleideraum war. Ein flüchtiger Blick von ihr genügte, um dafür zu sorgen, dass die Frau vergaß, dass Elise sie gerade in die Ecke gedrängt und ihr Blut getrunken hatte. Allerdings war im Fitnessclub an den meisten Abenden einiges los. Da war es leichter für Elise, durch die Stadt zu spazieren und jemand anderen aufzuspüren, der entweder allein war – oder sich in Begleitung von wenigen Zeugen befand, die anschließend einer Hirnwäsche unterzogen werden mussten.

Heute Abend fand Elise ihr Essen auf der 7ten Straße, einen jungen Mann, der sich im Skulpturengarten von seinen Freunden entfernt hatte. Sie trank von ihm, schloss die Löcher in seinem Hals mit einem Tropfen ihres eigenen Blutes und schickte ihn innerhalb von zwei Minuten zurück zu seinen Kumpels. Der halbe Liter, den sie ihm abgezapft hatte, ließ ihn schläfriger werden, doch abgesehen davon war er wohlauf. Nur in diesen Kinofilmen mussten Vampire töten, um sich zu nähren, doch das war bloß eine von vielen Schwachsinnigkeiten, die einem vermittelt wurden, etwa dass Holzpflöcke und Sonnenlicht schädlich für ihresgleichen seien.

Als Zugeständnis an den Tadel ihres Meisters, öfter auszugehen, setzte sich Elise dann in einen Coffeeshop und las, anstatt sich noch mehr Bücher zu kaufen und geradewegs nach Hause zu gehen. Sie wechselte sogar eine Bemerkung mit jemandem über das Wetter, der ihr gegenüber saß. Das war's doch. Niemand konnte behaupten, dass sie mit Menschen bloß dann zu tun hatte, wenn sie sie beißen wollte.

Als der Coffeeshop schloss, war Elise allerdings dankbar dafür, sich auf den Heimweg machen zu können. Sie ging durch das Regierungsviertel, suchte Trost in der Vertrautheit der schimmernden weißen Gebäude und älteren Bauwerke. Dann folgte sie dem Verlauf der Schienen durch die Stadt, bis sie schließlich zu der Station gelangte, bei der die Tunnel zusammenliefen.

Sie war an den wenigen verbliebenen Reisenden vorbeigelangt und bereits in den stillgelegten Tunneln, als sie etwas Unverkennbares roch. Blut, gewürzt mit dem charakteristischen Hauch des Todes. Elise beschleunigte ihre

Schritte; ihre Turnschuhe verursachten so gut wie kein Geräusch. Zu dieser Stunde hielten sich bloß noch sehr wenige Obdachlose in den Tunnels auf, was auch daran lag, dass sie keinen Grund zur Vorsicht hatten, da Elise niemals einen tötete, der sie nicht zuerst angriff. Allerdings verweilten jene, die ahnten, was sie war, nach Einbruch der Dunkelheit nicht lange in den Tunnels. *Dumme Menschen.* Dass sie es vorzog, abends rauszugehen, bedeutete doch nicht, dass sie am Tage hier drin gefangen war.

Der Geruch wurde stärker, je weiter sich Elise in den Tunnel vorwagte. Selbst über den Lärm eines näher kommenden Zuges hinweg konnte Elise weiter vorn einen Herzschlag hören. Wem auch immer er gehörte, er hatte sich in einer der alten Wartungsnischen verkrochen, würde jedoch in Kürze die Erfahrung machen, dass es eine schlechte Idee war, sich an sie heranzuschleichen.

Als der Mann auf die Gleise hinaustrat, ihr den Rücken zugewandt, blieb sie überrascht stehen. Wer auch immer er war, er schien nicht zu wissen, wer *sie* war, und er hatte ihr auch nicht aufgelauert. Dieser Gestank nach Blut und Tod ging von dem Fremden aus, aber noch stärker war seine Verzweiflung. Er balancierte wie unentschlossen am Rande der Schienen. Der Zug würde gleich hier sein. Der Narr würde doch nicht versuchen, jetzt die Gleise zu überqueren, oder?

Der Mann umklammerte seinen Kopf und murmelte mehrmals: »Nein, nicht jetzt!« Der Tunnel erzitterte, als sich der Zug näherte. Mit wachsender Sorge begriff Elise, dass der Mann vorhatte, direkt davorzuspringen.

Noch während sie vorwärtsstürmte, um ihn zurückzureißen, geschah etwas. Der verzweifelte Geruch, der aus seinen Poren strömte, verwandelte sich in den erstickenden Gestank von Schwefel. Sein Mund öffnete sich zu einem unmöglich breiten Knurren, als er herumwirbelte und Elise mit mehr Kraft packte, als irgendein Mensch besitzen sollte. In seinen Pupillen leuchteten rote Nadelspitzen – wie Funken, bevor ein Feuer entflammte –, und vor ihren Augen schien seine Haut einen wächsernen Ascheton anzunehmen.

»*Vampir*«, zischte er und griff nach ihrer Kehle.

Elise hielt nicht inne, um sich zu fragen, was das zu bedeuten hatte. Sie schlug ihm gegen den Kopf und beobachtete erleichtert, wie er auf dem Tunnelboden zusammenbrach.

2

Als Blake beim Aufwachen Klebeband an seinen Händen sah statt frisches Blut, war sein erster Gedanke: *Gott sei Dank*. Ein Jahr zuvor hätte derselbe Anblick ihn schockiert und verängstigt. Jetzt hingegen war das ein besserer Anfang als an den meisten anderen Tagen.

Dann kam ihm in den Sinn, sich zu fragen, wo er sich befand. Oder wer die blonde Frau war, die ihn mit undeutbarer Miene beobachtete.

Blake schaute sich um und stellte mit Erleichterung fest, dass es im Raum kein Blut und keine Leichen gab. Außerdem hatte er keine Fenster und erzitterte von kräftigen Vibrationen.

War er noch immer im Distrikt? Wie lange hatte diese letzte Episode gedauert?

»Ihr müsst euch von mir fernhalten« waren Blakes erste Worte. Er betrachtete seine Hände und Füße. *Er* würde sich bedroht fühlen, sobald er das bemerkte. Blake verkrampfte sich, rechnete damit, dass das Brummen in seinem Kopf einsetzen würde, aber bislang war da nur Schweigen. *Noch hat die Frau Zeit abzuhauen.*

»Warum hast du versucht, vor den Zug zu springen?«, fragte sie.

Blake schloss die Augen. Genau, das Letzte, woran er sich erinnerte, war der Zug.

»Hast du mich aufgehalten?«, fragte er ungläubig. »Verflucht noch mal, *warum* denn?«

Sie hob eine Augenbraue. »Ein einfaches Danke hätte es auch getan.«

Blake wollte ihr eine runterhauen. Er war so dicht davor gewesen, frei zu sein, und sie hatte es vermasselt. »Du hast keine Ahnung, was du getan hast, aber du machst einen noch viel größeren Fehler, wenn du nicht sofort verschwindest.«

Sie warf einen demonstrativen Blick auf seine Handgelenke und Knöchel. »Denkst du, du kannst mir wehtun?«

Die Erinnerung daran, wie er in Handschellen in einen Streifenwagen gestoßen worden war, durchzuckte Blakes Verstand. Er hatte gegen den sich unkontrolliert ausbreitenden Lärm in seinem Kopf angekämpft und verzweifelt gehofft, dass die Handschellen und der verstärkte Rücksitz halten würden.

Die nächste Erinnerung folgte gnadenlos: der schrottreife Polizeiwagen, die eingetretene Absperrung zwischen dem Vorder- und dem Rücksitz und die zerfleischten Überreste der beiden Beamten.

»Ich werde dich umbringen.« Blakes Stimme war heiser vor Selbsthass. »Geh jetzt, bevor es zu spät ist!«

»Du kannst mich nicht umbringen«, sagte sie mit einer wie unbeteiligten Belustigung. »Ich bin schon tot.«

Während Blake hinschaute, veränderten sich ihre Augen; sie wurden grün und begannen zu glühen, hell wie Ampeln. Ihr Lächeln wurde breiter, um mehr von ihren Zähnen zu zeigen, dort, wo sich ihre beiden oberen Eckzähne nach unten verlängerten, um scharfe Spitzen zu bilden.

Blake ertappte sich dabei, dass er lächelte. Er war von einer Vampirin entführt worden. *Vielleicht ist heute ja doch ein guter Tag.*

Elise beobachtete die Reaktion des Mannes mit Interesse, als sie ihre Vampirnatur enthüllte. Überraschenderweise wirkte er nicht ängstlich. Tatsächlich trat ein sonderbarer Ausdruck der Erleichterung in seine Züge.

Er legte seinen Kopf in den Nacken. »Also gut. Töte mich.«

Sie rümpfte die Nase. »Du denkst, ich werde dich beißen? Nicht so, wie du stinkst.«

Er stieß einen ungeduldigen Laut aus. »Dann halte dir eben die Nase zu, während du mein Blut trinkst. Aber beeil dich. Ich weiß nicht, wie lange es noch dauert, bevor *er* mich übernimmt.«

Elise musterte ihn. Sie war schon früher selbstmordgefährdeten Menschen begegnet, wenn auch keinem, von dem die Art Schwingungen ausging wie von diesem Mann. In Anbetracht dessen, was sie gesehen hatte, nachdem sie ihn gepackt und vor dem nahenden Zug zurückgerissen hatte, hatte Elise einen ziemlich guten Eindruck davon, was ihn dazu trieb, sich umbringen zu wollen. Sie selbst war zwar noch nie jemandem begegnet, der sich in diesem Zustand befand, aber im Laufe ihres langen Lebens hatte sie Leute kennengelernt, die entsprechende Erfahrungen gesammelt hatten.

»Du bist besessen, nicht wahr?«

Elise stellte die Frage sachlich. Seine Augen weiteten sich, als wäre er geschlagen worden.

»Ja«, flüsterte er. Ein krampfhaftes Zucken huschte über sein Gesicht, zu grob, als dass man es als Schmerz hätte bezeichnen können. »Seit mittlerweile sechs Monaten.«

Er sah nicht aus wie jemand, der mit einem Ouijabrett herumspielte. Vielleicht war er einer dieser törichten Menschen, die zu leichtfertig mit Geistern umgingen oder die dunkle Macht der anderen Seite anzuzapfen versuchten. »Wie ist das passiert?«

»Bei einem Autounfall.« Ihre Augenbrauen glitten in die Höhe, aber er seufzte bloß. »Ich fuhr von der Arbeit nach Hause, als mir diese Frau vors Auto sprang. Ich rief den Notarzt, versuchte ihr zu helfen, aber sie starb in meinen Armen. Zeugen entlasteten mich und sagten, ich sei nicht schuld daran gewesen, und ich dachte, das Ganze sei bloß ein schrecklicher Unfall. Ungefähr drei Wochen später fingen die Blackouts an. Ich hörte dieses Brummen in meinem Kopf und wachte dann an irgendwelchen Orten auf und konnte mich nicht daran erinnern, wie ich dorthin gelangt war, ohne die geringste Ahnung, was ich getan hatte. Ich dachte, ich wäre verrückt. Dann …«

Er hielt inne und schluckte schwer; er sah aus, als würde er sich gleich übergeben.

»Der Dämon fing an, mich zu verspotten. Hinterließ Notizen in einer Handschrift, die ich nicht kannte; machte Videos von mir, auf denen ich Dinge tat, die mir niemals in den Sinn gekommen wären, ganz abgesehen davon, mich ihrer zu erinnern … Ich kann so nicht leben«, fasste er zusammen; seine Stimme wurde härter. »Dieser Dämon hat mich zum Mörder gemacht, zu einem verfluchten Monster! Ich habe es mit einem Priester versucht, an einem Exorzismus teilgenommen – nichts hat funktioniert. Er lässt nicht einmal zu, dass ich mich umbringe. Wenn du verstehst, was mit mir nicht stimmt, dann töte mich jetzt. Dadurch wirst du Leben retten, glaub mir.«

Blaue Augen starrten Elise unter dem schwarzen Zottelhaar hervor gespannt an. Es war schwer zu sagen, wie er unter all dem Dreck und dem Schmutz, die verrieten, dass er schon seit einer Weile auf der Straße lebte, wirklich aussah. Er schien Mitte dreißig zu sein, doch seine sonst vermutlich athletische attraktive Statur war jetzt durch Schuld, Furcht und Verzweiflung gebeugt.

Ihn zu töten wäre ein Akt der Gnade, reflektierte Elise. *Es dürfte nicht sonderlich schwierig sein, das zu erledigen.* Menschen waren so zerbrechlich; mit einem Ruck ihres Handgelenks würde sie ihm das Genick brechen, bevor er auch nur bemerkt hatte, dass sie sich bewegte. Immerhin hatte sie schon früher getötet, und das aus weit weniger ehrbaren Gründen.

Sie hatte sich schon fast dazu durchgerungen, es zu tun, als vor ihrem inneren Auge Mencheres' Gesicht aufblitzte.

Entwickelte sie sich zu einem dieser Vampire, die vergaßen, wie es war, ein Mensch zu sein? Wusste er, wie kostbar diese Jahre waren, eben *weil* sie so kurz waren?

»Wie heißt du?«, fragte sie und erhob sich.

Die Hoffnung auf seinem Gesicht, als sie näher kam, war herzzerreißend. »Blake Turner. Wirst du … wirst du meine Leiche irgendwo zurücklassen, wo man sie findet? Ich habe immer noch eine Familie, die wahrscheinlich wissen möchte, was mir zugestoßen ist …«

»Blake Turner«, sagte Elise langsam. »Ich werde dich nicht töten. Ich werde dir helfen.«

3

Blake schaute sich in dem Tunnel um. »Ich bin mir nicht sicher, ob das so eine gute Idee ist.«

»Ich brauche Hilfe, um in Erfahrung zu bringen, ob du rettbar bist oder nicht«, lautete Elises knappe Erwiderung, als sie weiter dem Weg folgten. »Dich bei mir zu Hause einzusperren ist keine praktikable Lösung.«

»Kannst du nicht einfach irgendwen anrufen?«, fragte Blake, der fand, dass *zu Hause* ein ausgesprochen generöser Ausdruck war, um den Ort zu beschreiben, wo sie lebte. *Übergroßer Sarg* wäre angemessener gewesen, da Elises Heimstatt winzig, unterirdisch und – abgesehen von ein bisschen spärlichem Licht – stockfinster war; zudem fehlten eine Küche, eine Toilette, eine Dusche und andere Annehmlichkeiten.

Dennoch wäre es der perfekte Ort, um Blake einzusperren und von Menschen fernzuhalten, was auch der Grund dafür war, dass es ihm nicht gefiel, woanders hinzugehen. Wer hätte gedacht, dass es ihm nicht gelingen würde, eine *Vampirin* dazu zu bringen, ihn zu töten? So viel zur Blutrünstigkeit, die die Legende ihnen nachsagte. Auch konnte Blake nicht verstehen, warum der Dämon noch nicht die Kontrolle über ihn übernommen hatte. Jedes Mal, wenn Blake versuchte, sich umzubringen, war der Dämon aufgetaucht und hatte ihn daran gehindert. Konnte er spüren, dass die Vampirin ihn nicht töten würde? War das der Grund dafür, dass der Dämon sich Zeit ließ?

Oder wartete er bloß auf eine bessere Gelegenheit, um aufzutauchen? Wie zum Beispiel diese, als sie unterwegs zur U-Bahn-Station waren, in der sich jede Menge Unschuldige aufhielten.

»Das hier ist nicht sicher«, wiederholte Blake zum zehnten Mal.

Sie ging weiter; ihr Griff um seine Hand glich einem kühlen Schraubstock. Er hasste das, in was er verwandelt worden war – in einen Wirt für die schlimmste Art des Bösen. Falls der Tod die einzige Möglichkeit war, den Dämon aufzuhalten, würde Blake mit Freuden sterben. Sein Leben war ohnehin so im Eimer, dass sich das nie wieder gutmachen ließ.

Noch vor sieben Monaten war er ein erfolgreicher Börsenmakler gewesen. Er hatte ein hübsches Haus gehabt, tolle Freunde und verstand sich sogar gut mit seiner Exfrau. Jetzt hatte er alles verloren, wurde wegen mehrfachen Mordes gesucht, und der einzige Weg, den Dämon zu stoppen, bestand darin, sich umzubringen. Das war weit von jenen

Tagen entfernt, an denen seine größte Sorge der fluktuierende Markt an der Wallstreet gewesen war.

»Ich bin stärker«, sagte Elise.

Blake musterte sie zweifelnd. Elise war ungefähr einen Meter dreiundsechzig groß, und wenn sie es auf fünfzig Kilo brachte, dann gerade so. Darüber hinaus haftete ihrer zierlichen Gestalt eine ätherische Qualität an, die an Zerbrechlichkeit grenzte. Kombiniert mit ihrem hübschen blassen Gesicht, erinnerte Elise Blake an eine dieser antiken Puppen, die seine Exfrau gesammelt hatte. Elise war die Art von Frau, bei der sich die Männer förmlich überschlugen, um sie zu beschützen, nicht die Art, die einen Dämon bezwingen konnte. Immerhin drangen Fangzähne auch nur bis in eine gewisse Tiefe.

»Du sagtest, du bist noch nie zuvor einem Dämon begegnet. Woher willst du da wissen, dass du stärker bist?«

Elise warf ihm einen Seitenblick zu. »Du redest so viel«, murmelte sie. »Das ist ermüdend. Kannst du nicht mal für eine Weile den Mund halten?«

Blake verkniff sich ein verblüfftes Schnauben. *Das hier* war die Frau, die den Dämon aufhalten wollte, wenn er sich zeigte? Jemand, der nicht einmal imstande war, eine kurze Unterhaltung zu führen, ohne ihrer überdrüssig zu werden?

»Ich denke, wir sollten zurückgehen«, sagte Blake, als sie um eine Ecke bogen und die U-Bahn-Station in Sicht kam. »Das Ganze ist nicht …«

Mit einem Mal erfüllte ein brüllendes Brummen seinen Verstand. Blake blieb bloß eine Sekunde, um seinen schmerzenden Kopf zu umklammern, bevor sein Blickfeld weiß wurde. Er hatte nicht einmal die Chance, Elise zu warnen, bevor der Dämon ihn übernahm.

Elise erschrak. Blake packte seinen Kopf, als wäre gerade sein Gehirn explodiert. Seine eine Hand steckte immer noch in ihrem Griff; doch gerade als sie den Schwefel roch, riss er sie fort. Und dann sauste er los wie die sprichwörtliche Fledermaus aus der Hölle.

Sie verfluchte sich selbst, als sie seine Verfolgung aufnahm. Dank des Dämons, der ihn kontrollierte, war Blake *flink*; er raste so schnell durch den Tunnel und in die Station, dass man derweil kaum genügend Zeit hatte zu blinzeln.

Allerdings besaß auch Elise übermenschliche Fähigkeiten, weshalb sie dicht hinter ihm blieb. Der Dämon eilte durch die Station und warf jeden um, der ihm in die Quere kam. Um fünf Uhr früh waren nicht viele Pendler unterwegs, jedoch genügend, dass es ein Risiko gewesen wäre, ihre wahre Natur zu offenbaren. Elise behielt ihre Augen und Fänge im Zaum, in dem Wissen, dass ihre Geschwindigkeit schon schlimm genug war, aber zumindest würde sie der Öffentlichkeit damit nicht zurufen: »Vampir!« Sie drängte sich genauso ungestüm durch die Leute, wie der Dämon es getan hatte, ohne dabei aufzuholen. *Lauf weiter*, dachte sie gelassen. *Sobald wir all diese Menschen los sind, kann ich aufhören, die Nette zu spielen.*

Der Dämon stürmte aus der U-Bahn-Station ins Freie hinaus und schoss auf den Gehweg, während Blakes Beine pumpten wie Kolben. Elise ließ dem Dämon einen kleinen Vorsprung, ließ ihn glauben, sie wäre nicht schnell genug, um ihn einzuholen, bis sie in einen weniger überwachten Bereich des Viertels gelangten. Dann sprang sie mit ihrem ganzen untoten Tempo vor, packte den Dämon von hinten und donnerte seinen Kopf auf die Straße.

Blakes Körper erschlaffte; der süßliche Geruch von frischem Blut ersetzte den vormaligen Schwefelgestank. Elise drehte Blake herum und untersuchte rasch seine Verletzung. *Keine Schädelfraktur. Die oberflächliche Wunde auf seiner Stirn kann geheilt werden – und seine Nase war ohnehin schon vorher gebrochen.*

Sie öffnete eins von Blakes Augen. Kein wirbelndes Rot mehr. Auch seine Haut hatte ihr wächsernes, aschfarbenes Aussehen verloren, und jetzt roch er wieder nach nichts anderem als nach Blut und einem ungewaschenen Menschen. Der Dämon war fort. Für den Moment

Elise fuhr ihre Fangzähne gerade weit genug aus, um ihren Daumen über einen zu ziehen, sodass Blut hervorquoll. Dann schmierte sie ihr Blut über die sieben Zentimeter lange Platzwunde auf Blakes Haut, um zufrieden zuzuschauen, wie sich die Wunde allmählich schloss, als habe sich in seinem Fleisch ein magischer Reißverschluss gebildet.

Es würde nichts bringen, Blake etwas von ihrem Blut zu verabreichen. Das würde ihn zwar gründlicher heilen und ihn von der Gehirnerschütterung befreien, die er zweifellos hatte, aber abgesehen davon würde es ihn auch stärker machen. Der Dämon in Blake trieb seinen Körper bereits an Grenzen, denen eigentlich kein Mensch ausgesetzt sein sollte. Elise hatte nicht vor, das noch zu verschlimmern.

Aber was sollte sie jetzt mit Blake machen? Sie konnte ihn sich nicht einfach über die Schulter werfen und zum nächsten Münzfernsprecher spazieren; das würde zu viel Aufmerksamkeit erregen. Sie hatte auch nicht die Absicht, ihn hierzulassen und zu riskieren, dass der Dämon zurückkehrte, während sie fort war. Wäre es doch nur ein bisschen später am Morgen gewesen, dann hätte sie sich die erstbeste Person geschnappt, die mit einem Handy vorbeikam, und ihn oder sie hypnotisiert, um Mencheres anrufen zu können.

Ein Quietschen lenkte Elises Aufmerksamkeit auf das Ende der Straße. Eine Obdachlose schob langsam einen Einkaufswagen über den Gehweg, der von den verschiedensten Gegenständen schier überquoll. Elise lächelte, dann hob sie Blake hoch und klemmte ihn sich unter den Arm wie einen Football.

»Guten Morgen«, rief sie. »Wie viel willst du für diesen Einkaufswagen haben?«

4 ————————————————————————

Als Blake erwachte, stieg ihm ein grässlicher Geruch in die Nase. Angesichts dieses Gestanks sowie des Umstands, dass alles finster war, dachte er einen Moment lang, er befände sich auf einer Müllkippe.

Dann hörte er ihre Stimme. »Hör auf rumzuzappeln, sonst merken die Leute noch was.«

Er brauchte eine Sekunde, um zu erkennen, wer da sprach. Es war die Vampirin, Elise. Blake blinzelte, und sein Blickfeld klärte sich so weit, dass er seine Umgebung erkennen konnte: Es war so dunkel, weil etwas über seinem Gesicht lag. Etwas, das nach Körpergeruch und Dingen stank, die er nicht einmal beim Namen nennen wollte. Rechnete man dann noch die Kopfschmerzen hinzu, die schlimmer waren, als er es je erlebt hatte, glaubte Blake, sich jeden Moment übergeben zu müssen.

Doch er war immer noch bei Elise, selbst nachdem der Dämon die Kontrolle über ihn übernommen hatte.

»Wurde irgendwer getötet? Verletzt?«, fragte Blake; Furcht sprach aus ihm.

»Nein. Und jetzt halt endlich die Klappe.«

Blake machte sich nichts aus ihrer Schroffheit, aus seiner verkrampften Position mit den an die Brust gedrückten Knien, aus dem Gestank oder dem Hämmern in seinem Schädel. Der Dämon hatte die Kontrolle über ihn übernommen – doch die Vampirin hatte verhindert, dass er irgendjemandem geschadet hatte. Zum ersten Mal seit Monaten verspürte Blake ein Aufkeimen von Hoffnung.

Das, wo auch immer er hineingestopft worden war, vibrierte. Wie es sich anfühlte, schob Elise ihn über eine unebene Oberfläche. Außerdem war es warm, und das stinkende dunkle Zeug, das ihn bedeckte, machte es ihm schwer zu atmen.

Blake zog das widerliche Zeug von sich herunter und schaute sich um. Sie befanden sich ausgerechnet auf einem Friedhof, und allem Anschein nach hatte Elise ihn in einen Einkaufswagen gequetscht.

»Ein Einkaufswagen?«, sagte Blake. »Wessen Kram ist da auf mir drauf?«

»Der gehört einer Obdachlosen, aber keine Sorge, ich habe für alles bezahlt«, sagte Elise mit einem Achselzucken.

»Das war eine gute Methode, dich zu transportieren, ohne dass es jemandem aufgefallen ist.«

»Warum hast du nicht einfach … ein Auto gekapert oder so was?«, fragte Blake, der aus dem Wagen stieg. Seine Knochen knackten, sobald er sich aus der verkrampften Haltung befreit hatte.

Ein weiteres Schulterzucken. »Ich kann nicht fahren.«

Davon war Blake mehr überrascht als von der Tatsache, dass sie eine Vampirin war. »Du kannst nicht fahren?«, wiederholte er.

Seine Ungläubigkeit schien Elise zu amüsieren. »Ich hab's nie gelernt.«

Im Einkaufswagen einer Obdachlosen aufzuwachen war immer noch besser, als aufzuwachen und sich toten Leibern gegenüberzusehen. Ungeachtet der gegenwärtigen Umstände war Blake dankbar dafür. Er hatte noch immer keine Ahnung, warum Elise glaubte, ihm helfen zu können, aber offenbar konnte sie ihn vom Töten abhalten, wenn der Dämon Besitz von ihm ergriff. Und da sie Blake zu ihrem Meister brachte, würde *dieser* Vampir ihn vielleicht von seinem Elend erlösen, auch wenn sich Elise geweigert hatte, das zu tun. Das war doch etwas, worauf man hoffen konnte.

Blake fand, dass das Ganze ziemlich ironisch war. Bevor er besessen geworden war, hatte er nie viel über den Tod nachgedacht – abgesehen davon, eine Lebensversicherung abzuschließen und sich fit zu halten, um gesund zu bleiben. Jetzt gierte Blake nach dem Tod, als wäre er eine schöne Frau. Der Tod bedeutete, dass er niemals wieder jemandem wehtun würde. Der Tod bedeutete, dass seine Familie in Sicherheit sein würde. Der Tod bedeutete, dass seine verbliebenen Freunde nie wieder ihre Türen öffnen und sich einem Dämon gegenübersehen mussten, der auf der Schwelle stand, verborgen in Blakes Körper. Der Tod war Blakes einzige Möglichkeit, das Ding in seinem Innern zu bezwingen, und das wollte er mehr als alles andere.

Elises Pfeifen riss Blake aus seinen düsteren Grübeleien. Sie pfiff auf sanfte melancholische Weise »Beautiful Dreamer« vor sich hin; die Töne waren so perfekt, als stammten sie von einer Querflöte. Blake fragte sich, wie eine Vampirin, die angeblich nicht atmete, pfeifen konnte. Er fragte sich, wie Elise sich hier draußen im Tageslicht aufhalten konnte, ohne sich spontan selbst zu entzünden, oder wie es kam, dass Vampire überhaupt existierten. So viele Dinge, von denen er nicht geglaubt hatte, dass sie möglich seien, erwiesen sich als wahr. Vampire? Die gab es. Dämonen? Auch real. Würden morgen Außerirdische in der Hauptstadt landen, hätte ihn das allenfalls gelinde überrascht.

»Wenn das Sonnenlicht dir nichts ausmacht, warum lebst du dann unter der Erde in einem Tunnel?«

Elise pfiff weiter. Blake glaubte, sie habe sich entschlossen, ihn zu ignorieren, aber als die letzten Töne des Liedes vorüber waren, antwortete sie doch.

»Ich komme mit anderen Leuten nicht so gut klar.«

Auch ihre Stimme war sanft, von einer Art entrücktem Bedauern erfüllt, als würde ihr Mangel an Sozialkompetenz ihr leidtun, ohne dass sie so recht verstand, warum eigentlich. Sie fing an, denselben Song noch mal zu pfeifen. Blake setzte sich, lehnte sich mit dem Rücken gegen einen Baum und schloss die Augen. Es gelang ihm beinahe, sich vorzustellen, er wäre irgendwo anders, während er der süßen, eindringlichen Melodie lauschte.

»Du wirst nicht zulassen, dass ich irgendwem wehtue, oder?«

Elise hielt inne. »Nein.« Sie pfiff weiter; die Melodie und ihre Antwort lullten ihn ein, sorgten dafür, dass er sich beinahe … sicher fühlte.

Dann tat Blake etwas, das er schon seit Wochen nicht mehr freiwillig getan hatte. Er ließ zu, dass er einschlief.

Elise lauschte, wie sich Blakes Herzschlag und seine Atmung im Schlaf entspannten. Sie pfiff weiter, obgleich sie nicht daran gewöhnt war, so viel zu atmen. Allerdings schien das Lied ihn zu beruhigen, auch wenn es ihr ein Rätsel war, warum das für sie eine Rolle spielte. *Wenn er still ist, erregen wir weniger Aufmerksamkeit*, sagte sie sich, in dem Wissen, dass das eine Lüge war. Sie befanden sich auf dem Arlington Nationalfriedhof. Hier hielten sich nicht viele Leute auf, die mitbekommen hätten, wenn Blake für Scherereien sorgte, abgesehen vielleicht von den Geistern.

Dieses Beschützergefühl war so sonderbar. Sobald sie sich entschieden hatte, Blake zu helfen, erwachten ihre lange inaktiven Emotionen zu neuem Leben. Elise bewunderte Blake für seine Sorge um andere Menschen, die ihm wichtiger waren als sein eigenes Leben. *Du wirst nicht zulassen, dass ich irgendwem wehtue, oder?* Es war schon lange her, seit Elise sich das letzte Mal so um andere Leute geschert hatte, besonders um Fremde.

Wenn sie von den obdachlosen oder kriminellen Elementen in D. C. attackiert wurde – was ihr alle paar Monate widerfuhr –, tötete sie sie. Es wäre ihr überhaupt nicht in den Sinn gekommen, das *nicht* zu tun. Schließlich war sie der Überzeugung, dass sie auf diese Weise jemand anderen vor einem künftigen Überfall dieser Person bewahrte. Blake war nicht für das verantwortlich, was der Dämon in seinem Innern anrichtete, aber er war bereit zu sterben, um so zu verhindern, dass andere Menschen zu Schaden kamen. Die Charakterstärke, die er unter diesen extremen Umständen an den Tag legte, hielt ihr einen Spiegel vor, und Elise gefiel nicht, was sie darin widergespiegelt sah. *Mencheres hat recht*, wurde ihr bewusst. *Ich habe mich davontreiben lassen. Wie viel von der Frau, die ich einst war, ist noch übrig? Kann ich die Überreste meines Selbst retten, bevor die Apathie auch noch den Rest von mir verschlingt?*

Sie würde mit Blake anfangen. Vielleicht würde sie sich dadurch, dass sie ihm dabei half, seine Seele zu retten, ja eine Gnadenfrist für ihre eigene verdienen.

5 ─────────────────────────────

Ein schwarzer Volvo näherte sich, der durch einen Bereich fuhr, in dem Fahrzeuge normalerweise verboten waren. Elise spürte die um sich greifende Macht im Innern des Geländewagens.

»Da sind sie«, erklärte sie Blake und weckte ihn.

Der Geländewagen hielt neben ihnen. Zwei Leute stiegen aus, ein Mann, von dem eine knisternde Energie ausging, die ihn als Meistervampir auswies, und eine rothaarige Frau, die menschlich zu sein schien.

»Bones«, sagte Elise und neigte in der Hochachtung den Kopf, die er als Mitherrscher von Mencheres' Abstammungslinie verdiente. Elise hatte vielleicht keinen nennenswerten Kontakt zur Vampirgesellschaft, aber jeder Untote wusste darüber Bescheid, dass Mencheres und Bones ihre Linien vor einigen Monaten miteinander vereint hatten.

»Elise«, entgegnete Bones mit einem Nicken. »Das ist meine Frau, Cat.«

Cat lächelte und streckte ihre Hand aus. Elise schüttelte sie, während ihr durch den Sinn ging, dass das berühmte Halbblut nicht so war, wie sie sie sich vorgestellt hatte. Angesichts von Cats Ruf und ihrem Spitznamen »Gevatterin Tod« hatte Elise eine beeindruckendere Präsenz erwartet, doch Cat wirkte nicht bedrohlicher als eine Hollywoodschauspielerin.

Blake musterte die beiden Neuankömmlinge argwöhnisch. »Sind sie beide Vampire?«, fragte er Elise.

»Er schon«, erwiderte Elise, deren Blick wieder auf die rothaarige Halbvampirin fiel. »Bei ihr ist das … komplizierter.«

Cat lachte. »So kann man es auch ausdrücken.« Sie streckte Blake die Hand hin, aber bevor er sich auch nur anschicken konnte, sie zu ergreifen, schlug Bones sie beiseite.

»Rühr ihn nicht an, Kätzchen.«

Die kalte Drohung in Bones' Stimme ließ Cat überrascht blinzeln, derweil Elise ihre Verärgerung auflodern spürte.

»Der Dämon hat jetzt nicht die Kontrolle über ihn«, sagte Elise. »Es besteht kein Grund, sich zu benehmen, als wäre er unrein.«

»Ist schon in Ordnung«, sagte Blake, der voller Traurig-

keit und Abscheu an sich selbst herabschaute. »Ich *bin* unrein. Wenn ich er wäre, würde ich auch nicht wollen, dass
meine Frau mich berührt.«

»Wegen deiner Unreinheit mache ich mir keine Gedanken, aber sie ist zur Hälfte Mensch«, sagte Bones, seine
Hand noch immer auf Cats Arm. »Dämonen können nicht
von Vampiren Besitz ergreifen, aber über die Besonderhei-
ten eines Halbbluts ist so wenig bekannt, dass ich das Risiko nicht eingehe.«

»Bist du nicht ein *bisschen* paranoid, Bones?«, fragte Cat.
»Auf dem Weg hierher hast du mir erzählt, dass ein Wirt
sterben muss, bevor ein Dämon in ihn fahren kann. Nun,
auf mich macht er einen lebendigen Eindruck.«

»Herzanfall, Aneurysma, Blutgerinnsel, Schlaganfall.«
Bones zählte die Punkte an seinen Fingern ab. »Er ist ein
Mensch, was bedeutet, dass er praktisch jede Sekunde, die
er da steht, tot umfallen könnte. Deshalb wollte ich nicht,
dass du mich begleitest, Kätzchen.«

Cat verdrehte die Augen und warf Elise einen Blick zu,
der ihre Verärgerung deutlich zum Ausdruck brachte. »Paranoid«, wiederholte sie. Dann wandte sie ihre Aufmerksamkeit Blake zu. »Tut mir leid, dich unter diesen Umständen kennenzulernen, aber wir werden dich zu Mencheres
bringen, und hoffentlich kann er …«

»Nein!«, schrie Blake; seine Hände flogen zu seinem
Kopf empor.

Mittlerweile wusste Elise, was das zu bedeuten hatte. Sie
warf sich unverzüglich auf Blake, noch bevor eine Schwe-
felwolke die Luft erfüllte.

Auch Bones hechtete vor, schlang einen Arm um Blakes

Hals und den anderen um die sich heftig hebende und senkende Brust des Mannes. Wieder war da der feurige rote Schein in Blakes Blick; seine Haut wurde von Sekunde zu Sekunde bleicher.

»*Lasst mich los*«, zischte der Dämon mit einer Stimme, die nicht wie die von Blake klang: Sie war heiser und scharf, wie aneinanderreibendes Glas.

»Kätzchen, starte den Wagen«, wies Bones sie an, ohne den Dämon aus den Augen zu lassen.

Cat drehte sich um und ging zum Wagen. Die Augen des Dämons folgten ihr, ehe er ein Lachen ausstieß.

»*Catherine.*«

Die Rothaarige erstarrte, als plötzlich eine ältere, weibliche Stimme aus Blakes Mund drang. Sie wandte sich mit großen Augen um.

»*Catherineeeeeeee ...*«, stieß der Dämon mit derselben Stimme hervor, jetzt jedoch mit einem flehentlichen Unterton. »*Bitte, geh nicht. Hilf uns. Da sind Kreaturen an der Tür, die nach dir fragen, Catherine. Sie tun uns weh. Mach, dass sie aufhören. Nein, nicht, lass meinen Mann gehen! Nein, rühr ihn nicht an, nein ... NEIN! Joe, oh, Gott, JOE!*«

»Oma«, flüsterte Cat mit Tränen in den Augen.

»Elender Mistkerl«, knurrte Bones und legte dem Dämon die Hand vor den Mund ... vor Blakes Mund. »Hör nicht hin, Kätzchen.«

Sie wirkte noch immer bestürzt. »Das war die Stimme meiner Großmutter, Bones!«

»Das ist ein Trick«, sagte er bestimmt. »Deshalb ist es am besten, wenn wir diesen bedauernswerten Bastard mit raus in die Salzwüste nehmen und ihn töten.«

»Niemand tötet ihn«, sagte Elise sofort.

Bones musterte sie mit grün knisterndem Blick. Seine Energie dehnte sich aus, bis es sich anfühlte, als würde sie sie verbrennen.

»Sei keine Närrin.« Jedes Wort war schneidend. »Der einzige Grund, warum ich diesem Burschen nicht hier und jetzt das Genick breche, ist, weil zu viele Lebewesen in der Nähe sind, in die der Dämon fahren könnte. Doch sein Leben wird in der Salzwüste ein Ende finden. Der einzige Weg, einen Dämon loszuwerden, besteht darin, den Wirt zu töten.«

Verglichen mit der Macht, die von Bones ausging, war Elise schwach, und zudem befand sich Bones als Mitherrscher ihres Meisters Mencheres in einer Autoritätsposition, die sie zu respektieren hatte. Das bedeutete allerdings nicht, dass sie Blake aufgab.

»Mencheres sagte mir, ich könne Blake zu ihm bringen«, erwiderte sie mit harter Stimme. »Deshalb fahren wir zu ihm und nicht in die Salzwüste.«

Bones verzog die Lippen. »Du warst schon immer ein Dickkopf.«

Elise starrte ihn bloß an. *Du kennst mich doch gar nicht*, dachte sie. *Und vielleicht bist du rein technisch gesehen jetzt mein Meister, aber diese Auseinandersetzung wirst du nicht gewinnen.*

»Sollten wir nicht los?«, fragte Elise.

Die Augen des Dämons bohrten sich in ihre. Wissend. Erwartungsvoll.

Du wirst ebenfalls nicht gewinnen, schwor Elise sich im Stillen. Ihre Entschlossenheit wuchs, stärker als jedes andere Gefühl, das sie seit Jahrzehnten verspürt hatte. *Das werde ich nicht zulassen.*

6

Elise hatte ihren Meister seit Monaten nicht gesehen. Das war nichts Ungewöhnliches, abgesehen davon, dass Mencheres in diesem Fall derjenige gewesen war, der sich zurückgezogen hatte. Ein flüchtiger Blick zeigte, dass der Tribut des jüngsten Krieges, der dazu geführt hatte, dass Mencheres' seit Langem getrennt von ihm lebende Frau getötet worden war, noch immer auf ihm lastete. Physisch betrachtet sah Mencheres aus wie immer. Sein hüftlanges schwarzes Haar war genauso glänzend wie eh und je, seine cremefarbene Haut barg noch immer den Bernsteinteint seiner ägyptischen Herkunft, und seine Gesichtszüge waren genauso attraktiv und majestätisch wie stets. Gleichwohl, die Traurigkeit, die an ihm haftete, war beinahe greifbar, sorgte dafür, dass die vertrauten Linien um seinen Mund eher eine grimmige Miene schufen als ein Lächeln.

Sie umarmte ihn, ohne dass sich ihre übliche Abneigung gegen engen Kontakt regte. Als seine Arme sie umfassten, spürte sie denselben Frieden, den Mencheres ihr stets schenkte. *Vater, ich habe dich vermisst.*

Als er sie losließ, berührte Elise sein Gesicht. »Du siehst schrecklich aus.«

Mencheres schenkte ihr ein angestrengtes Lächeln. »Stimmt, aber mit der Zeit wird es mir wieder besser gehen.«

Die Zeit heilt alle Wunden, hatte er zu ihr gesagt, kurz nachdem er sie zum Vampir gemacht hatte. Elise war sich noch immer nicht sicher, ob sie das glaubte, aber zumindest wurden die meisten Wunden mit der Zeit *taub*.

»Erzähl mir von dem Mann«, sagte Mencheres.

Blake war nicht dabei; Bones hatte ihn geradewegs in den Keller gebracht, wo sich die Vampirzelle befand. Jeder dauerhafte Vampirwohnsitz verfügte über einen verstärkten Raum, um neue Vampire einzusperren, während sie darum kämpften, den ersten Blutrausch zu kontrollieren. Wenn es einem Neuvampir nicht gelang, dort rauszukommen, hatte Bones argumentiert, war ein Dämon dazu ebenfalls nicht imstande.

»Er ist jetzt wieder er selbst«, entgegnete Elise, die bei der Erinnerung an ihre stundenlange Autofahrt erschauderte. Der Dämon hatte Cat weiter gequält, indem er die Stimmen ihrer Großeltern nachgeahmt hatte, als sie – anscheinend – gerade von Vampiren ermordet worden waren. Außerdem konnte Bones dem Dämon nicht die ganze Zeit mit der Hand den Mund zuhalten, da der Dämon Bones gebissen und versucht hatte, Vampirblut aus den Wunden zu trinken. Und wenn Bones ihn knebelte, hatte er gewürgt. Elise hatte sich mehrmals Sorgen darüber gemacht, dass sein Temperament mit Bones durchgehen und er Blake töten würde, aber sie schafften es alle in einem Stück hierher, auch wenn Cat immer noch draußen war, um sich wieder zu fangen.

Mencheres musterte Elise. Sie wandte den Blick von seinen forschenden Augen ab. Schließlich stieß er ein tiefes Seufzen aus.

»Der Mensch ist dir nicht gleichgültig.«

Es waren nicht Mencheres' Gedankenleserfähigkeiten, die sie verrieten. Die funktionierten bloß bei Menschen, nicht bei anderen Vampiren. Mencheres kannte sie einfach zu gut.

»Das ergibt keinen Sinn«, gab Elise zu. »Er hat in dieser Welt keinen Nutzen, keinen Grund weiterzumachen. Außerdem *will* er sterben. Aber einmal war ich genauso. Vielleicht mehr als einmal.«

Das Schweigen zwischen ihnen zog sich in die Länge, erfüllt von der unausgesprochenen Erinnerung an ihre Geschichte. Mencheres brauchte nicht daran erinnert zu werden, dass Elise ebenfalls verzweifelt darauf erpicht gewesen war zu sterben, als sie noch ein Mensch gewesen war. Immerhin hatten sie sich so kennengelernt.

»Ich werde es versuchen«, sagte Mencheres schließlich. »Aber womöglich kann man nichts für ihn tun.«

Elise legte ihm ihre Hand auf den Arm. »Meister … *Vater* … Vielen Dank.«

Mencheres' dunkle Augen waren kalt. »Wenn dies hier vorüber ist, dankst du mir vielleicht nicht mehr.«

Die Metallklammern schnitten in Blakes Handgelenke, in seine Fußknöchel und in seine Hüfte. Bones hatte ihn auf eine Art und Weise an die Wand gekettet, die Blake verriet, dass sich der Vampir nicht darum scherte, ob er dabei Schrammen davontrug oder nicht. Bedachte man dann noch das grüne Glitzern in Bones' Augen und die Fänge, die sich dort bogen, wo zuvor normale Zähne gewesen waren, wusste Blake, dass er dem Tod ins Gesicht starrte.

»Es ist niemand hier«, sagte Blake leise. »Du könntest behaupten, es sei ein Unfall gewesen; dass ich versucht habe zu fliehen.«

Bones warf ihm einen einzigen düsteren Blick zu. »Kumpel, wenn es eine Option wäre, dich zu töten, wärst du deinem Schöpfer schon vor Stunden gegenübergetreten. Allerdings werde ich diesem unreinen Biest in dir nicht die Befriedigung verschaffen, es zu befreien. Nicht, solange es noch irgendwohin fliehen kann.«

Elise betrat zusammen mit einem groß gewachsenen, ausländisch aussehenden Mann den Raum, sodass Blakes Erwiderung unausgesprochen blieb. Sie hielt die Hand des Fremden, und Blake fragte sich, ob das ihr Ehemann oder Freund war. Seltsamerweise gefiel ihm dieser Gedanke nicht besonders.

»Hast du versucht, die Kontrolle über seinen Verstand zu übernehmen?«, fragte der Fremde Bones; in seiner Stimme lagen Anklänge eines orientalischen Akzents. Bones grunzte. »Ja, aber vergebens. Der unreine Schwachkopf wollte im Wagen nicht die Klappe halten, und aus irgendeinem Grund hat er die ganze verdammte Fahrt über meine Frau behelligt.«

Bei dieser Information schaute der Fremde nachdenklich drein. Blake zuckte zusammen.

»Tut mir leid.«

Der Fremde trat beiseite, und Blake sah, dass ausgerechnet ein Hund hinter ihm hereinkam. Elise schloss die Tür. Es waren bloß sie vier und der Mastiff im Raum. *Was jetzt?*, fragte sich Blake.

Die zu Schlitzen zusammengekniffenen Augen des

Fremden schauten Blake an und färbten sich dann grün, wurden strahlend hell, als würde man in die Sonne schauen, aber in einer anderen Farbe. Als er ihm in die Augen starrte, kam es Blake vor, als würde er sich drehen, aber das war unmöglich, da er an die Wand gefesselt war. Sein Herz begann zu hämmern, und ein eigenartiges Gefühl der Panik stieg in ihm auf.

Elise kam herüber, um dicht neben ihm stehen zu bleiben, ohne ihn zu berühren, aber ihre Anwesenheit war dennoch beruhigend.

»Dies ist mein Meister, Mencheres«, sagte sie leise. »Er wird dir helfen.«

Mir kann niemand helfen, dachte Blake, ehe er beinahe vor der Kraft der unsichtbaren Hände zurückschreckte, die ihn packten. Was zur Hölle war das?

»Irgendetwas … quetscht mich«, keuchte er.

Mencheres sah ihn weiter mit diesen hypnotischen Augen an. »Das bin ich.«

Der Druck nahm zu, bis helle Flecken in seinem Blickfeld tanzten und er kaum noch atmen konnte. *Es ist so weit*, wurde Blake klar. *Ich sterbe.*

»Meister«, hörte er Elise sagen; sie klang aufgewühlt.

Keine Sorge, wollte Blake zu ihr sagen, doch er hatte nicht genug Luft, um die Worte hervorzubringen. *Ich habe keine Angst. Danke für alles, was du für mich getan hast. Um ehrlich zu sein, ist es gar keine schlechte Art und Weise abzutreten und dabei dein wunderschönes Gesicht anzusehen …*

»Wie ist dein Name?«, fragte Mencheres. Seine Stimme schien von weit her zu kommen und widerzuhallen. Inmitten der herankriechenden Dunkelheit, außerstande zu atmen, fragte sich Blake, was der Kerl als Antwort erwartete.

»Wie ist dein Name?«, wurde die Frage wiederholt, diesmal mit mehr Nachdruck. Mencheres' Gesicht füllte Blakes Blickfeld aus; diese grausig leuchtenden Augen bohrten sich in seine. *Geh weg*, dachte Blake. *Lass mich wieder Elise anschauen. Sie ist die Einzige im Raum, der ich nicht völlig egal bin.*

»*Wie ist dein Name?*« Mit einem festeren Zudrücken. Alles außer Mencheres verschwand aus Blakes Blick. Blakes Lunge brannte; seine Brust hob und senkte sich ruckartig in dem verzweifelten Versuch, Luft zu holen.

»Xaphan«, zischte jemand. Überraschenderweise hörte Blake die Stimme ganz deutlich. War er womöglich in der Lage, etwas zu hören, während er starb?

»Xaphan«, wiederholte Mencheres. Noch mehr Energie ballte sich um Blake, bis er bloß noch Schwärze vor sich sah und er den Schmerz in seiner Lunge nicht mehr spüren konnte. »Lass von ihm ab.«

In Blakes Verstand hallte ein hässliches Lachen wider. »Nein, kleiner Mykerinos. Und du bist nicht stark genug, um mich dazu zu zwingen.«

Ein weiteres Zudrücken. Es schien ewig her zu sein, seit er das letzte Mal geatmet hatte; Blake hatte keine Ahnung, warum er immer noch so lebendig war, dass er den schraubstockartigen Griff registrierte.

»Lass von ihm ab.«

Dieses grässliche Brummen erfüllte seinen Kopf, wies darauf hin, dass der Dämon drauf und dran war, die Kontrolle zu übernehmen. Blake wollte schreien, doch er konnte sich nicht rühren, konnte nichts sehen, konnte nichts sagen. Was zur Hölle hatte das zu bedeuten? War er bereits tot und bezahlte für all die Dinge, die er getan hatte?

Irgendwie drang ein Wortschwall in einer Sprache, die Blake noch nie gehört hatte, in sein Bewusstsein. Das Sonderbarste daran war, dass es sich um eine Frauenstimme handelte, und es war nicht die von Elise.

Mencheres knurrte. Jedenfalls klang es so, und etwas so Schweres und Festes drückte gegen Blake, dass er um Gnade flehte. *Bitte, nein. Zu viel. Aufhören. Aufhören!*

»Verlass ihn!« Es war ein Brüllen, das Blake in seinen Knochen spürte. Dann fiel er; blendende Lichter huschten vorüber. Einige unvorstellbare Sekunden lang fühlte sich Blake von allem befreit. Sogar die Geräusche verstummten, um selige, friedliche, willkommene Stille zu hinterlassen. *Endlich …*

Dann kehrte das Gefühl mit einem Ansturm der Pein zurück, als etwas auf seine Brust drückte, und seine Lunge fühlte sich an, als habe er Feuer eingeatmet. Als er diesmal die Augen öffnete, sah er Elises Gesicht über seinem. Ihr Mund senkte sich herab, nicht um ihn zu küssen, sondern um ihn zu beatmen.

Blake hustete und legte seinen Kopf schief, weil er unvermittelt gierige Atemzüge nehmen musste. Ihre Hände – blass, kühl, weich – berührten seine Stirn.

»Geht es dir gut?«

Blake konnte nicht antworten; er war zu sehr damit beschäftigt, Sauerstoff einzusaugen, um Worte formulieren zu können. Ein dunkles Haupt beugte sich über ihn; schwarzes Haar fiel über seine Schultern.

»Ich kann ihn nicht retten«, erklärte Mencheres rundheraus. »Der Dämon in ihm ist zu stark.«

7

Die Sonne war vor einer Stunde untergegangen. Elise war müde; der Schlafmangel dieses Morgens begann seinen Tribut zu fordern. Dennoch nahm sie Mencheres' Angebot nicht an, dass jemand anderes auf Blake aufpasste, während sie ruhte. Es schien ihr zu herzlos zu sein, Blake einem Fremden zu überlassen, bloß damit sie schlafen konnte, besonders in Anbetracht der Tatsache, dass die Leute sich verhielten, als wäre Blake bereits tot.

Sie brachte Blake in die Küche, in dem Wissen, dass es dort jede Menge zu essen für ihn gab. Die Menschen, die als willige Blutspender für Mencheres und sein Gefolge hier lebten, waren der Grund dafür, dass die Küche gut bestückt war. Blake war heißhungrig, schlang drei Portionen herunter, bevor er ob seines Exzesses verlegen wirkte. Elises Magen knurrte ebenfalls, doch es gelüstete sie nicht nach dem, was Blake aß. Sie unterdrückte ihren Hunger mit derselben Unbarmherzigkeit, mit der sie auf Schlaf verzichtete. Blake hatte nicht mehr lange zu leben. Das Mindeste, was Elise tun konnte, war, ihm diese letzten Tage so angenehm wie möglich zu machen.

Mit diesem Gedanken im Hinterkopf hatte sie sich geweigert, sich Blake zu schnappen und noch heute Nacht zur Salzwüste aufzubrechen. Nachdem Blake etwas gegessen und sich ausgeruht hatte, war dafür immer noch genug

Zeit, hatte sie Mencheres gegenüber beharrt, und er hatte keine Einwände erhoben. Bones war weniger umgänglich, murmelte, dass der Dämon mit jeder Minute, die sie zögerten, die Chance habe, von jemand anderem Besitz zu ergreifen, um sein Blutbad im Körper eines neuen Wirts fortzusetzen.

Elise konnte Bones' Logik verstehen. Noch vor ein paar Tagen wäre sie seiner Meinung gewesen, doch in den letzten vierundzwanzig Stunden hatte sich vieles verändert. Seit sie Blake begegnet war, war dessen erster Gedanke stets gewesen, was für die anderen am besten wäre. Nun, Elise würde diejenige sein, die daran dachte, was das Beste für *ihn* war, und heute Nacht war das nicht, ihn in einen Wagen zu laden, um ihn zum Ort seines Todes zu fahren. Der Tod würde Blake noch früh genug heimsuchen, und dieses Wissen nagte schlimmer an Elise als ihr Hunger oder der Schlafmangel. Das war nicht richtig. Vor langer Zeit hatte Elise eine zweite Chance bekommen. Warum sollte dies Blake verwehrt bleiben?

Mencheres kam in die Küche, lautlos wie ein Schatten. Elise saß neben Blake auf einem Barhocker am Kopfende des Tresens, nah genug, dass sie fühlen *und* sehen konnte, wie sich Blake anspannte, als er den anderen Vampir bemerkte.

»Was hast du vorhin mit mir gemacht, in dem anderen Raum?«, fragte Blake Mencheres mit fast beiläufiger Stimme.

»Ich habe dich erstickt, bis du zwischen Leben und Tod standst. Ich hatte gehofft, deinen geschwächten Zustand nutzen zu können, um den Dämon aus dir auszutreiben und ihn in den Hund fahren zu lassen«, kam Mencheres' gleichermaßen ruhige Antwort. »Es hat nicht funktioniert. Tut mir leid.«

»Und das alles hast du getan, ohne mich auch nur zu berühren.« Blake klang verwirrt. »Du musst ein sehr mächtiger Vampir sein.«

Einen Moment lang schaute Mencheres erschöpft drein. »Nicht mächtig genug. Der Dämon in dir ist uralt und stark. Mit jedem, den er zerstört, wird er noch stärker werden, deshalb kann ich nicht zulassen, dass er freikommt.«

»Nein, das kannst du nicht«, stimmte Blake zu; sein Kiefer verkrampfte sich. »Ich weiß besser als jeder andere, was für schreckliche Dinge ich dann tun werde. Das muss ein Ende haben.«

Mencheres sah Blake an. »Du bist ein sehr mutiger junger Mann. Ich bedaure, was getan werden muss.«

Elise wandte den Blick ab. Sie fühlte ein Stechen in ihren Augen, und es war länger her, als sie sich erinnern konnte, dass dies das letzte Mal passiert war.

»Mencheres, ich brauche ein Rasiermesser«, sagte Elise unvermittelt. »Nachdem Blake geduscht hat, kann er sich rasieren.«

Blake warf ihr einen überraschten Blick zu, aber Mencheres' Miene war grimmig.

»Du kannst ihn nicht mit einem Rasiermesser allein lassen«, sagte Mencheres. »Der Dämon wird merken, was wir vorhaben. Xaphan wird alles daransetzen zu versuchen, Blake zu töten, damit er sich in einem unbekannten Wirt einnisten kann, bevor Blake in der Salzwüste ankommt.«

Blake schnaubte. »Bislang hat der Dämon nicht zugelassen, dass ich mich umbringe. Und jetzt will er sich selbst die Ehre geben? Und was hat es mit dieser Salzwüste auf sich, von der ich ständig höre?«

Mencheres öffnete den Mund, aber Elise antwortete, außerstande, die Heiserkeit aus ihrer Stimme herauszuhalten.

»Sobald ihr Wirt stirbt, können Dämonen in jedes lebende Wesen fahren, sogar in ein Tier, das mehrere Meilen entfernt ist. Wenn wir also … Wenn du stirbst, darf sich im Umkreis von mehreren Meilen nichts Lebendiges aufhalten.«

»Wäre es nicht okay, wenn der Dämon von einem Tier Besitz ergreift?«, fragte Blake. »Ich meine, ein besessenes Gürteltier dürfte wohl nicht allzu viel Schaden anrichten.«

»Tierbesessenheit ist zeitlich sehr befristet«, erwiderte Mencheres. »Das Ziel des Dämons ist es, wieder in eine Person zu schlüpfen. Es ist einfach, ein Tier dazu zu zwingen, sich umzubringen, sobald Leute in der Nähe sind. Ist dir noch nie aufgefallen, dass sich einige Tiere absichtlich vor Autos zu werfen scheinen? Der Fahrer des ersten Wagens, der ein besessenes Tier anfährt, wäre dann aufgrund des engen Kontakts der Nächste, von dem der Dämon Besitz ergreift.«

Blake seufzte. »Die Sache wird einfach immer verzwickter, oder?«

»Es gibt bloß einen Ort, an dem es sicher ist, einen Dämon auszutreiben«, fuhr Mencheres fort, um das angespannte Schweigen zu brechen. »Die Salzwüste. Salz ist ein natürliches Element, um einen Dämon festzusetzen. Sobald der Wirt stirbt, schränkt das Salz die Reichweite des Dämons bis auf eine Meile in jede Himmelsrichtung ein, und in der Salzwüste gibt es weder Menschen noch Tiere.«

Elise wünschte, sie hätte gewusst, was Blake jetzt gerade durch den Kopf ging, damit sie … was tun konnte? Ihm sagen, dass schon alles wieder in Ordnung kommen würde? Das würde es nicht. Es gab so wenig, was sie tun konnte, um ihm zu helfen, und dieses Wissen sorgte dafür, dass sie sich mehr als nutzlos fühlte. Es war ihr nicht nur nicht gelungen, ihn zu retten; sie würde sogar einer seiner Henker sein.

»In Ordnung.« Blake nickte lebhaft. »Das ergibt Sinn. Ich bin froh, dass ihr wisst, wie man dem ein Ende machen kann. Ich wünschte, ich wäre euch schon früher begegnet.«

»Fast kommt es einem wie Schicksal vor, dass du uns überhaupt begegnet bist«, sagte Mencheres mit Blick auf Elise. »Dämonen nähren sich von Zorn, Hass, Neid – von all unseren niederen Emotionen. Sobald sie jemandem alles ausgesaugt haben, wechseln sie zum nächsten Wirt. Elise hat mir erzählt, dass du besessen wurdest, als dir vor einigen Monaten eine Frau vors Auto lief. Jetzt weißt du, was passiert ist. Der Dämon hatte sie aufgezehrt und sorgte dann dafür, dass sie sich umbrachte, um sich einen neuen Körper zu suchen. Letzten Endes hätte er das Gleiche mit dir getan.«

Mencheres hielt inne; sein Blick schweifte zurück zu Blake. »Du musst sehr stark sein. Normalerweise halten Menschen nicht lange durch, bevor der Dämon sie vollständig kontrolliert. Dass du bei einem Dämon von Xaphans Kaliber immer noch phasenweise du selbst bist – bemerkenswert.«

Blake schob seinen Teller von sich und streckte seine Hände aus. »Siehst du das Blut, das hieran klebt?«, fragte er, jede Silbe von Heftigkeit erfüllt. »Es ist *nichts* Bemerkenswertes daran, ein Mörder zu sein, und dazu hat dieses Ding mich gemacht.«

Elise wollte Blake sagen, dass er kein Mörder sei. Er war eine Waffe, und Waffen trafen selbst keine Entscheidungen. Aber obgleich sie das tatsächlich glaubte, fand sie nicht die richtigen Worte.

Sie stand auf. Vielleicht war es ihr nicht möglich, etwas zu sagen, das Blakes Schuldgefühle minderte, aber etwas anderes konnte sie dennoch tun.

»Fangen wir erst mal damit an, dich von dem Blut zu säubern.«

8

Blake stand unter dem warmen Strahl der Dusche und schloss die Augen. Das fühlte sich gut an. Normal. Früher gehörte das morgens und abends zu seinem Tagesablauf. Jetzt konnte er sich nicht einmal mehr an das letzte Mal erinnern, dass er warm geduscht hatte. Außerdem war die Kabine groß, eine dieser hochwertigen Varianten, die über mehrere Brauseköpfe und zwei Zugänge verfügten. Diese Vampire hatten Stil, keine Frage.

Er wusch sein Haar gerade zum zweiten Mal, als Elise in die Dusche trat. Blake erstarrte so vollkommen, dass er sich nicht einmal dann die Augen auswischte, als der Schaum hineinlief.

Sie war nackt, ihr Körper schlank und geschmeidig und so unglaublich schön, dass Blake sich einen Moment lang fragte, ob er halluzinierte. Elise nahm auf ungezwungene

Weise das Shampoo aus der Nische und hielt inne, um ihren Blick über ihn schweifen zu lassen.

»Ohne den ganzen Dreck bist du jünger, als ich dachte«, sagte sie; sie klang gelinde überrascht. Ihre Hand fuhr über sein Gesicht, um ihm die Seife aus den Augen zu wischen und sein Haar nach hinten zu streichen. »So siehst du völlig anders aus.«

Dasselbe könnte ich von dir sagen, dachte Blake, außerstande, seine Augen von ihrer blassen Haut, den langen Beinen, den zierlichen runden Brüsten und dem dichten Haarbusch zwischen ihren Schenkeln loszureißen. Sein Schwanz regte sich ebenfalls, wachte auf und streckte sich, wie um einen besseren Blick auf sie zu erhaschen.

Blake drehte sich ruckartig um. Trotz allem, was er durchgemacht hatte, schien es, als sei Verlegenheit für ihn nach wie vor ein Thema.

»Ähm, Elise, ich denke nicht, dass du mit mir duschen solltest«, brachte Blake hervor.

Er hörte, wie das Wasser auf sie prasselte, als sie näher kam. Himmel, der Gedanke daran, wie Elise wohl aussah, wenn Ströme von Wasser über ihre Haut flossen, ließ ihn noch härter werden. Mit einem Mal kam ihm die Duschkabine viel zu klein vor.

»Warum nicht? Ich muss dich im Auge behalten, und du brauchtest eine Dusche. Ich habe dich allein gelassen, um es dir leichter zu machen, aber es ist effizienter, wenn wir gemeinsam duschen.«

Sie klang vollkommen distanziert, als würde sie darüber sprechen, ob sie eine Fahrgemeinschaft bilden oder den Bus nehmen sollen. Offenbar machte es Elise nichts aus, nackt mit ihm in der Dusche zu stehen. War es der Dämon in ihm, der sie dazu veranlasste, ihn nicht als einen vollwertigen Mann zu betrachten? Oder lag das an dem Umstand, dass er ein Mensch war und sie eine Vampirin?

So oder so, Elises völlige Emotionslosigkeit ließ Verärgerung in Blake auflodern. Er drehte sich um; seine Erektion ragte vor und berührte beinahe ihren Bauch.

»Wie du sehen kannst«, begann Blake, »hat deine *effiziente* Strategie einen Haken.«

Überrascht glitt ihr Blick auf vollkommen andere Weise als zuvor über Blake, verharrte bei seiner Brust und seinem Bauch, bevor er tiefer sank. Mit halb geöffnetem Mund und dem Wasser, das genauso sinnlich über ihre blasse Haut perlte, wie Blake es sich ausgemalt hatte, zuckte sein Schwanz in die Höhe, als würde er um ihre Berührung betteln.

Sie drehte sich um und trat ohne ein weiteres Wort aus der Dusche. Blake schloss die Augen und stieß ein langsames Seufzen aus. Dann fing er an, sein Haar von Neuem mit dem Shampoo zu bearbeiten.

Ihre Reaktion auf Blake in der Dusche hatte Elise erschüttert. *Eigentlich* sollte es keine Auswirkungen auf sie haben, einen nackten Mann zu sehen. Zum Vampir zu werden sorgte für gewöhnlich dafür, dass zusammen mit dem Herzschlag auch die Sittsamkeit der Vergangenheit angehörte, sodass der Anblick von bloßem Fleisch nicht das gleiche provokante Tabu in sich barg wie für Menschen. Darüber hinaus war sie es gewohnt, vor Fremden zu duschen, wenn man bedachte, dass sie den Großteil ihrer Duschen im Fitnessclub nahm.

Deshalb war die Woge des Verlangens, die Elise traf, als sie Blake nackt sah, eine vollkommene Überraschung. Blake hatte lange Gliedmaßen und war muskulös; dass er so schlank war, ließ seinen Körper wie gemeißelt wirken, nicht hager. Das dunkle krause Haar, das Blakes Brust bedeckte, wurde schmaler, wo es auf seinen Bauch traf, um dann wie ein Pfad runter zu seiner Leiste zu führen, ehe samtiger Haarflaum seine Oberschenkel umspielte. Als sie Blake ansah, war Elise schier von dem Drang überwältigt gewesen, ihn zu berühren. Sie hatte sein Gesicht gestreichelt und war ihm mit den Fingern durchs Haar gefahren, bevor sie sich selbst davon abhalten konnte.

Elise war es nie in den Sinn gekommen, dass Blake sie begehren könnte. Sie war eine Vampirin, er war ein Mensch. Außerdem trug sie ihren Teil zu seinem Tod bei, eine Tatsache, über die sich Blake durchaus im Klaren war. Ungeachtet des Umstands, dass er vollkommen verstand, warum er sterben musste, und dem beipflichtete, konnte sich Elise als einer seiner Scharfrichter wohl kaum Gefühle der Zuneigung für ihn erlauben.

Natürlich entsprang dieses Verlangen womöglich Blakes natürlicher Reaktion auf eine nackte Frau – auf jede Frau, sogar auf sie, kaltes lebloses Etwas, das sie war. Dieser Gedanke erfüllte Elise gleichermaßen mit Erleichterung und mit Traurigkeit. *Hör einfach auf damit*, sagte sie sich. *Es war deine Sache, als du dich dazu entschlossen hast, dich um Blake zu kümmern, um ihn daran zu hindern, sich umzubringen. Jetzt beschäftigst du dich zu sehr mit der Sache. Warum kannst du nicht wie ein normaler Vampir empfinden?*

Blake kam aus dem Badezimmer und unterbrach damit

ihre mentale Selbstkasteiung. Er hatte ein Handtuch um seine Hüften geschlungen; sein schwarzes Haar berührte seine Schultern und lockte sich vor Feuchtigkeit.

»Tut mir leid«, sagte er; seine blauen Augen blickten ruhig. »Vielleicht ist Gruppenduschen bei Vampiren ja gang und gäbe, aber ich komme damit nicht so ohne Weiteres klar.«

Elise musste wegschauen. Blakes Aufrichtigkeit ließ ihr Herz mit einem sonderbaren Ruck reagieren, als würde etwas daran zerren.

»Nein, mir tut es leid«, entgegnete sie, bemüht, ihre Stimme cool zu halten. »Wird nicht wieder vorkommen.«

Blake räusperte sich, als wollte er etwas sagen, ließ es dann aber bleiben. Elise schaute zu ihm auf, wartete, aber sein Mund war zu einer schmalen Linie zusammengepresst. Was auch immer er hatte sagen wollen, er hatte sich dagegen entschieden.

»Hier.« Elise deutete auf den Stuhl ihr gegenüber. »Setz dich. Ich werde dich rasieren.«

Mencheres hatte diese Utensilien zusammen mit einigen Kleidern für Blake vorbeigebracht, da sie beinahe gleich groß waren. Blake bestand nicht darauf, sich selbst zu rasieren. Er setzte sich einfach auf den Stuhl und legte seinen Kopf in den Nacken.

Elise trat näher, ihren Blick auf die lange Linie von Blakes Kehle geheftet, wo sein Puls so verführerisch schlug. Sie leckte sich die Lippen. Wie es wohl wäre, ihn zu schmecken?

Hör auf damit, tadelte sie sich unverzüglich selbst. *Er braucht deine Hilfe, nicht deine Selbstsucht.*

Sie schäumte Blakes Kehle ein und arbeitete flink mit

dem Rasiermesser. Blakes Geruch war eine Mischung aus Nervosität, Wachsamkeit und noch etwas anderem, etwas Würzigem, das Elise nicht näher benennen konnte, da es ihr zuvor nicht gelungen war, Blakes natürlichen Duft unter den ihn übertünchenden Gerüchen von Blut und Tod wahrzunehmen. Jedes Mal, wenn sie einen Strich mit dem Rasiermesser führte, beschleunigte sich sein Pulsschlag. Sorgte er sich, weil ihm eine Vampirin einen scharfen Gegenstand an den Hals hielt? Fragte er sich, ob die Blutgier sie überwältigen würde, wenn sie versehentlich seine Haut ritzte?

»Du brauchst keine Angst davor zu haben, dass ich mich an dir laben könnte«, erklärte Elise ihm, als er zusammenzuckte, während sie sich dicht über ihn beugte, um ihn unter dem Kinn zu rasieren. Selbst mit den Rasierschaumklecksen, die in seinem Gesicht klebten, war er ohne den struppigen Bart wesentlich attraktiver, als Elise bislang bewusst gewesen war.

»Rieche ich immer noch zu schlecht?«, neckte er sie.

Nein. Du duftest wundervoll, und ich würde gern meine Fangzähne in deinen Hals bohren und dich stöhnen hören, während ich dein Blut sauge.

»Ich bin nicht, ähm, hungrig«, stotterte Elise. Wo war ihre frostige Distanziertheit hin? Warum fühlte sie sich so zu ihm hingezogen?

Sie vollendete ihr Werk mit einem letzten Aufwärtsstrich des Rasiermessers, ehe sie zurücktrat, um auf die Kleider auf dem Bett zu deuten.

»Die sind für dich. Ich gehe raus, solange du dich umziehst.«

Elise lief beinahe aus dem Zimmer, schlug die Tür hinter sich zu und lehnte sich mit dem Rücken dagegen, während sie das Rasiermesser in ihrer Hand fest umklammerte.

9

Die größte Salzwüste in den Vereinigten Staaten befindet sich in Utah. Zu fliegen wäre der schnellste Weg gewesen, um dorthin zu gelangen, doch obgleich Mencheres ein Privatflugzeug besaß, entschied er sich gegen diese Möglichkeit. Vielleicht versuchte er, Blake noch ein paar Tage mehr zu verschaffen, damit er sich auf seinen Tod vorbereiten konnte.

Zu fahren war eine weitere Option, die jedoch mit ihren ganz eigenen Schwierigkeiten verbunden war, von denen die geringste die Bequemlichkeit war. Blake für mehr als zwei Tage auf den Rücksitz zu pferchen, während sie ihn zu seiner Hinrichtung fuhren, war grausam. Außerdem hatte der Dämon so eine größere Chance, einen Unfall zu verursachen und Blake zu töten – mit jeder Menge Leute in der Nähe, in die er fahren konnte –, wenn sie sich alle in einen Wagen quetschten.

Aus diesem Grund war Elise erleichtert, als Mencheres sagte, dass sie den Zug nehmen würden. Nur sie drei würden fahren. Bones hatte etwas davon gemurmelt, dass seit dem letzten Mal, dass er den Zug genommen hatte, noch nicht genügend Zeit vergangen sei, was auch immer das bedeutete. Und da er wegen der Art und Weise, wie der Dämon Cat gequält hatte, nach wie vor einen Groll gegen ihn hegte, war Elise froh, dass Bones und Cat nicht mitkamen.

Mencheres buchte zwei Schlafwagenkabinen für die Reise. Sie würden fast drei Tage brauchen, um zur Bonneville-Salzwüste in Utah zu gelangen. Sobald sie in der Union Station in den Zug stiegen, schloss Mencheres sich und Blake in der einen Kabine ein, während er Elise anwies, in der anderen zu schlafen. Sie war die Nacht und den Morgen über wach geblieben, um ein Auge auf Blake zu haben. Allerdings hatte der Dämon nicht wieder die Kontrolle über ihn übernommen, und Blake hatte geschlafen, als wäre er betäubt worden. Wie es schien, empfand er jetzt, wo sein Schicksal besiegelt war, Erleichterung, derweil Elise diejenige war, die von Wut und Zweifeln heimgesucht wurde.

Sobald sie allein in der Kabine war, glaubte Elise nicht, dass es ihr möglich sein würde zu schlafen, aber ihr Körper hatte diesbezüglich andere Vorstellungen. Das Schaukeln des Zuges fühlte sich behaglich vertraut an, lullte sie in den Schlaf, obwohl ihre Gedanken weiter durcheinanderwirbelten. Als sie erwachte, war der Himmel in dunkle Orange- und Blauschattierungen gehüllt. *Fast Abenddämmerung.* Sie hatte den Rest des Tages verschlafen.

Elise schoss aus dem schmalen Klappbett, von Schuldgefühlen erfüllt. Dahin waren sechs der fünfundfünfzig Stunden, die noch von Blakes Leben übrig waren, und sie hatte sie schlummernd verbracht, während Blake in einer Kabine mit einem Vampir eingeschlossen war, den er kaum kannte. Gewiss, sie kannte er auch kaum, aber verglichen mit dem bisschen Zeit, die Blake bislang mit Mencheres verbracht hatte, war Elise eine alte Freundin.

In der nächsten Sekunde war sie auf den Füßen und riss die Tür zur Nachbarkabine auf. Blake schaute überrascht auf, als er sie im Türrahmen stehen sah, aber Mencheres hob bloß eine Augenbraue.

»Bei deiner Eile könnte man fast glauben, du hättest Angst, ich könnte ihn verlieren.«

Blake starrte wie gebannt auf ihre Bauchgegend. Elise blickte nach unten und verspürte ausgerechnet einen Anflug von Verlegenheit. Nicht angesichts der Tatsache, dass sie sich geniert hätte, dass sie bloß ihr Shirt und Unterwäsche trug, sondern im Hinblick darauf, wie sehr dies ihren Eifer verriet, ihn zu sehen, sobald sie aufgewacht war.

»Ich … dachte, ich hätte etwas gehört«, log Elise.

Ihr Meister warf ihr einen Blick zu, der besagte, dass er es besser wusste, aber Blake schien es ihr abzukaufen. Er riss seinen Blick von ihr los und hustete.

»Ich wollte gerade in den Speisewagen gehen und etwas essen. Möchtest du mitkommen?«

»Ja«, sagte Elise sofort.

Auf Blakes Mund breitete sich ein Lächeln aus, das sein Gesicht in etwas Überwältigendes verwandelte, das bei ihm jedoch vollkommen ungewohnt wirkte. Elise wurde bewusst, dass dies das erste Lächeln war, das sie bei ihm gesehen hatte.

»Vielleicht solltest du dir vorher noch etwas anziehen.«

»Oh.« Wieder war da dieses Aufblitzen von Verlegenheit, als hätte sich die Uhr auf magische Weise zurückgedreht und als wäre sie ein Mädchen mit ihrem ersten Freund. »Natürlich. Ich bin gleich wieder da.«

Elise kehrte in ihre Kabine zurück und schüttelte den Kopf darüber, wie seltsam sie sich benahm – und welch merkwürdige Gefühle sie hatte.

Blake lehnte sich auf dem Platz gegenüber von Mencheres zurück. Zwischen ihnen befand sich ein Klapptisch, der gleichzeitig als Schachbrett diente. Sie hatten mehrere Partien gespielt, und der Vampir hatte ihn jedes Mal geschlagen.

»Sie mag dich«, sagte Mencheres ruhig, sobald Elise die Kabine verlassen hatte.

Blake entwich ein Schnauben. *Ich wünschte, es wäre so.* »Sie kann es ja kaum ertragen, länger als fünf Minuten am Stück mit mir zu reden, daher nimmst du es mir gewiss nicht übel, dass ich da anderer Ansicht bin.«

»Diese Jugend«, murmelte Mencheres. »So blind. Wo wir gerade beim Thema sind: Schachmatt.«

Blake studierte das Spielbrett. *Wie zum Teufel ist das passiert?* »Du ausgefuchster Mistkerl«, sagte er, als er die Falle sah, in die er hineingetappt war.

Mencheres bedachte Blake mit einem nachsichtigen Blick. »Ich war schon auf der Welt, bevor Schach auch nur erfunden wurde. Wenn du mich schlagen könntest, hätte ich im Laufe meiner Jahre nicht viel gelernt, oder?«

Und Blake wusste, dass es Mencheres schon seit *sehr vielen* Jahren gab. Seit über viertausend Jahren, wie der Vampir beiläufig erklärt hatte, als wäre das keine sonderlich berauschende Zahl. Außerdem hatte er Blake etwas über die Geschichte der Vampire erzählt. Davon, wie Kain der Erste ihrer Gattung gewesen war, nachdem Gott ihn dazu verdammt hatte, auf ewig Blut trinken zu müssen, als Strafe dafür, dass er das seines Bruders Abel vergossen hatte. Sie hatten in strukturierten Gesellschaften gelebt, von einem Großmeister beherrscht, und im Gegensatz zu Hollywoods häufiger Behauptung war ein Holzpfahl durchs Herz kein Weg, um sie zu töten. Blake erkundigte sich nicht danach, warum Mencheres diese Informationen so freimütig ausplauderte. Wem sollte Blake schon davon berichten? Er würde in Kürze tot sein.

Elise kam zurück. Ihr Haar war feucht, was das Blond dunkler wirken ließ. In ihrer Kabine musste es ebenso eine Dusche geben wie in dieser hier. Sie hatte Baumwollhosen mit Kordel an, was bei ihr die Norm zu sein schien, doch anstatt einen Kapuzenpullover mit Reißverschluss über ihrem Trägerhemd zu tragen, waren ihre Arme und Schultern nackt. Blakes Blick strich über ihre blasse glänzende Haut, während er sich daran erinnerte, wie sie aussah, wenn sie unter der Dusche stand.

Typisch, dass er eine Frau wie Elise ausgerechnet jetzt kennengelernt hatte, wo er sich an der Talsohle seines bald endenden Lebens befand. Blake wünschte, er hätte sie getroffen, bevor der Dämon von ihm Besitz ergriffen hatte, als er noch imstande gewesen wäre, Elise zu einem richtigen Abendessen auszuführen und nicht bloß auf einen schnellen Happen im Speisewagen des Zuges. Oder zu einer Broadway-Aufführung oder, verdammt noch mal, zu einer eleganten Blutbank, wenn es das war, was ihr gefiel. Elise hatte ihm mehr Mitgefühl entgegengebracht als die meisten Menschen, denen er in den letzten paar Monaten begegnet war. Er wünschte bloß, er hätte irgendetwas tun können, um ihr dafür zu danken.

Natürlich gab es da nichts. Alles, was er tun konnte, um ihr seine Wertschätzung zu zeigen, war, ihr das letzte Kapitel seines Lebens so einfach wie möglich zu machen. Er hatte nur noch wenige Dinge unter Kontrolle, aber zumindest konnte er sich seinem Ende stellen wie ein Mann. Ohne Gewimmer oder irgendwas von diesem Schwachsinn. Jede Menge Leute starben vor ihrer Zeit. Tatsächlich trug Blake wegen des Dämons in seinem Innern die Verantwortung für einige dieser verfrühten Tode. Wenn es um das Leben an sich ging, konnte man nicht auf Gerechtigkeit spekulieren – warum sollte da ausgerechnet er darüber jammern, dass ihm im Tod keine Fairness zuteilwurde?

»Ich bin bereit«, sagte Elise, die die Schiebetür aufhielt.

Blake stand auf. »Ich auch.« *Und wenn die Zeit dafür kommt, Elise, werde ich dir das beweisen.*

10

Elise stocherte auf ihrem Teller herum und aß ein paar Bissen, bloß um auf die anderen Menschen im Speisewagen einen normalen Eindruck zu machen. Blake war fasziniert gewesen, dass sie überhaupt etwas essen konnte.

Den Großteil des Abendessens über schwieg sie, während sie sich bemühte, sich etwas einfallen zu lassen, das sie sagen konnte – und scheiterte. Allerdings schien Blake auch nicht damit zu rechnen, dass sie sich miteinander unterhalten würden. Elise war frustriert. War sie nicht einmal in der Lage, Smalltalk zu machen, um ihm den Abend angenehmer zu gestalten? War sie im Umgang mit anderen so aus der Übung, dass es ihr die Sprache verschlagen hatte? Sie war eine Vampirin; sie konnte den Zugwaggon hochheben und tragen, wenn sie Lust darauf hatte! Und dennoch kam ihr keine Möglichkeit in den Sinn, eine einfache angenehme Unterhaltung zu beginnen. *Wie demütigend.*

»Seit fast vierundzwanzig Stunden ist jetzt schon Ruhe«, sagte Blake.

Scham überkam sie, zwang einen Wortschwall über ihre Lippen. »Tut mir leid. Es ist nur so, dass ich nicht besonders gut darin bin, mich zu unterhalten. Jahrelang habe ich, mal abgesehen von Mencheres, kaum mit irgendwem gesprochen, und er kennt mich so gut, dass wir nur wenige Worte brauchen, um uns zu verständigen. Ich würde gern mit dir reden, Blake, aber ich finde es ausgesprochen schwierig, die richtigen Worte zu finden.«

Er sah sie an; sein Mund zuckte. »Eigentlich meinte ich, dass sich der *Dämon* schon fast seit vierundzwanzig Stunden ruhig verhält, aber … du möchtest mit mir reden?«

Hätte Elise noch einen Blutdruck gehabt, wäre sie jetzt errötet. *Natürlich* hatte sich Blake auf den Dämon bezogen. Sie war als Einzige auf sich selbst konzentriert, selbstverliebte Närrin, die sie war.

»Schon gut«, murmelte sie.

Blakes Hand glitt über den Tisch, berührte sie am Arm. »Ich würde auch gern mit dir reden«, sagte er. Dieses kleine Zucken seines Mundes verging, was sein Gesicht sehr ernst werden ließ. »Wenn das in Ordnung ist.«

Ihre Finger waren warm. Blake trug ein weißes Button-Down-Hemd; die obersten Knöpfe waren offen, um seine wunderschön geformte Kehle und seine Schlüsselbeine zu zeigen. Die schwarze Hose stand ihm gut, unterstrich sie doch nicht nur bloß seine Schlankheit, sondern ebenso die Kraft in seinen Beinen.

Elise leerte ihr Wasser mit einem großen Schluck. Das war nicht gut. Sie hatte so etwas nicht mehr für einen Mann empfunden, seit … nun. Und auch das hatte ein grässliches Ende gefunden.

»Elise?« Blake sah sie immer noch an. »Ist das in Ordnung?«

Nein. Denn wenn ich mich jetzt nicht zurückziehe, wenn ich mich nicht jetzt sofort von dir distanziere, werde ich so verletzt werden, wie ich schon seit Jahrzehnten nicht mehr verletzt wurde. Meine Gleichgültigkeit und Gefühlskälte sind das Einzige, was mich retten kann.

Doch genauso, wie Blake keine andere Wahl hatte, als sich hilflos in das Schicksal zu fügen, das ihn der Salzwüste und dem Ende seines Lebens entgegenführte, konnte Elise sich nicht dazu durchringen, ihm die kalte Schulter zu zeigen. Einige Dinge mussten getan werden, ganz gleich, um welchen Preis.

»Ich würde mich liebend gern mit dir unterhalten«, sagte sie. »Lass uns zurück in die Kabine gehen.«

Mencheres war nicht in der Kabine, als Blake eintrat. Elise schien sich wegen seiner Abwesenheit allerdings keine Sorgen zu machen, deshalb ging er nicht weiter darauf ein. Vielleicht gönnte sich der Vampir ein wenig längst überfälligen Schlaf. Oder suchte sich sein eigenes Abendessen.

»Hier.« Blake wies auf die Sitzbank ihm gegenüber. »Die ist bequem, wenn man eine gesunde Phantasie hat.«

Sie lächelte, um schöne weiße Zähne zu zeigen, ohne dass die geschwungenen Fänge zu sehen waren, von denen er wusste, dass sie in ihrem Mund lauerten. Obgleich ihr Haar immer noch klamm war und sie kein bisschen Schminke trug, war Elises Schönheit offensichtlich. Allerdings schien sie nicht auf die Blicke zu achten, die sie auf sich zog. Teufel noch mal, Blake hatte gedacht, der Schlafwagenschaffner würde sie um ein Date bitten, als er ihre Tickets kontrollierte.

War das real?, fragte er sich. Bislang hatten die Filme über Vampire in vielem nicht richtiggelegen, aber was, wenn Elises Aussehen eine Art von Täuschung war? Die Illusion eines Raubtiers, um ihre Beute näher zu sich heranzulocken?

»Ist das dein wahres Gesicht? Oder siehst du in Wahrheit …« Blake hielt inne, auf der Suche nach einem Wort, das nicht beleidigend war. »… anders aus?«

Sie runzelte die Stirn. »Ich sehe anders aus, wenn ich meine menschliche Tarnung ablege, wenn du das meinst.«

»Ja, das meine ich.« Also hatte er recht gehabt, was den Zauber betraf. Aber was war darunter? »Darf ich dich sehen? Dein *wahres* Ich?«

In Elises blauen Augen begann Grün zu wirbeln, das heller wurde, bis ihre Pupillen von reinstem Smaragd waren und die kleine Kabine mit ihrem Glanz erfüllten. Sie öffnete ihren Mund so weit, dass Blake ihre Zungenspitze ausmachen konnte, die zwei weiße Fangzähne berührte, die einen Moment zuvor noch nicht da gewesen waren.

»Das bin ich«, sagte sie, ihre Stimme sanft und beinahe zögerlich.

Blake wartete auf mehr. Als nichts geschah, war er verwirrt. »So habe ich dich bereits gesehen, ganz zu Anfang, als wir uns begegnet sind, erinnerst du dich?«

»Ich erinnere mich.« Einen Moment lang schaute sie so verwirrt drein, wie er sich fühlte. »Ich dachte, du hättest es vergessen, da du darum gebeten hast, mein wahres Ich zu sehen …«

Blake konnte nicht anders: Er lachte, was dafür sorgte, dass ihre Augen in einem sogar noch kräftigeren Grünton glühten.

»Was ist so lustig?« Sie klang verletzt.

Blake winkte mit der Hand und fing sich wieder. »Ich dachte, dass du vielleicht irgendeinen Zauber benutzt, um so gottverdammt schön zu sein, aber du bist es einfach. Kein Wunder, dass Mencheres dich in einen Vampir verwandelt hat. Wer würde dich nicht auf ewig bei sich haben wollen, wenn man die Möglichkeit dazu hätte?«

Ihr Mund stand immer noch offen, aber jetzt wirkte er eher ungläubig. »Du findest, dass ich schön bin? Aber du bist ein Mensch!«

Sie sagte das, als gebe es einen logischen Grund dafür, dass er das nicht tun sollte. Blake seufzte. »Das bedeutet aber nicht, dass ich blind bin.«

Sie schien ein wenig auf ihrem Platz zusammen-zuschrumpfen und schaute weg. »Ich bin eine Vampirin. Ich trinke Blut, ich atme nicht, und mein Herz schlägt nicht. Mache ich dir keine Angst?«

Blake dachte an all die Dinge, die er in den letzten paar Monaten gesehen und getan hatte, auch wenn er sich an das meiste gnädigerweise nicht erinnerte. Elise sollte ihm Angst machen? Sie hätte auf ihn nicht weniger furchtein-flößend wirken können.

»Du machst mir keine Angst.« Seine Stimme war rau.

»Tatsächlich denke ich, dass du einem Engel näherkommst als jeder andere, dem ich je begegnet bin.«

Etwas glitzerte in ihren Augen, ließ sie noch heller strahlen. Doch erst, als eine rosa Träne ihr Gesicht hinabbrann, wurde ihm klar, was es war.

»Oh, Gott, Elise, weine nicht«, sagte Blake. Er brachte die kurze Distanz zur anderen Seite der Kabine hinter sich, um sie in die Arme zu nehmen, halb von der Sorge erfüllt, dass sie ihn zurückstoßen würde.

Doch das tat sie nicht. Ihre Arme schlangen sich um ihn, ihre erstaunlich seidige Haut drängte sich gegen seine Wange. Elise fühlte sich kühler an als er, allerdings nicht auf eine frostige, leblose Art und Weise. Nein, die weiche, sanfte Berührung ihres Fleisches fühlte sich genauso lebendig an wie seins. Hätte er nicht gewusst, was sie war, wäre Blake vielleicht der Gedanke gekommen, dass lediglich die Temperatur der Klimaanlage ein wenig zu niedrig eingestellt war.

»Tut mir leid«, flüsterte sie. »Es ist so falsch von mir, dich mit meinen Tränen zu belasten. Bitte, lass mich los.«

Aber das wollte Blake nicht. Elise im Arm zu halten fühlte sich richtiger an als alles andere, was er getan hatte, seit … nun, er konnte sich nicht entsinnen, wie lange das schon her war.

»Ich brauche das auch«, sagte Blake.

Früher wäre er zu sehr auf der Hut gewesen, um einer Frau gegenüber, die er nicht allzu gut kannte, eine solche Verletzlichkeit einzugestehen, aber jetzt kamen ihm diese Spielchen wie Zeitverschwendung vor. Wie die Verschwendung von Zeit, die er nicht hatte.

Sie rutschte beiseite, sodass er sich zu ihr auf die schmale Sitzbank setzen konnte, anstatt über ihr zu balancieren. Blake zog Elise auf seinen Schoß, die ihren Kopf unter sein Kinn bettete, und schloss seine Augen. In der Stille, in ihrem gegenseitigen Bedürfnis nach Zuspruch fest aneinandergeschmiegt, lag mehr Aufrichtigkeit, als Blake in all seinen anderen Beziehungen erfahren hatte. *Sie ist das, was mir mein ganzes Leben lang gefehlt hat*, wurde Blake bewusst, wenn auch ohne Reue. Er war von tiefer Dankbarkeit dafür erfüllt, dass es ihm erlaubt gewesen war, ihr zu begegnen, bevor es zu spät war.

»In den Fünfzigerjahren war ich verlobt.« Über das Rattern des Zuges hinweg war Elises Stimme kaum hörbar. »Edmond wusste nicht, was ich bin. Ich sagte ihm, dass ich keine Kinder bekommen könne, aber er sagte, das spiele keine Rolle. Ich dachte, den Rest von mir würde er ebenfalls akzeptieren, wenn ich ihm zeigen konnte, dass ich ihn wahrhaftig liebte. Mencheres drängte mich, Edmond zu sagen, was ich bin, um unsere Ehe nicht mit einem so riesigen Schwindel zu beginnen. Also zeigte ich Edmond in der Nacht vor unserer Hochzeit meine wahre Natur.«

Sie zitterte. Blake ließ seine Hände über ihren Rücken gleiten.

»Er war so entsetzt.« Die Worte waren ein schmerzerfülltes Flüstern. »Er bezeichnete mich als unrein, als schmutzig, als Ausgeburt der Hölle. Er wollte mir nicht zuhören, ganz gleich, was ich sagte. Er lief davon, aber ich dachte, dass seine Furcht mit der Zeit nachlassen würde und er dann zurückkäme. Er kam tatsächlich zurück, früh am nächsten Morgen. Ich erwachte, und Edmond war im Zimmer, mit

Leuten, die ich noch nie zuvor gesehen hatte. Alle hatten Holzpflöcke bei sich, von denen einer so lang war wie ein Pfosten, und …«

Elises Stimme brach. Blakes Arme schlossen sich fester um sie.

»Edmond sorgte dafür, dass sie mich festhielten. Ich wehrte mich nicht, da ich glaubte, dass Edmond erkennen würde, dass er nichts von mir zu befürchten hatte, wenn ich mich nicht widersetzte. Ich flehte Edmond weiter an aufzuhören, aber …« Elises Stimme veränderte sich, wurde flach und emotionslos. »Edmond stieß einen Pflock durch mein Herz. Ich schaute ihm die ganze Zeit über in die Augen. Als ich nicht starb, war er außer sich vor Wut – also stieß er noch mehr Holz in meine Brust. Der Schmerz machte es mir schier unmöglich, einen klaren Gedanken zu fassen, und irgendwann setzte ich mich schließlich doch zur Wehr. Edmonds Genick brach, als er gegen die Wand krachte. Die anderen wurden verletzt, blieben aber am Leben. Sie rannten davon, und ich verließ mein Zuhause, um künftig unter dem Bahnsteig in den Tunnels zu leben. Seitdem habe ich die meisten Leute gemieden, denn wenn mir alle anderen gleichgültig sind, kann mir auch niemand wehtun.«

II

Elise wartete auf Blakes Reaktion. Nur Mencheres wusste über diesen Teil ihres Lebens Bescheid, doch als Vampir und ihr Meister war er offenkundig voreingenommen, wenn es um seine Meinung zu dem ging, was sie getan hatte. Doch was würde Blake denken, wenn er wusste, dass sie ihren menschlichen Verlobten an ihrem Hochzeitstag umgebracht hatte?

»Ich kann nicht glauben, dass er dir das angetan hat«, sagte Blake. Seine Hände hörten keine Sekunde lang auf, ihr beruhigend über den Rücken zu streichen. »Ich kann verstehen, warum Edmond fortgelaufen ist. Dass man Angst vor dem hat, was man nicht kennt – ja, das kapiere ich. Aber ich werde niemals begreifen, warum er versucht hat, dich zu töten, als er zurückkam. Wie konnte Edmond dir das antun, ganz gleich, wie schockiert er war?«

Etwas in Elise zersprang. Das musste ihre letzte emotionale Verteidigungslinie gewesen sein, da die Gefühle, die sie durchdrangen, so intensiv waren, dass ihr schier schwindelig davon wurde. Wer hätte gedacht, dass die Billigung dieses beinahe Fremden der Gral der Vergebung sein würde, den sie all diese langen einsamen Jahrzehnte über gesucht hatte? Und wie kam es, dass sie ihn ausgerechnet jetzt gefunden hatte, bloß um ihn in zwei Tagen wieder zu verlieren?

»Auch ich habe jemanden verloren, den ich liebte«, sagte Blake. »Ich habe Gail geheiratet, unmittelbar nachdem ich die Army verlassen hatte. Wir waren beide jung und hatten keine Ahnung, wie man dafür sorgt, dass eine Ehe funktioniert. Ich fand einen besseren Job in der Wirtschaft und arbeitete mich zu einem ziemlich erfolgreichen Börsenmakler an der Wallstreet hoch. Gail beendete das College und fing an zu unterrichten. Sie wollte eine Familie gründen; ich wollte damit noch warten, damit ich weiter Karriere machen konnte. Ich war so damit beschäftigt, die Karriereleiter hochzuklettern, dass ich nicht darauf achtete, was für Gail wichtig war. Ich kann es ihr nicht verübeln, dass sie sich von mir scheiden ließ. Manchmal muss man etwas erst verlieren, um zu wissen, was man daran hatte.«

Das kam Elise bekannt vor. Als sie noch ein Mensch gewesen war, hatte sie während der Weltwirtschaftskrise alles verloren, und dann noch mal mit Edmond, und jetzt hatte sie das Gefühl, dass sie einmal mehr alles verlieren würde, wenn Blake starb. *Warum gibt es keinen anderen Weg, den Dämon in seinem Innern zu bezwingen, abgesehen davon, ihn zu töten?*

»Elise.« Blake wich gerade weit genug zurück, dass sie ihn ansehen konnte. »Würdest du von mir trinken?«

»Wie bitte?« Sie hätte nicht überraschter sein können, wenn der Dämon mit einem Mal aufgetaucht wäre.

Er seufzte. »Ich habe nicht mehr viel Zeit, und das ist schon in Ordnung. Allerdings wäre es schön zu wissen, dass ein Teil von mir überdauert. Wenn mein Blut in dir ist, dann wird es so lange weiterleben wie du …«

Frische Tränen traten ihr in die Augen. Wie konnte sie so viel Schmerz empfinden, wo sie doch noch vor wenigen Tagen innerlich vollkommen leer gewesen war?

»… aber nur, wenn du das möchtest«, fuhr Blake fort. »Ich weiß nicht, ob der Dämon in mir es zu abstoßend für dich macht, mich …«

Elise drückte ihren Mund gegen seinen Hals; die Plötzlichkeit ihrer Bewegung schnitt den Rest des Satzes ab. Blakes Herz begann in einem aufgeregten, hektischen Tempo zu schlagen, das ihren Appetit noch weiter beflügelte. Sie ließ ihre Zunge über seine Kehle gleiten, schmeckte seine

Haut. Liebkoste seine Halsschlagader. Überlegte, wo genau sie ihre Fangzähne hineingraben würde.

Blakes Atem ging schneller; seine Brust, in der es wie wild hämmerte, drängte sich gegen ihre. Seine Hände auf ihrem Rücken verkrampften sich im selben Rhythmus, in dem sie ihre Zunge über seinen Hals schlängeln ließ.

»Wird es, ähm, wehtun?«, fragte er; seine Stimme klang rau, als sie ihre Fänge gegen seine Kehle presste.

Elise lächelte. »Du wirst schon sehen.«

Sie grub ihre Fangzähne langsam in ihn, genoss das exquisite Aufplatzen seiner Haut und das heiße köstliche Blut, das folgte. Blake erschauderte, und ein Stöhnen entwich ihm, das sie hörte und an ihrem Mund fühlte. Sie wartete, bis sich das euphorisierende Gift aus ihren Fängen in seinem Blutkreislauf weiter ausgebreitet hatte, bevor sie einen langen tiefen Schluck nahm.

Blake drückte den Rücken durch, und er keuchte. Das Gefühl seines Blutes, das ihre Kehle hinabbrann und sie wärmte, ließ Elise stöhnen. Jeder ihrer übernatürlichen Sinne schien in Flammen zu stehen. Sie nahm noch einen Schluck, und die Art und Weise, wie Blakes Hände sie packten, bereitete ihr genauso viel Vergnügen wie der süße Geschmack seines Blutes. Sein Atem ging jetzt keuchend, das Hämmern seiner Halsschlagader an ihrem Mund in perfektem Einklang mit seinem Herzschlag neben ihren Brüsten. Blakes üppiger würziger Geruch nahm zu, umfing sie. Berauschte sie. Drängte sie, noch mehr zu trinken.

»Himmel, ja«, stöhnte Blake mit höher werdender Stimme. Elise packte seinen Kopf, beugte seinen Hals noch weiter nach hinten und biss ihn erneut.

Ein heiserer Schrei entwich ihm, wie ihn ein Liebhaber von sich geben würde. Noch während Elise einen letzten gierigen Schluck nahm und sein Blut genoss, zog sie ihre Fingerkuppe über einen ihrer Fangzähne und hielt den Schnitt an die Löcher, die sie geschaffen hatte. Sie schlossen sich, bevor Blakes letzte Laute ganz verklungen waren.

Sie lehnte sich zurück, um sein Gesicht anzusehen. Seine Augen waren geschlossen, dunkle Haarsträhnen fielen ihm in die Stirn, und auf seinem Antlitz lag ein genussvoller lethargischer – und überraschter Ausdruck.

Im nächsten Moment schlug er die Augen auf, korianderblau und wunderschön. »Das hat überhaupt nicht wehgetan«, sagte er; ein Grinsen verzog seinen Mund.

Elise lachte glockenhell und von dem unerwarteten Glücksgefühl in ihrem Innern erfüllt.

Der Geruch von Schwefel weckte sie. Blake war in ihren Armen eingeschlafen, nachdem sie sich auf die schmale Pritsche gelegt hatten, die als Bett herhielt. Elise war nicht dösig. Sie hatte nicht die Absicht, auch nur eine Sekunde ihrer restlichen Zeit mit Blake zu verpassen.

Als dieser grässliche brennende Gestank Blake umfing, verkrampften sich ihre Arme, und Zorn erfüllte sie. Sie war darauf vorbereitet zu verhindern, dass der Dämon Blake Schaden zufügte – oder entkam –, weshalb es sie überraschte, als der Dämon nichts weiter tat, als seine Augen zu öffnen.

»Du und ich, wir sollten uns unterhalten«, sagte Xaphan mit tiefer, rauer Stimme.

Elise verfolgte voller Abscheu, wie Blakes Haut diese

wächserne, blasse Färbung annahm und Rot das hübsche Blau seiner Augen ersetzte.

»Das denke ich nicht«, knurrte Elise.

Seine Lippen zogen sich zu einem herablassenden, spöttischen Grinsen zurück. »Dumme kleine Vampirin, verstehst du denn nicht? Ich bin deine einzige Hoffnung darauf, diesen Sterblichen zu retten.«

Obgleich sie es besser wusste, flammte in ihr ein Funke Hoffnung auf. »Wie? Bist du bereit, ihn freiwillig aufzugeben?« Das würde zwar bedeuten, dass der Dämon die Chance hatte zu entkommen, aber dann wäre Blake frei. Gott möge ihr vergeben, doch sie war bereit, das in Kauf zu nehmen.

»Denkst du wirklich, dass ich noch hier wäre, wenn ich das könnte, gefangen gehalten von blutsaugendem Ungeziefer? Ich stecke zu tief in diesem Körper, um ihn zu verlassen, solange er am Leben ist, Vampirin. Allerdings schlage ich dir ein Geschäft vor.«

Hör ihm nicht zu. Mit dem Bösen kann man keine Geschäfte machen. Wenn du das tust, wird es immer gewinnen.

»Was hast du anzubieten?«, fragte Elise leise.

Diese bösartigen Augen blickten finster in ihre. »Ich schenke dir den Rest der natürlichen Lebensspanne dieses Sterblichen, wenn du uns von dem anderen Vampir fortbringst. Sobald der Sterbliche schließlich tot ist, werde ich frei sein und kann mir ein besseres Zuhause suchen.«

»Lügner«, stieß Elise ärgerlich hervor. »Du würdest versuchen, Blake zu töten, sobald wir aus diesem Zug steigen.«

Xaphan seufzte. Wäre sie noch ein Mensch gewesen, hätte der Schwefelgeruch seines Atems sie würgen lassen.

»Die Jahre, die diesem Sterblichen noch bleiben, sind für mich nichts weiter als eine Sekunde, aber dir bedeuten sie etwas, nicht wahr? Dies ist ein faires Angebot. Solltest du es ablehnen und versuchen, mich in der Salzwüste auszutreiben, werdet ihr alle sterben. Ihr könnt nicht darauf hoffen, mich zu bezwingen; ich bin einer der ersten Gefallenen. Mich gab es bereits, bevor Kain auch nur zum Vampir gemacht wurde.«

Eisige Furcht glitt Elises Rückgrat empor, als sie dem Dämon in die Augen starrte, in denen nichts mehr von Blake übrig war. Sie waren alterslos, diese Augen, böse und von wirbelnder roter Glut erfüllt. Es war, als hätte man ihr einen flüchtigen Blick in die Hölle gewährt. Wie konnten Mencheres und sie nur glauben, etwas so Altes, so Mächtiges wie Xaphan töten zu können? Was, wenn sie *tatsächlich* alle in der Salzwüste starben, sodass ihre Leiber zurückblieben, um im schroffen Schein der Sonne zu verfaulen, und das nur, weil sie nicht die einzige Chance ergriffen hatte, die sie hatten, um zu überleben? Konnte sie Blake nach dem, was er ihr inzwischen bedeutete, überhaupt noch töten?

Elise nahm an, dass sie Blake noch vierzig, fünfzig, vielleicht sogar sechzig Jahre an ihrer Seite haben konnte. Das wäre mehr Glück, als sie sich in ihrer gesamten untoten Lebensspanne erhofft hatte. Vielleicht obsiegte Xaphan trotzdem, falls sie darauf bestand, Blake in die Salzwüste zu bringen. Vielleicht würden sie in der Zukunft einen anderen Weg finden, Xaphan zu besiegen, ohne Blake zu töten *oder* zuzulassen, dass der Dämon von jemand anderem Besitz ergriff, wenn sie sein Angebot jetzt annahm.

War das nicht wirklich die einzige mögliche Lösung,

selbst wenn es bedeutete, einen Pakt mit einem Teufel zu schließen?

»Wenn dir auch nur ein wenig an seinem Leben liegt – oder an deinem eigenen –, wirst du erkennen, dass du keine andere Wahl hast …«, erklärte Xaphan gemächlich.

Vor ihrem inneren Auge blitzte Blakes Gesicht auf, das jetzt, wo der Dämon ihn kontrollierte, vollkommen anders aussah als sonst. *Ich kann so nicht leben*, hatte er gesagt, als sie sich erstmals begegnet waren. Blake hatte unzählige Male bewiesen, dass er lieber sterben würde, als zuzulassen, dass der Dämon entkam. Letzten Endes war es nicht an ihr, diese Entscheidung zu treffen, sondern an Blake – und er hatte sich bereits entschieden.

»Vergiss es«, sagte Elise entschlossen. »Wenn wir alle bei dem Versuch sterben, dich in die Hölle zurückzuschicken, dann sei es eben so.«

Der Dämon heulte und schleuderte sie beide zur Kabinendecke empor. Elise ließ ihn trotzdem nicht los, sondern schlang sich noch fester um ihn, und ihre hasserfüllten Blicke trafen sich.

»Ich werde dich töten«, zischte Xaphan.

Elise verzog keine Miene. »Zumindest kannst du's versuchen.«

Unvermittelt erstarrte der Dämon. Elise entspannte sich, obwohl die neue Woge erdrückender Energie sie zusammenzuquetschen schien. Mencheres kam in die Kabine.

»Du hast das Richtige getan, mein Kind«, sagte er zu Elise.

Es überraschte sie nicht, dass ihr Meister die gesamte Unterhaltung mit angehört hatte. »Ich hatte keine Wahl.«

Mencheres kam näher und zwang den Dämon nach hinten in die Ecke des kleinen Raums. »Doch, die hattest du. Und du hast die richtige getroffen.«

Elise fragte sich, ob sie das später wohl auch noch so sehen würde.

12

Blake schaute auf die Uhr. Halb neun abends. Er hatte noch weniger als vierundzwanzig Stunden zu leben.

Elise saß ihm gegenüber; ihre Anspannung war mit Händen zu greifen. Mencheres hatte sie heute Morgen gezwungen, etwas zu schlafen, doch als Elise zurückgekommen war, sah sie aus, als habe sie die letzten drei Stunden lediglich hellwach in der anderen Kabine gelegen. Blake wollte ihr einmal mehr versichern, dass sie alles für ihn getan hatte, was in ihrer Macht stand, aber vielleicht würde es alles bloß noch schlimmer machen, darüber zu reden.

Ihr loses blondes Haar fiel über ihre Schultern, und sie trug ein anderes Trägerhemd mit einer Hose im Yoga-Stil. Blake hatte sie gemustert, während sie aus dem Fenster schaute, hatte versucht, sich ihre Gesichtszüge einzuprägen. Die kleine gerade Nase. Den Mund, der eher sinnlich als schmollend wirkte. Diese hohen Wangenknochen und die glatte Stirn. Ihre wunderschönen, hypnotisierenden blaugrünen Augen.

Ja, falls es so etwas wie ein Leben nach dem Tod gab, wollte Blake die Erinnerung an Elise dorthin mitnehmen.

»Schach?«, fragte er und wies auf das Spielbrett.

Sie wandte den Blick vom Fenster ab. »Ich beherrsche das Spiel nicht.«

»Hmm. Du weißt nicht, wie man Auto fährt oder Schach spielt. Was hast du eigentlich mit deiner ganzen Zeit angestellt?«

Sein Tonfall war neckend, doch ihr Gesicht verdunkelte sich. »Ich höre gern Musik«, sagte sie langsam. »Lese eine Menge Bücher. Wenn ich ruhelos werde, laufe ich durch die Stadt. Das hat genügt.«

Aber es klang nicht so, als habe das genügt. Es klang einsam. Elise hatte gesagt, dass sie seit den Fünfzigerjahren so lebte, aber wie war sie davor gewesen? Blake wusste, dass sie wesentlich älter war als er, auch wenn sie aussah, als wäre sie gerade Anfang zwanzig. *Wie viel älter?*, fragte er sich.

»Wie alt bist du?«

Sie schien einen Moment lang darüber nachzudenken. »Alles zusammen, einschließlich der Jahre, bevor ich zum Vampir wurde?«

Blake nickte.

»Neunundneunzig im September«, sagte Elise.

Diese Zahl stand in so krassem Widerspruch zu ihrer lieblreizenden jugendlichen Erscheinung, dass Blake lächeln musste. »Und dabei siehst du keinen Tag älter aus als zweiundneunzig«, sagte er mit ironischem Humor.

Elise zuckte mit den Schultern. »An einigen Tagen fühle ich mich sogar noch älter.«

Heute war einer dieser Tage, falls die Anspannung in ihren Zügen ein Gradmesser dafür war. Blake versuchte sie aufzumuntern. Es gab keinen Grund, dass einer von ihnen über das Bevorstehende jammerte.

»Wie wär's, wenn ich dir beibringe, wie man Schach spielt? So schwierig ist das nicht. Wenn der Zug morgen früh in Salt Lake ankommt, wirst du ein Profi sein.«

»Ich will nicht lernen, Schach zu spielen«, schnappte Elise, ehe sie die Kante des in die Wand eingebauten Klapptischs packte und ihn aus der Kabinenwand riss.

Blake starrte sie an. »Tu das nicht.«

Mit einem Mal war sie vor ihm und kniete an der freien Stelle, wo sich gerade noch der Klapptisch befunden hatte.

»Du musst nicht sterben.« Ihre Stimme klang abgehackt. »Ich kann dich mitnehmen und auf dich aufpassen. Den Dämon daran hindern, jemand anderem wehzutun …«

Blake nahm ihr wunderschönes Gesicht in seine Hände. »Du kannst nicht jede Sekunde eines jeden Tages auf mich achtgeben, und ich werde nicht zulassen, dass dieses Ding davonkommt, um die Leben weiterer Menschen zu ruinieren. Abgesehen von dir ist das Einzige, was mich in den letzten paar Tagen mit Freude erfüllt hat, die Erfahrung, dass ausnahmsweise einmal ich dem Dämon Angst eingejagt habe. Er wird bereuen, was er mir angetan hat, weil ich der Mann bin, der ihn zur Strecke bringen wird. Versuch bitte nicht, mir das zu nehmen, Elise.«

Ihre Augen glänzten; in den Augenwinkeln schimmerte es rosa. Blake konnte sich nicht davon abhalten, das zu tun, was er als Nächstes tat. Er küsste sie, er brauchte ihren Geschmack, als wäre er ein Vampir und sie frisches Blut. Zu seiner Erleichterung öffnete sie sogleich den Mund; ihre Zunge umspielte seine, während aus ihren Oberkieferzähnen Fänge sprossen.

Blake machten ihre Fangzähne nichts aus, auch wenn

ihre scharfen Spitzen seine Zunge punktierten. Elise saugte das Blut auf, während sie ihn küsste; ihre wilde Begierde entsprach der seinen und trieb seine Leidenschaft in feurige Höhen. Er zog sie auf seinen Schoß und stöhnte, als sie ihre Beine um seine Hüfte schlang.

Seine Hände wanderten unter ihr ärmelloses Hemd, schoben es ungeduldig nach oben. Dann blinzelte er, als das Hemd im nächsten Moment zusammen mit ihrem BH zusammengeknüllt auf dem Boden landete. Blake hielt sich allerdings nicht damit auf, sich Gedanken darüber zu machen, wie schnell Elise ihn ausgezogen hatte. Er umfasste ihre Brüste und riss seinen Mund von ihrem, um sie zu küssen. Ihr Fleisch war weich und glatt, ihre Nippel verglichen damit unglaublich hart. Als er daran saugte und sanft hineinbiss, stöhnte Elise und zerrte an seiner Hose.

Sie platzte auf, bis zum Knie eingerissen. Blake zog sie runter und kickte die Überreste von sich. Ihre eigene Hose verschwand in einem weiteren vagen Schemen, genauso wie sein Hemd, und dann trennte nichts mehr seine Haut von der ihren.

Er packte ihre Hüfte und wölbte seinen Unterleib nach vorn; sein Verstand explodierte schier angesichts der Enge ihres Fleisches, als er in sie eindrang. Oh, Gott, oh, ja! Wieder küsste er sie, stemmte seine Beine gegen den Sitz ihm gegenüber, bewegte sich tief und schnell in ihr. Elise passte sich seinem Rhythmus an und hielt ihn so fest, dass es beinahe wehtat – aber er wollte dennoch, dass es niemals aufhörte.

Er hielt sie fest, bewegte sich schneller, in dem Wissen, dass er dem Himmel niemals näher kommen würde als in diesem Moment.

Das Pfeifsignal, als sie in den Bahnhof einfuhren, klang für Elise wie eine Totenglocke. Sie ergriff Blakes Hand. Wäre es Vampiren möglich gewesen, sich zu übergeben, wäre ihr übel geworden, als der Zug zum Stehen kam.

»Salt Lake City«, rief der Schaffner fröhlich.

Blake drückte ihre Hand. »Ist schon in Ordnung«, sagte er und drückte seine Schultern durch.

Ich werde nicht weinen, schwor Elise sich. *Wenn er so tapfer sein kann, kann ich das auch.*

Allerdings fühlte sie sich nicht tapfer. Sie fühlte sich, als würde Silber ihr Herz durchbohren. Sie hatte keine Ahnung, wie sie den Tag überstehen sollte.

Letzte Nacht hatte sie sich den Kopf nach irgendwelchen anderen Optionen zermartert. Blake in einen Vampir zu verwandeln würde nicht funktionieren, erinnerte Mencheres sie, als sie das Thema zur Sprache brachte. Um Blake zum Vampir zu machen, war es notwendig, dass er so viel Blut verlor, bis er *beinahe* tot war. Dann, während er sich noch verzweifelt ans Leben klammerte, würde Blake von Elises Blut trinken, was seinen Untod zur Folge haben würde. Da Vampire keines natürlichen Todes starben, würde es den Dämon nicht aus ihm austreiben, wenn er zum Vampir wurde. Nein, vielmehr würde es bedeuten, dass Xaphan ein Hintertürchen zur Verfügung stand, um stattdessen Besitz von einem Vampir zu ergreifen. Und wer wusste schon, welche neuen Schrecken Xaphan anrichten würde, mit Blake als besessenem Vampir? Damit würden sie dem Dämon mehr Macht schenken, als er sich je erträumt hatte.

Ich werde den Dämon nicht freilassen, hatte er rundheraus erklärt. Mencheres hatte beigepflichtet, dass allein der Tod des menschlichen Wirts – ohne dass Blake irgendwelches Vampirblut in sich hatte – Xaphan in die gnadenlose Falle der Salzwüste treiben konnte.

Doch solange Blake keinerlei Vampirblut in sich hatte, war sein Tod unausweichlich.

Sie stiegen aus dem Zug. Elise hielt Blakes Hand, weil sie es nicht ertragen konnte, ihn nicht zu berühren, doch Mencheres' Hand auf Blakes Schulter hatte einen anderen Grund – um ihn in Schach zu halten, für den Fall, dass der Dämon erneut versuchte, sich aus dem Staub zu machen. Xaphan hatte letzte Nacht die Kontrolle über Blake übernommen, war ausgerastet und hatte die Inneneinrichtung der Kabine demoliert, bevor Mencheres ihn in die Schranken gewiesen hatte. Elise musste das Zugpersonal mit grünen Augen bezirzen, damit es wegen des Tumults nicht die Polizei verständigte. *Morgen werdet ihr alle sterben*, hatte Xaphan ausgespien, bevor er sich wieder in Blake zurückgezogen hatte. Nein, sie hatten nicht zum letzten Mal von Xaphan gehört.

Elise hatte keine Ahnung, was der Dämon für sie in petto hatte, aber sie wusste, dass er sich nicht ohne Weiteres in sein Schicksal fügen würde. Trotzdem konnte Xaphan ihr mit seinen Drohungen keine Angst machen. Im Gegenteil; damit festigte er lediglich ihre Entschlossenheit, alles zu tun, um dafür zu sorgen, dass Blake seinen Sieg über den Dämon bekam. Wenn Blake bereit war, dafür zu sterben, war sie es ebenfalls.

Mencheres hatte arrangiert, dass im Parkhaus zwei Fahrzeuge auf sie warteten. Eins war ein gewöhnlicher Viertürer, das andere ein großer Van. Elises Herz krampfte sich bei dem Gedanken zusammen, Blakes Leiche anschließend in den Van zu laden. Zumindest würden sie ihn nicht in einen Kofferraum stopfen. Diese Erniedrigung hätte sie nicht ertragen.

»Warte ein paar Tage, bevor du meine Briefe abschickst«, sagte Blake ruhig zu ihr. Er hatte an seine Familie geschrieben, um sich für das zu entschuldigen, was er getan hatte, und ihnen zu sagen, dass er sie liebe.

»In Ordnung.«

Sie sagte Blake nicht, dass sie nicht die Absicht hatte, diese Briefe zu schicken. Sie würde sie persönlich überbringen und mit ihrer ganzen übermenschlichen Kraft sicherstellen, dass sie nicht falsch von dem erstaunlichen Mann dachten, der neben ihr herging.

Mencheres blieb bei dem Van stehen. »Ich fahre den hier«, erklärte er. »Du und Blake, ihr folgt mir in dem Wagen.«

Elise rührte sich nicht. *Nein, nein*, brüllte es in ihrem Verstand. Blake beugte sich runter und küsste sie sehr sanft auf die Wange.

»Mach mir jetzt nur nicht schlapp«, raunte er.

Sie nickte und zwang ihre Beine, sich zu bewegen, einen Schritt nach dem anderen. Irgendwie schaffte sie es in den Wagen; Blake nahm auf dem Fahrersitz neben ihr Platz. Mencheres startete den Van, und Blake folgte ihm vom Parkplatz in den hellen morgendlichen Sonnenschein hinaus.

13

Blake betrachtete die Landschaft, die am Rande der Interstate 80 an ihnen vorbeirauschte. Er war zum ersten Mal in Utah. Tatsächlich war dies das erste Mal überhaupt, dass er sich im Westen des Landes befand. Im Laufe seiner siebenunddreißig Lebensjahre hatte er sich größtenteils an der Ostküste aufgehalten. *Geboren in Massachusetts, nach der Highschool in die Army eingetreten, Abschluss an der Penn State, geheiratet in New Jersey, geschieden in New York City, von einem Dämon besessen in New York City, eine Vampirin getroffen in D. C., gestorben in Utah,* reflektierte Blake. Er hatte so viel mit seinem Leben anfangen wollen, aber irgendwie hatte er das meiste davon unter der Rubrik »Später« abgeheftet, ohne dass je etwas daraus geworden war.

Jetzt, wo es kein »Später« mehr gab, konnte Blake nicht verhindern, dass Traurigkeit über ihn hinwegspülte. Er wünschte, er hätte mehr Zeit mit seiner Familie verbracht. Wünschte, er hätte seine Freunde besser gekannt. Wünschte, Eifersüchteleien und Ressentiments wesentlich schneller ad acta gelegt zu haben. *All diese Zeit, und so viel davon vergeudet,* dachte Blake. *Was würde ich nicht dafür geben, mein Leben noch mal leben zu können, besonders mit Elise an meiner Seite.*

Noch während das Bedauern ihn erfüllte, drängte Blake es beiseite. Es war ihm vergönnt gewesen, die erstaunlichste Person kennenzulernen, bevor sein Leben zu Ende ging. Darüber hinaus entsprach das, was er jetzt tat, dem Äquivalent des Sprungs auf eine Granate, um Dutzende Men-

schen zu retten, wenn nicht mehr. Blake machte sich dieselbe Mentalität zunutze, die ihn im ersten Golfkrieg durch
eine Zwei-Jahres-Dienstzeit im Irak gebracht hatte. *Bring
deine Mission erfolgreich zum Abschluss. Enttäusch deine
Einheit nicht.* Im Augenblick war Elise seine Einheit. Er
würde dafür sorgen, dass sie stolz auf ihn war.

»Ich möchte nicht, dass du in dein Zuhause in den Tunneln zurückkehrst«, sagte Blake.

Sie sah ihn mit großen Augen an. »Wie bitte?«

»Ich möchte nicht, dass du in dein Zuhause in den Tunneln zurückkehrst«, wiederholte er, jedes Wort betonend.
»Ich möchte nicht, dass du die nächsten fünfzig Jahre ver-
bringst, als würde es sich um deine letzten handeln. Ich
weiß, dass das schwer für dich sein wird, aber lass dich davon nicht wieder auf die Stufe zurückwerfen, auf der du
gestanden hast, als du allen anderen aus dem Weg gegangen bist, damit du dich um niemanden zu scheren brauchst.
Ich kann es ertragen zu sterben, Elise, aber den Gedanken
daran, dass du dich wieder zurückziehst, kann ich nicht ertragen.«

Ihr Kiefer verkrampfte sich, und sie blinzelte ein paarmal, aber sie antwortete nicht.

»Versprich es mir«, sagte Blake mit härterer Stimme.

»Ich verspreche es.«

Ihre Worte klangen abgewürgt. Blake schaute wieder auf
die Straße, und seine Anspannung löste sich. Elise würde
weitermachen. Sie würde lange genug leben, dass es für sie
beide reichte, und eines Tages würde irgendein beneidens-
werter Mistkerl daherkommen und sie glücklich machen.

Und wer auch immer derjenige sein mochte – Blake hasste ihn. Es sah so aus, als wäre das Thema Eifersucht für ihn doch noch nicht abgehakt.

Blake fing an, vor sich hin zu pfeifen, um sich von diesem Gedankengang abzulenken. Seltsamerweise ertappte er sich dabei, dass er dieselbe Melodie pfiff, wie Elise es früher in dieser Woche getan hatte: »Beautiful Dreamer«. Nach einigen Minuten schwand ein wenig von der Steifheit aus ihrem Körper.

»Ich liebe diesen Song«, murmelte sie. »Als Kind war das mein Lieblingslied.«

»Ach? Gibt es das schon so lange?«, fragte Blake neckend.

Sie warf ihm einen melancholischen Blick zu. »Noch länger. Meine Mutter hat es mir immer vor dem Einschlafen vorgesungen. Komisch, an ihr Gesicht kann ich mich nicht erinnern, aber an ihre Stimme.«

Blake schluckte schwer. Mit der Zeit würde sie sein Gesicht ebenfalls vergessen.

»Wie bist du zum Vampir geworden?«

Elise richtete ihren Blick auf Mencheres' Van vor ihnen. »Als die Weltwirtschaftskrise ausbrach, war ich einundzwanzig. In diesem ersten Jahr verlor mein Mann Richard seine Arbeit, genauso wie die meisten anderen Leute. Nach einigen Monaten verloren wir auch unser Haus. Meine Eltern waren tot, aber Richards Mutter lebte noch, also blieben wir für eine Weile bei ihr. Während dieser Zeit brachte ich meine Tochter Evangeline zur Welt. Zwei Monate nach ihrer Geburt starb Richards Mutter. Sie war mit ihren Hypothekenzahlungen im Rückstand gewesen, also nahm sich die Bank das Haus, und eine Lebensversicherung gab es nicht, deshalb wurden wir auf die Straße gesetzt. Ein paar

Freunde von Richard lebten in Hoover-Dörfern im Central Park, also gingen wir dorthin.«

»Was ist ein Hoover-Dorf?«, fragte Blake.

»So nannten damals alle die Zeltstädte, benannt nach diesem Mistkerl, Präsident Hoover. Richard konnte genügend Pappe, Holz und Mülltonnenblech auftreiben, um einen Unterschlupf für uns zu bauen. Jeden Tag suchte er nach Arbeit, aber es gab keine. Der Winter kam, und mein Baby wurde krank. Ich brachte Evangeline ins Krankenhaus, aber die schickten uns wieder heim. Sie starb drei Tage später. Zwei Wochen danach sprang Richard von der Brooklyn Bridge.«

»Oh, Gott. Das tut mir leid«, sagte Blake, der sich Elise als die junge, vom Kummer geplagte Frau vorstellte, die sie gewesen sein musste.

Sie wischte sich über die Augen. »Ich versuche immer, nicht an diese Zeit zu denken.« Ihre Stimme war erstaunlich ruhig. »Es tut zu sehr weh. Und damals tat es auch zu sehr weh, was der Grund dafür war, dass ich kurz nach Richards Tod ebenfalls von der Brooklyn Bridge sprang.«

Blake keuchte. »Was?«

Elise nickte, einen versonnenen Ausdruck auf dem Gesicht. »Ich erinnere mich nicht daran, wie ich auf dem Wasser aufschlug. Ich erinnere mich nur an die Kälte. An jenem Tag trieben Eisbrocken im East River. Eigentlich hätte ich sterben sollen; das tun die meisten Menschen, die von dieser Brücke springen, aber Mencheres fand mich, als ich im Wasser trieb, und rettete mich …«

Ihre Stimme brach ab – und dann schrie sie: »Stopp!«.

Blake trat so heftig auf die Bremse, dass sein Kopf beinahe gegen das Lenkrad krachte. Er schaute sich um, aber auf der Straße war nichts, und er konnte auch keinen anderen Grund für ihre Reaktion ausmachen.

»Himmel!«, rief er aus. »Mach das nicht noch mal. Hätte ich nicht den Sicherheitsgurt angelegt, wäre ich geradewegs durch die Windschutzscheibe gesegelt und hätte Xaphan den Tag gerettet!«

Elise schwang herum, um ihn anzusehen; ihre Augen loderten grün, und sie hatte einen Ausdruck im Gesicht, auf den er sich keinen rechten Reim machen konnte.

»Der Fluss«, murmelte sie. »Das Eis. *Natürlich.*«

Blake fühlte sich, als würde sie eine fremde Sprache sprechen. »Wovon redest du da, Elise?«

Als Antwort darauf küsste sie ihn. Dann sprang sie aus dem Wagen, schaltete die Zündung aus und nahm die Autoschlüssel mit.

Elise stand neben Mencheres draußen am Straßenrand, nah genug, dass sie rasch bei Blake wären, falls Xaphan die Kontrolle über ihn übernahm, aber weit genug entfernt, dass Blake nicht hören konnte, was sie sagte.

»Du hast mir erzählt, dass ich keinen Herzschlag mehr hatte, als du mich damals im Fluss gefunden hast«, sagte Elise gehetzt. »Im Grunde genommen war ich tot, doch der Fluss war an jenem Tag so kalt, dass ich eine Hypothermie erlitt – eine Unterkühlung. Meine Körperfunktionen nahmen so weit ab, dass ich klinisch tot war, aber als du mich aus dem Fluss zogst, hast du mich aufgewärmt, mir dein Blut gegeben und mich *zurückgebracht.* Wenn wir Blake einer ernsten Hypothermie aussetzen, wird sein Herz aufhören zu schlagen, und seine Atmung wird aussetzen. Dann wäre er tot genug, dass wir Xaphan in der Salzwüste aus ihm austreiben können. Und sobald der Dämon fort ist, bringen wir Blake zurück. Das ist zwar bloß ein Schuss ins Blaue, aber es könnte funktionieren.«

Elise wollte unbedingt, dass Mencheres ihr beipflichtete. Allerdings hatte er so viel mehr Erfahrung mit Dämonen als sie; vielleicht übersah sie etwas. Was, wenn die Zeit von dem Moment, in dem Xaphan aus Blakes Körper ausgetrieben wurde, bis zu dem, in dem seine Essenz zerstört wurde, zu knapp bemessen war? Wie viele Minuten *durfte* Blake tot sein, bevor es nicht mehr möglich war, ihn zurückzuholen?

»Komm mit mir«, sagte Mencheres.

Er führte sie um den Van herum zur Seite des Fahrzeugs. Elises Herz sackte tiefer. Geleitete Mencheres sie aus Blakes Blickfeld, um ihr zu sagen, dass ihr Vorhaben nicht machbar war? Wollte er ihr ein gewisses Maß an Privatsphäre verschaffen, wenn sie in Tränen ausbrach, während er dieses vernichtende Urteil fällte?

Mencheres öffnete die Hecktür des Vans. Auf der Ladefläche stand ein länglicher Container von knapp zwei Metern Länge, um den verschiedene medizinische Gerätschaften gruppiert waren, die sie nicht kannte. Die Generatoren und den tragbaren Defibrillator erkannte sie jedoch auf den ersten Blick, und es gab nur einen Grund dafür, warum diese Apparate hier waren.

»Du wusstest es«, flüsterte sie. »Du wusstest die ganze Zeit, dass die Chance besteht, Blake auf diese Weise zu retten. Warum hast du mir nichts davon gesagt?«

»Weil du glauben musstest, ihn zu verlieren, um zu begreifen, was er dir bedeutet«, entgegnete Mencheres. »Es ist schon so lange her, seit dir zuletzt jemand am Herzen lag. Ich wollte, dass es wieder so ist.«

Erneut ließ Elise den Blick über die Apparaturen in dem Van schweifen. Es gab keine Garantie dafür, dass es funktionieren würde, und sie musste in kurzer Zeit eine Menge lernen, aber es gab Hoffnung. Zumindest gab es Hoffnung.

»In Ordnung«, sagte Elise. »Fangen wir an.«

14

Die Bonneville-Salzwüste sah aus wie ein weißer vertrockneter Ozean und erstreckte sich meilenweit bis zu einer Halbinsel, die im Westen an die Berge und im Süden an die Interstate grenzte. Mencheres fuhr an dem Schild am Ende der Zufahrtsstraße vorbei, das Besucher anwies, hier zu parken und sich zu Fuß auf den Weg in den Touristenbereich zu machen. Blake wusste, warum sie nicht beim Touristenbereich anhielten; sie wollten mitten in die Wüste, dorthin, wo die kleinste Entfernung zwischen ihm und dem Ende der Salzbarriere zweieinhalb Meilen betrug.

Draußen war es sengend heiß, aber in diesem Fall war das von Vorteil. Im Frühling, erklärte Mencheres, wurde das Salz stellenweise zu Mus, was es unmöglich machte, darauf zu fahren – und sie brauchten den Van mit der Ausrüstung auf der Ladefläche. Doch mitten im Sommer war das Salz hart wie kristallisierter Schotter, sodass der Van mühelos über die ebene funkelnde Oberfläche brausen konnte.

Blake saß zwischen ihnen auf dem Vordersitz. Hinten waren zu viele Instrumente, die dazu verwendet werden konnten, ihn zu töten, wenn und falls Xaphan auftauchte. Blake zweifelte nicht daran, dass der Dämon ihnen jeden Moment seine Aufwartung machen würde. Tatsächlich fragte er sich, worauf Xaphan wohl wartete.

Schließlich hielt Mencheres an. Blake schaute sich um. Abgesehen von meilenweitem Weiß und den Bergen zu ihrer Linken war nichts zu sehen. Blake wappnete sich und nahm einen tiefen Atemzug.

»Okay. Ich bin bereit.«

Ungeachtet Elises Optimismus, dass es ihnen möglich sein würde, ihn zurückzubringen, glaubte Blake nicht, dass es funktionieren würde. Die Chancen standen gut, dass er, wenn er starb, tot bleiben würde. Aus seinen Tagen in der Army, als sie ihn in Feldtriage unterwiesen hatten, wusste er, dass eine erfolgreiche Wiederbelebung in weniger als der Hälfte aller Fälle gelang. Trotzdem ließ er Elise nichts von seinen Zweifeln wissen. Ließ sie denken, dass er in dem Glauben gestorben war, gerettet zu werden. Warum sollte er es ihr noch schwerer machen?

Blake kletterte nach hinten in den Van. Dank der ganzen Ausrüstung ringsum hatte man hier nicht sonderlich viel Platz. Mencheres öffnete die Hecktüren und stellte draußen die Generatoren auf. Es gab keinen Grund, seine winzige Chance durch die Gefahr einer Kohlenmonoxidvergiftung vollends zunichtezumachen.

Elise wies auf den großen rechteckigen Behälter im Van, der für Blake wie ein komplizierter, mit Wasser gefüllter Sarg aussah.

»Es wird einfacher sein, wenn du deine Kleider ausziehst … zumindest die meisten.«

Bei diesen Worten wirkte sie beinahe schüchtern, als könnte er ihren Ratschlag als pervertierten Voyeurismus betrachten. Blakes Herz verkrampfte sich. *Ich werde dich für alle Zeit vermissen*, dachte er, während er in Elises wunderschöne blaugrüne Augen blickte.

Er zog sich bis auf seine Boxershorts aus, ehe er sie in die Arme nahm. Sie umarmte ihn ihrerseits ganz fest; ihr ganzer Körper zitterte, als würde etwas in ihrem Innern versuchen, aus ihr hervorzubrechen.

»Ich weiß, dass das keinen Sinn ergibt, da wir einander noch nicht einmal seit einer Woche kennen, aber, Blake … Wenn ich den Rest meines Lebens mit einer einzigen Person verbringen könnte, dann wärst du das«, flüsterte sie.

Blake schaute ihr ins Gesicht und sah die nackte Verletzlichkeit und die Emotionen und das Verlangen darin. Er lächelte und strich eine Strähne ihres blonden Haars zurück.

»Nein, Elise. Wir kennen einander seit einer Ewigkeit, denn genauso lange werde ich dich lieben.«

Dann küsste er sie und versuchte, sich das Gefühl ihrer Lippen, ihrer Hände und ihres Körpers einzuprägen, bevor der Tod kam, um ihn mit sich fortzunehmen.

Elise kniete neben der Hydrokammer. Blake lag jetzt seit über fünfzig Minuten in dem eiskalten Wasser. Sein anfängliches heftiges Zittern war schwächer geworden, ebenso wie sein Pulsschlag und seine Atmung. Obwohl er seine Augen mit den flatternden Lidern geschlossen hielt, hatte eine gewisse Verwirrung bei ihm eingesetzt.

»Wo bin ich?«, murmelte er Elise zu. »Zu warm. Muss hier raus.«

»Er tritt jetzt in die letzte Phase der Unterkühlung ein«, sagte Mencheres mit leiser Stimme. »Sein Körper ist über den Punkt hinaus, an dem er Kälte fühlt, und wird stattdessen von einem falschen Gefühl der Wärme erfüllt. Jetzt wird es nicht mehr lange dauern.«

Elise berührte seine Stirn, aber Blake schien es nicht zu merken. Sein Gesicht und sein Hals waren der Luft ausgesetzt, doch der Rest von ihm war in dem frostig kalten Wasser untergetaucht. So funktionierte es am besten, einen hypothermischen Herz-Kreislauf-Stillstand herbeizuführen.

Hätte sie mit Blake tauschen können, hätte sie es bereits eine Million Mal getan. Die letzten vierzig Minuten, in denen sie gezwungen gewesen war, ihn in dem Behälter leiden zu sehen, waren die Hölle gewesen. Ihr einziger Trost war das Wissen, dass Xaphan ebenfalls leiden würde. Er hatte die Kontrolle über Blake übernommen, sobald sich Blake in die Kammer gelegt hatte. Xaphan hatte wie wild um sich geschlagen, hatte versucht, alles zu zerstören, was er berühren konnte. Mencheres bändigte ihn mit seiner Macht, hielt Blakes Körper reglos, obgleich sich der Dämon in seinem Innern wand und wehrte. Seit einer halben Stunde war Xaphan fort. Elise nahm an, dass sich der Dämon für ein letztes Aufbegehren bereit machte.

Blakes Herz setzte mehrere Schläge lang aus. Elise spannte sich an, suchte Mencheres' Blick. *Bald. Sehr bald.*

Panik sorgte dafür, dass Elise Blake am liebsten sofort aus dem Wasser gezogen und angefangen hätte, ihn aufzuwärmen. Was, wenn das Ganze nicht funktionierte? Was, wenn dies das letzte Mal war, dass sie Blake je zu Gesicht bekam? Lieber Gott, wie sollte sie es nur ertragen, dass ihr von Neuem das Herz gebrochen wurde?

Blake sagte etwas, das sie nicht verstehen konnte. Elise beugte sich dichter zu ihm, bis sich sein Mund fast neben ihrem Ohr befand.

»Was ist, Liebling?«

»Elise.« Ihr Name kam verstümmelt und keuchend über seine Lippen, als habe Blake kaum die Kraft, ihn auszusprechen. »Sing mir ein Schlaflied.«

Blakes Augen waren geschlossen, sodass Elise sich nicht darum zu sorgen brauchte, dass er ihre Tränen sah. Sie fing an zu singen und tauchte ihre Hand in das eiskalte Wasser, damit sie seine festhalten konnte.

Blakes Atmung wurde flacher, die Intervalle zwischen seinen Atemzügen länger und länger. Außerdem war sein Puls unregelmäßig, um manchmal für kurze Zeit abrupt zu beschleunigen, bevor er schließlich zusehends schleppender wurde. Als Elise schließlich bei der letzten Zeile des Liedes anlangte, hatte Blakes Herz vollkommen aufgehört zu schlagen.

Sie starrte ihn an, und innerlich war ihr kälter zumute als das Eiswasser, das ihm den Tod gebracht hatte. Blakes Pupillen waren geweitet, ohne einen Funken Leben darin. Sie waren einfach bloß glasig, wie die Augen einer Puppe.

Elise hatte geglaubt, darauf vorbereitet zu sein, ihn so zu sehen. Dass sie stark genug wäre, um damit zurechtzukommen, aber irgendetwas in ihr zersprang. Sie riss die Abdeckung von der Hydrokammer, und im nächsten Moment packte sie Blake und zog ihn in die Höhe.

Mencheres' Hände schossen vor und hielten sie auf. Hinderten sie daran, Blake ganz aus diesem grässlichen tödlichen Wasser zu heben.

»Warte«, sagte er.

»Nein«, knurrte Elise. »Ich muss ihn zurückholen!«

Mencheres ließ nicht los, und sie spürte seinen Griff auf mehr als nur auf ihren Armen.

»Noch. Nicht.«

Elise hätte sich gegen ihn zur Wehr gesetzt, gegen ihren eigenen Meister, dem sie mehr vertraut hatte als irgendjemandem sonst auf der Welt. Doch eine Woge der Energie in der Luft um sie herum stoppte sie. Schwefeldämpfe schienen ihr in die Nase zu kriechen, und ein wütendes Heulen erfüllte den Van, bis er durchgerüttelt wurde.

»Du Närrin«, zischte Xaphan.

Die Worte kamen nicht aus Blakes Mund. Sie ertönten hinter ihr.

15

Elise blieb nicht viel Zeit, um sich umzudrehen, bevor die Hecktüren des Vans abgerissen wurden und Mencheres in den Sonnenschein hinausgesaugt wurde. Sie ließ Blake sinken, sorgsam darauf bedacht, dass sein Kopf außerhalb der Kammer blieb, und sprang aus dem Kleinlaster.

»Mencheres!«, schrie sie.

Ringsum gab es nichts als eine meilenweit leere, unheilvolle weiße Salzfläche. Wo war Mencheres? Ihr Meister war der mächtigste Vampir, dem sie je begegnet war; wie konnte er da einfach so *verschwinden*?

Von hinten krachte irgendetwas gegen sie. Elise stürzte mit dem Gesicht in den Sand. Dann wurde sie in die Höhe katapultiert und gegen die Flanke des Vans geschleudert, so heftig, dass sich das Fahrzeug zur Seite hin neigte.

»Hol ihn zurück«, knurrte Xaphan neben ihrem Ohr.

Elise wirbelte herum, aber da war niemand. Ein weiterer Hieb warf sie gegen den Van. Dann noch einer und noch einer, und alle von jemandem geführt, den sie nicht einmal sehen konnte.

Dort, wo ihre Lippe aufgeplatzt war, schmeckte Elise Blut. Die helle Nachmittagssonne, bar jeder Wolkendecke, fühlte sich an wie Nadeln auf ihrer Haut. Irgendetwas packte Elises Haar und rieb ihr Gesicht gegen ein gezacktes Metallstück der Delle, die ihr Körper hinterlassen hatte.

»Hol ihn *zurück*«, sagte Xaphan erneut, und sie wurde in den Van gestoßen.

Blake lag noch immer reglos über dem Behälter zusammengesackt da. Elise zog ihn zur Gänze aus dem Wasser, legte ihn auf den Boden des Vans. Er war so weiß wie das Salz draußen; alle Farbe war aus seiner Haut gewichen, die sich so kühl anfühlte, als wäre er aus Eis gemeißelt.

Der Van wurde von einem heftigen Ruck erfasst, der die Geräte in die Ecke rutschen ließ.

»Hör auf damit!«, schnappte Elise. »Wenn du hier drin irgendwas kaputt machst, kann ich ihn nicht retten.«

»Tu es jetzt«, befahl diese grässliche körperlose Stimme.

Ihre Hände zitterten, als sie die Atemmaske über Blakes Mund platzierte und die Maschine einschaltete, die erwärmte feuchte Luft in Blakes Lunge pumpen würde. *Wir müssen sein Innerstes ganz langsam wieder erwärmen,* hatte Mencheres erklärt. *Sind seine Extremitäten zu viel künstlicher Wärme ausgesetzt, bilden sich in Blakes Blutkreislauf tödliche Gase.*

Deshalb griff Elise bei Blake nicht auf die Wärmekompressen zurück. Sie deckte ihn mit Decken zu und setzte ihm die Infusion, um ihm erwärmtes Blut in eine Arterie zu pumpen. Eine weitere Infusion versorgte ihn mit warmer Kochsalzlösung. Dann begann Elise mit Herz-Lungen-Reanimation, um Blakes stillstehendes Herz zum Schlagen zu bewegen.

Eine sichtbare Hand schlug ihr quer über den Mund. »Schneller«, sagte Xaphan.

Die Stimme des Dämons schien gleichzeitig leiser und lauter zu sein. Elise holte eine Spritze mit einer langen Nadel hervor und stieß ebendiese Nadel durch Blakes Brustbein, um Adrenalin direkt in sein Herz zu injizieren. Dann begann sie wieder, seine Brust einer Druckmassage zu unterziehen.

»Hol ihn *sofort* zurück«, brüllte Xaphan. Der Van wurde dreißig Zentimeter vom Boden hochgehoben und krachte dann wieder nach unten; die Scheiben zerbarsten.

Elise hielt inne, um einen langen schmerzlichen Blick auf Blakes Gesicht zu werfen. *Dieser Dämon wird bereuen, was er mir angetan hat*, hatte er zu ihr gesagt. *Versuch nicht, mir das zu nehmen, Elise.*

Doch genau das tat sie gerade; sie nahm ihm seine Chance auf Genugtuung, weil es ihr zu sehr wehtat, seinen Wunsch zu respektieren. Siedender Schmerz fuhr durch Elises Herz. *Ich kann das nicht tun. Ich liebe dich zu sehr, um dich so zu verraten.*

Sie küsste Blakes kalte Lippen, ehe sie sich zurücklehnte. »Es ist vorbei«, erklärte sie dem Dämon.

Ein unsichtbarer Schraubstock schloss sich um ihren Hals, um sie in die Höhe zu heben, bis ihr Kopf gegen die Wagendecke krachte.

»Du wirst mir gehorchen«, sagte Xaphan. Um sie herum wallten Schwefelwolken; der Gestank war so überwältigend, dass es sich anfühlte, als würde er in sie hineingleiten.

Mit dem Druck, der auf ihrer Kehle lastete, gelang es Elise kaum zu sprechen, doch sie schaffte es, ihre Antwort über ihre Lippen zu zwingen.

»Fahr … zur … Hölle.«

Der Van schaukelte, und Metall bog sich vom Rahmen zurück, bevor das Fahrzeug hochgehoben und wiederholt auf den Boden gedonnert wurde. Elise wandte all ihre Kraft auf, um sich von der Kraft loszureißen, die sie festhielt. Sie kroch auf Blake zu und bedeckte ihn mit ihrem Körper. Schirmte ihn vor den Metallsplittern ab, die die Luft durchschnitten, sich in ihr Fleisch bohrten und die Ausrüstung rings um sie herum zerstörten. Einige alptraumhafte Minuten lang war es, als würde die ganze Welt zerfetzt werden.

Ein durchdringendes Kreischen stach ihr in die Ohren, brachte Elise dazu, ihren Kopf zu heben und in Richtung des Geräuschs zu schauen. In der offenen Hecköffnung des ruinierten Vans tauchte eine Wolke schwarzer Flammen auf, die sich ausdehnte und die Gestalt eines Mannes mit langen, rauchgekrönten Schwingen annahm, die aus seinem Rücken kamen.

»Stirb«, zischte der Dämon. Die Wolke brennenden Schwefels schoss geradewegs auf Elise und Blake zu.

Elise wappnete sich zwar dagegen, versuchte aber nicht zu fliehen. Sie würde Blake nicht alleinlassen, selbst wenn das ihren Tod bedeutete.

Plötzlich tauchte Mencheres vor ihr auf; seine Macht ließ die Luft um ihn herum knistern. Die Flammen erreichten ihn – und verharrten dann, um sich nur Zentimeter von ihrem Körper entfernt in Rauch aufzulösen.

»Dafür bist du nicht mehr stark genug, Xaphan«, erklärte Mencheres. »Deine Zeit ist abgelaufen.«

Xaphan schrie, aber noch während dieser grässliche Lärm widerhallte, breitete sich der Rauch von den Spitzen seiner Schwingen aus, umfing seine Beine, löste sie unter ihm in nichts auf. Dann erfasste der Rauch seine Arme, seinen Oberkörper und schließlich seine höhnische Fratze, bis von Xaphan nichts mehr weiter übrig war als der schwache Geruch von Schwefel im Wind.

Elise schloss für eine Sekunde die Augen. Der Dämon war fort. Er konnte Blake – oder irgendeinem anderen Unschuldigen – nichts mehr anhaben.

Dann öffnete sie ruckartig die Augen. »Hilf mir«, sagte sie zu Mencheres und beeilte sich, die Ausrüstung wieder aufzubauen.

Mencheres arbeitete schnell, sammelte die Einzelteile des Equipments zusammen, die rings um den Van verstreut worden waren, doch bald war offensichtlich, dass das nichts bringen würde. Alles war beschädigt worden. Die Generatoren funktionierten nicht, und das bedeutete: kein erwärmter Sauerstoff, kein erwärmtes Blut und keine erwärmte Kochsalzlösung. Die meisten Infusionsschläuche waren zerrissen. Elise starrte die Trümmer ihrer medizinischen Ausrüstung mit lähmender Panik an. Sie würden es niemals schaffen, Blake rechtzeitig in ein Krankenhaus zu bringen, selbst wenn Mencheres mit ihm dorthin flog, und sie brauchten diese Gerätschaften, um ihn wieder ins Leben zurückzuholen.

Im nächsten Moment traf Elise ihre Entscheidung, und stählerne Entschlossenheit erfüllte sie. *Ich werde dich nicht sterben lassen. Niemals.*

Sie schnappte sich die nächstbeste heile Spritze, die sie finden konnte, und rammte sie sich in den Hals, um ihr Blut durch die Kanüle zu ziehen. Dann stieß sie dieselbe Nadel in Blake, um ihr Blut in seine Arterie zu injizieren.

»Fang mit der Brustmassage an«, wies sie Mencheres an, während sie Luft in Blakes Mund blies.

Mencheres warf ihr einen Blick zu, den sie nicht zu deuten vermochte, aber das machte nichts, da es ihr letztlich egal war, was er bedeutete. Sie blies Blake weiter Luft in die Lunge und hielt nur inne, um sich noch mehr Blut abzuzapfen, das sie Blake injizierte. Doch nach fünf Minuten schwieg Blakes Herz noch immer.

»Wärmen wir ihn noch weiter auf«, sagte sie und raffte alles zusammen, was noch warm war, um es rings um Blake aufzutürmen. Alle verbliebenen angewärmten Beutel mit Blut und Kochsalzlösung wurden in seine Armbeugen und gegen seine Leiste gedrückt, und noch mehr Decken lagen auf ihm. Elise schleifte sogar die kaputten Generatoren herüber, um Blakes Körper oben auf sie draufzulegen, da sie noch immer warm von ihrem Betrieb waren.

»Noch mal Brustmassage«, sagte sie und injizierte Blake eine weitere Spritze mit ihrem Blut.

Mencheres kam der Aufforderung nach und bearbeitete Blakes Herz, während sie ihm weiterhin Luft in den Mund blies. Nach einigen weiteren Minuten fühlte sich Blake wärmer an. Elises Hoffnung machte einen Satz, als sein Herz einige schwache, unregelmäßige Schläge tat, um dann jedoch wieder zu verstummen.

»Komm schon«, rief Elise voller Angst und Frustration. »Du bist noch nicht bereit zu sterben!«

»Elise …«, sagte Mencheres.

»Nein«, schnitt sie ihm das Wort ab. »Ich gebe ihn nicht auf.«

Sie sah Blake an – reglos, wunderschön – und tat das Einzige, was ihr einfiel. Sie biss ihm genau in die Schlagader.

»Brustmassage«, sagte sie zu Mencheres. Ihr Tonfall warnte ihn davor, ihr zu widersprechen.

Mencheres drückte mit wohlüberlegten, kontrollierten Pumpbewegungen auf Blakes Brust. Elise saugte, sog mit Unterstützung von Mencheres' Brustmassage Blakes Blut in sich hinein. Sie trank viel, fröstelnd aufgrund der Temperatur von Blakes Blut, doch sie hörte erst auf, als die Menge, die sie ihm genommen hatte, selbst dann tödlich gewesen wäre, wenn er nicht klinisch tot war.

»Jetzt«, sagte Elise. »Wir müssen Blake eine Transfusion mit meinem Blut geben. Mit allem.«

Mencheres fand einen Katheter, der nicht zerbrochen war, und platzierte den Schlauch an Elises Hals, um das andere Ende der Infusion an Blakes Schlagader zu fixieren. Sobald alles bereit war, schloss Elise die Augen, um ihr Blut kraft ihres Willens aus ihrem Körper und in diesen schmalen Plastikschlauch zu zwingen.

Elise brauchte zehn Minuten, um ihr gesamtes Blut in Blake zu pumpen. Als sie fertig war, war sie benommen, als habe sie seit Wochen nichts zu sich genommen. Sie fand den tragbaren Defibrillator unter den Überresten des Wagensitzes, lud die Elektroden auf und hielt nur kurz inne, um ein stummes Gebet gen Himmel zu schicken. *Bitte. Nimm ihn mir nicht.*

Dann jagte sie den Strom durch Blakes Brust. Nach dem Stromschlag flatterte sein Herz wieder einige Schläge lang, um dann jedoch erneut zum Stillstand zu kommen. Elise lud den Defibrillator wieder auf und verpasste ihm eine weitere Ladung. Blakes Herz reagierte und schlug eine volle Minute lang von allein, bloß um dann ein weiteres Mal zu verstummen.

Mencheres berührte sie fast unmerklich am Arm. »Du hast alles für ihn getan, was du konntest. Selbst wenn das funktioniert hat, wird Blakes Herz nicht so kräftig wieder zu schlagen beginnen, dass er als Mensch weiterleben könnte. Entweder wird er als Vampir wiederauferstehen oder tot bleiben.«

Elise schlang ihre Arme um Blake. »Dann warten wir jetzt also?«

Ihr Meister nickte. »Ja. Wir warten.«

Epilog

Elise sah sich in ihrem Zuhause unter der aufgegebenen U-Bahn-Station im Distrikt um. In vielerlei Hinsicht würde sie diesen Ort vermissen. Aber ein Versprechen war ein Versprechen.

Sie packte ihre Bücher in eine Plastiktüte, während sie daran dachte, das Bett und den Stuhl für irgendeine andere verlorene Seele hierzulassen, die beides dringender brauchte als sie. Vielleicht würde ihr ehemaliges Zuhause jemand anderem in gewisser Weise genauso als Zuflucht dienen, wie Elise sie die letzten paar Jahrzehnte über gebraucht hatte. Der Gedanke freute sie.

Ein Arm schlang sich um ihre Hüfte; das muskulöse Fleisch hatte dieselbe Temperatur wie ihr eigenes. »Bereit zu gehen?«

Elise lächelte und drehte sich in Blakes Umarmung um. Seine Wangen waren von einem erst kurz zurückliegenden Plasmafrühstück ein wenig gerötet, doch das neue, seidige Leuchten seiner Haut wirkte vollkommen anders als zu den Zeiten, als er noch ein Mensch gewesen war.

»Jetzt bin ich bereit.«

Elise war bereit für viele Dinge, von denen das vordringlichste war, mit dem Mann zusammenzuleben, den sie liebte. Und als Nächstes lernte sie vielleicht, Auto zu fahren. Oder Schach zu spielen.

Jetzt, wo sie Blake hatte, waren die Möglichkeiten plötzlich unbegrenzt – und wunderbar.

Unschlagbar spannend, atmosphärisch, sexy!

384 Seiten. ISBN 978-3-442-37833-3

Marguerite – Tochter aus gutem Hause – rebelliert, treibt sich mit den falschen Freunden herum und besucht die falschen Lokale. Im Sanctuary trifft sie auf Wren, einen schüchternen Kellner – und verliebt sich in ihn. Auch er verfällt ihr sofort. Doch ihre Liebe ist gefährlich. Denn Wren ist ein Verstoßener seiner eigenen übernatürlichen Welt, und er steht auf der Todesliste. Eigentlich müsste Marguerite schnellstens das Weite suchen, doch ihr Herz hält sie zurück, und so geraten beide in Lebensgefahr …

Lesen Sie mehr unter: **www.blanvalet.de**